DETENIDO

DETENIDO

DETENIDO

D. ESPERANZA
GERARDO IVÁN MORALES

TRADUCCIÓN
JOSÉ GARCÍA ESCOBAR

PRIMERO
SUEÑO PRESS

ATRIA
NUEVA YORK ÁMSTERDAM/AMBERES LONDRES
TORONTO SÍDNEY/MELBOURNE NUEVA DELHI

**PRIMERO
SUEÑO PRESS**

ATRIA

Un sello de Simon & Schuster, LLC
1230 Avenida de las Américas
Nueva York, NY 10020

Durante más de 100 años, Simon & Schuster ha abogado por los autores y por las historias que estos crean. Respetar los derechos de la propiedad intelectual permite que Simon & Schuster y los autores continúen publicando libros excepcionales. Gracias por apoyar los derechos de autor al comprar una edición autorizada de este libro.

Queda prohibida la reproducción, copia o distribución total o parcial de este libro en cualquier medio o formato, así como su almacenamiento en cualquier sitio web, base de datos, modelo de aprendizaje de idiomas u otro repositorio, sistema de recuperación o inteligencia artificial sin permiso expreso. Todos los derechos reservados. Para cualquier consulta, diríjase a Simon & Schuster, 1230 Avenue of the Americas, New York, NY 10020 o a permissions@simonandschuster.com.

Copyright © 2025 por D. Esperanza and Gerardo Iván Morales

Copyright de la traducción al español © 2025 por D. Esperanza

Todos los derechos están reservados, incluido el derecho de reproducción total o parcial en cualquier forma. Para obtener cualquier información diríjase al departamento de Derechos Subsidiarios (Subsidiary Rights) de Atria Books Subsidiary Rights Department, 1230 Avenida de las Américas, Nueva York, NY 10020.

Primera edición en rústica de Primero Sueño Press/Atria Paperback, agosto 2025

Publicado originalmente por Simon & Schuster, Inc. en inglés bajo el título *Detained*

PRIMERO SUEÑO PRESS / ATRIA PAPERBACK y su colofón
son sellos editoriales de Simon & Schuster, LLC

Simon & Schuster cree firmemente en la libertad de expresión y se opone a la censura en todas sus manifestaciones. Para obtener más información, visite BooksBelong.com.

Para obtener información respecto a descuentos especiales en ventas al por mayor, diríjase al departamento de Ventas Especiales (Special Sales) de Simon & Schuster al 1-866-506-1949 o a la siguiente dirección de correo electrónico: business@simonandschuster.com.

La Oficina de Oradores (Speakers Bureau) de Simon & Schuster puede presentar autores en cualquiera de sus eventos en vivo. Para obtener más información o para hacer una reservación para un evento, llame al Speakers Bureau de Simon & Schuster, 1-866-248-3049, o visite nuestra página web en www.simonspeakers.com.

Impreso en los Estados Unidos de América

1 3 5 7 9 10 8 6 4 2

Datos del Catálogo de la Biblioteca del Congreso: [[LCCN]]

ISBN 978-1-6680-3383-8 (pbk)
ISBN 978-1-6680-3384-5 (ebook)

Este libro está dedicado a todos los inmigrantes y a quienes se enfrentan a adversidades: que su valor, resiliencia y sueños iluminen el camino a un futuro más brillante.

A nuestros padres, nuestra familia, Gerry, Malena y mi hermana Paulina, gracias por el apoyo inquebrantable, el amor y la confianza en nosotros. Sus sacrificios y fortaleza inspiran todo lo que hacemos. Este viaje no hubiera sido posible sin ustedes.

—D. ESPERANZA Y GERARDO IVÁN MORALES

Llevaron unos niños a Jesús para que les impusiera las
manos y orara por ellos, pero los discípulos regañaban
a quienes los llevaban. Jesús dijo: «Dejen que los niños
vengan a mí y no se lo impidan. Pues el reino de los cielos
es de quienes son como ellos». Después de poner las manos
sobre ellos, se fue de allí.

MATEO 19:13-15

Yo digo al Señor: «Tú eres mi refugio,
mi fortaleza, el Dios en quien confío».

SALMOS 91:1, 3
Reina Valera

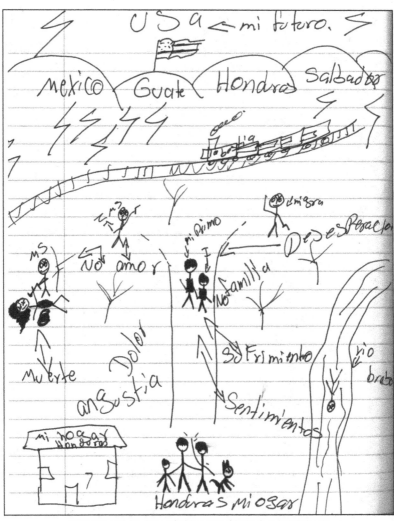

Mientras estaba detenido hice este dibujo de mi viaje hacia Estados Unidos para solicitar asilo con mis primos. "Sufrimiento, desesperación, angustia, dolor, muerte, no amor, USA ¿mi futuro?".
Foto tomada por Iván Morales.

NOTA DEL AUTOR

Cuando tenía catorce años, pasé cinco meses detenido en Texas, en centros de detención a cargo del gobierno de Estados Unidos y sus contratistas. Conocí a Gerardo Iván Morales (siempre lo llamé Iván, a secas) en el 2018, en el Tornillo Influx Facility, un campamento temporal donde, ese año, la administración del gobierno de Trump reubicaba a migrantes menores de edad. Iván, un inmigrante mexicano, llegó a Tornillo para brindar apoyo y proteger a menores que habían sido detenidos, como yo. Iván fue como el hermano mayor que nunca tuve. Fue la primera persona a quien le mostré mi poesía y fue quien me motivó a escribir sobre mi viaje desde Naranjito, Honduras, de la vez que crucé la frontera sur de Estados Unidos y mi experiencia dentro del sistema de detención de migrantes.

Cuando salí de Tornillo, dejé atrás lo que había escrito junto a una carta de despedida en forma de regalo para mi familia del Alpha 13, que me ayudó a salir vivo de ese lugar. Iván y yo nos reencontramos años más tarde y me sugirió que intentara compartir mi historia con el mundo. Este libro está basado en la traducción al inglés del texto original y mis recuerdos, los cuales fueron reconstruidos y modificados para darles forma de diario. Algunos nombres y detalles fueron alterados para facilitar su comprensión y lectura y para proteger la privacidad de las personas. Pero, en esencia, esta es la historia de mi vida, tal y como la escribí cuando tenía catorce años mientras estaba acostado en una litera haciendo apuntes en un cuaderno blanco y negro de renglón ancho.

PRIMERA PARTE
EL VIAJE

Naranjito

Querido...

Mmmm... Em... Todavía siento como que debería escribirle a alguien, pero no sé a quién porque espero que nadie lea esto. Ni siquiera sé si yo voy a releerlo algún día. Pero da igual, tengo que escribir y ya. Me voy a presentar ante un lector imaginario que está allá en el mundo, a ver qué pasa.

Aquí voy.

Me llamo D. Esperanza. Ayer cumplí trece años. Durante toda mi vida he vivido en un pueblito en Honduras que se llama Naranjito. Es un pueblo pequeñito rodeado de montañas y donde hay una gran iglesia. También hay árboles y perros callejeros por todos lados, y en las afueras hay un montón de haciendas.

Mis papás se fueron a El Norte cuando yo era un bebé de seis meses. Siempre me imaginé que se fueron de Honduras cuando ya eran unos viejos, pero ayer mi tía me dijo, con eso de que fue mi cumpleaños, que cuando mis papás se fueron eran apenas un poquitito más grandes que yo. Cuando yo era pequeño, no entendía por qué no podían volver por mí o por qué no podía ir a donde estaban ellos. Pensaba que se habían subido a un carro o algo así y se habían ido manejando hasta allá. Ahora sé que para ir a El Norte hay que emprender un viaje muy largo y peligroso, y ellos no van a pedirme que vaya hasta allá porque no quieren ponerme en peligro. Sé también que no pueden venir a verme porque, si salen de Estados Unidos, puede que no los dejen volver a entrar.

Al tiempo que llegaron a El Norte, mis papás tuvieron otro bebé, mi hermanita, a quien nunca he conocido. Cuando mi mamá me llamó por teléfono para contarme que tenía una hermana pequeña, fue algo muy emocionante, pero al mismo tiempo me puse muy triste porque, pues, tengo una hermana, pero está hasta en otro país. Ya está grande ella y puede hablar un poquito, y mis papás intentan que ella hable conmigo, pero como sigue siendo una niña chiquita, no habla mucho. Me emociona pensar que un día voy a conocerla.

Vivo en Naranjito con mi tía, que no es mi tía sino más bien mi abuela, pero mi primo Miguelito y yo le decimos "tía" porque siempre nos dice que todavía es muy joven como para que le digamos "abuela". También vivo con Miguelito, y antes mi tío Felipe también vivía con nosotros. Mi tía nos ha cuidado a Miguelito y a mí desde que éramos muy chiquitos. Se la pasa cocinando y limpiando la casa, y siempre anda haciendo más de algo en la cocina y por ahí. Intenta que no comamos lo mismo dos veces por semana. Los domingos nos lleva a la iglesia y casi todas las noches nos obliga a rezar el Rosario, a pesar de que le decimos que es algo muy aburrido.

Felipe era hermano de mi mamá e hijo de mi tía. Se pasaba casi todos los días trabajando como chofer porque, a pesar de que mis papás nos mandan dinero, no nos alcanzaba para comprar comida y comprarle su medicina a mi tía. Todavía no nos alcanza. Mi tía está muy enferma y tose a cada rato.

Miguelito tiene once años, es dos años menor que yo. Tío Felipe era su papá. Somos primos, Miguelito y yo, pero como hemos vivido juntos toda la vida más bien somos como hermanos.

También tenemos un perro, Caramelo. Es un chucho temerario. Tiene orejas puntiagudas y dos manchas negras en la cara, como si tuviera golpes en los ojos. Prácticamente no es de la familia porque es un chucho y no es gente, pero igual lo quiero como si fuera gente. Yo le puse Caramelo, porque yo fui el que lo encontró. Más bien, él me encontró a mí. Un día que salí de la casa, él estaba echado afuera junto a la puerta. Me tomé el tiempo de acariciarlo y ya, pero me siguió hasta llegar a la escuela. Obviamente no pude entrarlo, y me olvidé de él durante el día. Pero cuando terminaron las clases y salí de camino al trabajo ahí estaba esperándome, y el día siguiente y el día siguiente.

Todos en Naranjito saben que Caramelo es mío porque estamos juntos todo el tiempo. A la gente le da risa que le puse Caramelo porque es negrito y no se parece para nada a un caramelo. Todo mundo les dice "perros aguacateros" a los chuchos de la calle porque se la pasan comiendo los aguacates que se caen de los árboles, y Caramelo hace lo mismo. Le encantan los aguacates. Se los come enteritos, menos las semillas, que nos entrega como si fueran trofeos. Hay días que nos lleva hasta siete u ocho semillas de aguacate.

A veces me dan ganas de pasar la noche con él, dormir a su lado, especialmente los días cuando extraño mucho a mis papás, pero mi tía no deja que Caramelo entre en la casa. Hace como que le cae mal porque es muy chuco y siempre deja popó color verde aguacate afuera de la casa. Pero a veces, cuando cree que Miguelito y yo no la estamos viendo, le deja sobras y algunos huesos frente a la puerta de la casa.

Pero, bueno, no escribo muy seguido. Escribir tanto hace que me duela la mano. Y escribir de que Felipe antes vivía con nosotros hace que me sienta raro. Entonces voy a pensar bien qué quiero decir y mañana escribo otro rato. Creo que me gusta escribir. Se siente bien.

CINCO MESES DESPUÉS

No me he olvidado de ti, diario, es que... han pasado muchas cosas. Iba a escribir más ayer o anteayer, pero estaba muy cansado después de regresar de la hacienda. Pero está bien, no pasa nada. Me dio tiempo de pensar sobre otras cosas que quiero mencionar aquí, cosas que me han tocado vivir en los últimos años.

Ahora que me la paso trabajando tanto, entiendo más el valor del dinero. Siempre he sabido que somos pobres, al menos en teoría. Por eso es que mi mamá y mi papá tuvieron que irse de Honduras. Mi tío Felipe a veces también se quejaba de lo pobres que éramos. Se quejaba del trabajo y lo caras que son las cosas. Se la pasaba diciendo que, antes de que yo naciera, las plantaciones bananeras arruinaron la economía del país. Cuando lo dijo la primera vez, no le entendí. Todavía no sé bien a qué se refiere. Antes de que todo se fuera al carajo, yo no entendía nada de dinero. Pensé que nos iba bien porque los domingos en la iglesia, cuando el padre Juan pedía ofrenda, mi tía siempre dejaba dinero en la canasta. Y a veces, antes de ir a la escuela, si mi tía había pasado la noche tosiendo y estaba muy cansada para cocinar, me dibujaba la cruz en la frente y me daba un lempira para que comprara una baleada para mi almuerzo.

La verdad es que nunca tuve problemas hasta que cumplí doce años. Sé que debo decir que fue muy duro crecer sin mis padres, y obvio que los extraño mucho, pero nunca sentí como si fuera huérfano o algo así. O sea, sé que hay un hueco en mi vida, pero ese hueco no está vacío. ¿Tiene sentido lo que digo? Pues, tengo una familia. Tengo una foto de mis papás y yo de antes de que se fueran. Ellos me tienen en sus brazos, se ven felices y están posando para la foto. Es una foto vieja y se está cayendo a pedazos, pero está dentro de un marco de vidrio, y cuando hablo con mis papás por teléfono imagino que estoy hablando con la gente que está en la foto. Sé que ya están más grandes, pero para mí ellos siguen siendo los mismos señores de la foto. No están aquí, físicamente, pero son parte de mi vida. Siempre me llaman para mi cumpleaños, Navidad, Semana Santa... nunca se pierden las fechas importantes. Mi mamá siempre dice que me extraña y que está ahí para apoyarme y escucharme; ella y yo tenemos una relación que se basa en promesas, llamadas y cartas... Sé que mis papás no están aquí a mi lado porque están muy ocupados intentando darnos una vida digna a Miguelito y a mí. Y sé que algún día, cuando mis papás ya hayan ahorrado suficiente dinero, voy a reunirme con ellos en El Norte o ellos van a volver a Naranjito.

A veces me pongo impaciente y ya quiero que eso pase, y le pregunto a mi mamá que cuándo voy a poder reunirme con ellos en Nashville. Cuando era pequeño, no pensaba mucho en que mis papás estuvieran lejos, pero conforme he ido creciendo y empecé a ver que a mis amigos los llevaban al colegio sus papás, empecé a sentir algo extraño dentro de mi pecho. Amo a mi tía y tío Felipe, ellos han sido como mis padres. Pero cada vez que veo esa foto de mi mamá y mi papá, de cuando yo era más pequeño, me pongo celoso del bebé que tienen en brazos, a pesar de que ese bebé soy yo.

Hablar con mi tía me ayuda. Dice que debería dar gracias por lo que tengo, porque cuando todavía iba a la escuela había muchos otros niños que no tenían a sus papás y la estaban pasando mucho peor que yo. Ella me recuerda que hay otros niños en Naranjito que ni siquiera han podido ir a la escuela o que dejaron de ir a clases después de cursar el primer o segundo grado porque tenían que trabajar.

Entonces me doy cuenta de que Miguelito y yo tenemos mucha suerte. Mis papás nos mandan dinero, y cuando éramos chiquitos no tuvimos que trabajar, excepto las veces que tío Felipe nos pedía que lo ayudáramos con el autobús. Él nos daba un poquito de dinero a cambio de ayudar a los ancianos a subir al autobús, recoger la basura que dejaba la gente y cosas así. Tío Felipe siempre nos decía que nos sentáramos hasta atrás, donde decía que era más seguro. Pero igual se la pasaba hablándonos desde adelante y a cada rato volteaba a vernos por el retrovisor. No era un trabajo muy duro, porque en el autobús de Felipe solo cabían unas quince gentes. No era un bus de los grandotes. No tuve que empezar a trabajar de a de veras, en el campo, hasta que llegué al cuarto grado, y ni siquiera tuve que dejar de ir a la escuela. Iba al campo por las tardes o los sábados, y solo tenía que revolver aceite o bañar y darle de comer al ganado por unas horas. Al terminar, me iba en bici a la casa a hacer la tarea.

Siempre que hablo por teléfono con mi mamá dice que se siente mal porque he tenido que trabajar. Pero al menos la mitad de los niños de mi clase han tenido que hacer cosas similares y, además, como siempre digo, Miguelito y yo tenemos mucha suerte. Era feliz ayudando a llevar dinero a la casa, y no me importaba mantenerme ocupado. Tío Felipe siempre me decía que yo era muy "hiperactivo". Incluso si no tenía que ir a algún lado, me la pasaba yendo en mi bicicleta por todo Naranjito y a los pueblos cercanos. O a veces salía a jugar pelota con los niños de mi clase y regresaba con la ropa tan sucia que mi tía se enojaba conmigo. Siempre intenta explicarnos a Miguelito y a mí las consecuencias de nuestros actos, hablándonos de "causa y efecto". No cuidé mi ropa (causa) y por eso ella tuvo que lavarla (efecto). Se enojó porque ensucié mi ropa (causa) y por eso la próxima vez puede que no me dé permiso para ir a jugar pelota (efecto).

Siempre creí que era muy afortunado porque tenía a mi mejor amiga, Cami. Ella y yo nos conocimos en la escuela cuando estábamos en tercer grado y Cami me vio escribiendo una canción de rap en el recreo. Al principio me daba pena enseñarle lo que había escrito, pero me dijo que a ella también le gustaba cantar y escribir canciones, y que mis rimas la habían impresionado mucho (de seguro no eran muy buenas esas rimas, pero en ese entonces yo era muy chiquito y desde entonces he mejorado). Después nos hicimos amigos de una niña llamada Daniela, y ella tenía una computadora en su casa, y siempre que yo no tenía que ir a trabajar pasábamos las tardes buscando versiones de karaoke de nuestras canciones favoritas en YouTube y cantando por horas.

Me encanta la música. Me gusta el rock, pero me encanta el rap y el reggaetón. De hecho, no hay estilo de música que no me guste. Hasta me gustan canciones en otros idiomas como portugués o inglés. Incluso si no puedo cantarlas y no entiendo qué significa la letra, esas canciones igual me hacen sentir cosas.

Por eso estaba escribiendo canciones de rap aquel día en el recreo; solo era un niño entonces, pero quería escribir canciones buenas para algún día cantarlas en vivo. Cuando me hice amigo de Cami y Daniela, empezamos a escribir canciones juntos, y eso que ni teníamos instrumentos. Luego, cuando nos cansábamos de cantar, nos poníamos a jugar *Need for Speed* o *Call of Duty* en el PlayStation 3 de Daniela. Y a veces mirábamos *Dragon Ball Z*, *Naruto* o algún otro ánime.

Antes le pedía permiso a mi tía para llevar a Cami y Daniela a la casa, pero siempre me decía que no permitía niñas dentro. A veces cuando íbamos por la calle mi tía me mostraba a algunos niños mayores que yo y decía que sus papás les habían dado permiso para llevar niñas a su casa (causa) y luego señalaba a los bebés que llevaban en sus brazos (efecto).

Solía tener amigos de mi clase, y con ellos iba a jugar pelota o a pescar. A veces volvía a casa con un pescado y mi tía lo cocinaba para la cena. Pero nunca he tenido muchos amigos varones. La mayoría de los niños de mi clase siempre querían ir a buscar culebras, y las culebras me dan miedo. Me llevaba bien con los otros niños, pero no es como que quería que llegaran a mi casa. Cami y Daniela eran las únicas amigas que necesitaba en mi vida.

Y así fueron las cosas hasta que todo se fue al carajo. Pero ya escribí mucho hoy y no quiero escribir cosas malas todavía. Te escribo pronto.

UN MES DESPUÉS
Naranjito

Sé que llevo ratos de no escribir. He estado muy ocupado con el trabajo, pero hoy, que es domingo, tengo un tiempito para escribir. Para ser honesto, creo que en parte no he escrito porque no quiero hablar de las cosas malas. Pero creo que escribirlas es algo positivo. Escribir me hace sentir bien, aunque no sé por qué.

Primero hablemos de lo del autobús. Eso también fue un domingo. Acababa de hablar con mis papás por teléfono por primera vez en varias semanas. Luego de colgar el teléfono, tío Felipe nos pidió a mí y a Miguelito que lo acompañáramos a ir a trabajar. Como trabajaba mucho, mi tío siempre quería que lo acompañáramos cuando andaba manejando el autobús, de lo contrario no podíamos pasar mucho tiempo con él. O tal vez él quería que aprendiéramos a ser conductores. Ser conductor de autobús es un trabajo más estable que los que dan en la hacienda, y más seguro también. O al menos se supone que es un trabajo más seguro.

Miguelito le dijo que no podía ir porque era el cumpleaños de un amigo de la escuela. Miguelito está obsesionado con los cumpleaños, le encantan. Siempre recuerda el cumpleaños de todos, y una semana antes de cualquier cumpleaños Miguelito ya está planificando cosas.

Entonces esa vez solo yo acompañé a tío Felipe. Ya era de noche cuando terminamos la ruta, entonces él manejó de vuelta a la estación de buses, donde todas las noches guardaba el autobús. Yo estaba impaciente, porque acababa de empezar el sexto grado y esa noche tenía mucha tarea que hacer. Pero tuve que trabajar el día anterior y ese domingo y, además, fui a la iglesia y luego me puse a ayudar a mi tío, así que no había tenido tiempo de hacer mis tareas. En esa época tenía que resolver problemas de matemática tipo: "Adriana sembró 10 hileras de maíz y cada una tiene 8 plantas. El 20% de las plantas murieron. ¿Cuántas le quedan?". Averiguar cuántas de las plantas de Adriana habían sobrevivido era divertido, pero difícil. Me tomaba tiempo resolver los problemas de matemática.

Mi tío Felipe se dio cuenta de que estaba preocupado porque no había hecho la tarea, pero luego me dijo que lo importante era enfocarse en el presente. "Preocupate del futuro cuando llegue", dijo. A tío Felipe le gustaba dar discursos o lecciones de vida, y al final remataba citando proverbios como "No hay mal que por bien no venga". Tal vez pensaba que si los repetía lo suficiente no íbamos a olvidarlos. Si ese era su plan, funcionó, porque decía esos proverbios tan seguido que de repente ya era capaz de predecir cuál iba a decir en cada situación. "Paso a paso se va lejos".

"Preocupate de tu tarea cuando lleguemos a la casa", dijo. "Paso a paso se va…".

Pero tío Felipe siempre dejaba los proverbios a medias.

Todo pasó muy rápido. Mi tío estaba viéndome por el retrovisor cuando escuché que afuera rechinaron unas llantas. Volteé a ver por la ventana y vi cuando un bus (uno de a de veras, de esos amarillos que tienen las escuelas) chocó el autobús de mi tío del lado del conductor a toda velocidad. Hubo un choque y luego el sonido del metal doblándose y el vidrio rompiéndose. Salí volando de mi asiento. Luego hubo otro choque y otro, y sentí olor a quemado.

No sé cómo salí del autobús. No recuerdo bien. Había gente a mi alrededor. De seguro estaban hablándome, pero yo no podía escuchar nada. Estaba sentado en la grama y el bus estaba patas arriba en la grama, a mi lado. Las llantas seguían girando lentamente.

Tenía la pierna llena de sangre, pero no recuerdo sentir dolor. Por un momento pensé que estaba viendo la pierna de otra persona. Luego de unos minutos, me di cuenta de que había estado en un accidente. Al principio no podía escuchar nada, pero luego empecé a ver a los adultos que tenía a mi alrededor para ver si ahí estaba mi tío Felipe, y por primera vez en la vida me pregunté por qué los microbuses no tienen cinturones de seguridad.

No creo haberme desmayado, y no recuerdo haber ido al hospital, pero de repente ya estaba ahí. El doctor revisó mis heridas y dijo que había ocurrido un milagro, que no estaba tan herido. Apenas me había roto el tobillo derecho y tenía muchos rasguños y moretones. Vaya si eran buenas noticias.

Pero luego mi tía entró a darme las malas noticias; estaba llorando. Dijo que el bus había impactado el lado del conductor del autobús y que mi tío Felipe no había sobrevivido al accidente. Dijo que lo más seguro era que mi tío había muerto de inmediato.

Esto fue hace unos meses, pero todavía me cuesta pensar y escribir al respecto. A veces, al despertar, me toma un minuto recordar que mi tío Felipe está muerto. Sé que mi tía lo llora mucho. Deseé que mi mamá y mi papá vinieran para el funeral de mi tío. Al menos así podía conocer a mi hermanita. Pero sé que para ellos volver a Honduras es algo muy complicado.

1

Cuando I nasi no tube la oportunidad de conoser a mi mamá ni mi papá. Solamente conosi a mi abuela mi primos y mi tio cuando yo tengo memoria recuerdo cuando yo iba al quinder de ai llo fui a la primaria de ai lle se a la secadaria bueno todo era feliz, Happy pero cuando ocurrio una trasedia con mi tio ▓▓▓▓ nosotros ibamos en un autobus y derepente Bun 💥 un choqe feo yo y mi primo sobrebibimos mi tio murio las ultimas palabras fueron (Los amo mucho mis hijos) y fallesio pasaron los años termine la primaria y ente a la secundaria siempre estube nose solo tres años solo no tenia muchos amigos amigos no conosido compañeros entonses conosia una persona qe se llama ▓▓▓▓▓▓▓ fue una amiga qe era como yo comensamos a descubrir lo qe nos gustaba

Escrito por mí, esta es la primera entrada de mi diario con portada blanquinegra, donde detallo la historia de mi vida desde el momento en que nací y cuento que de niño no tuve la oportunidad de conocer a mi mamá y mi papá.
Foto tomada por Iván Morales.

EL DÍA SIGUIENTE
Naranjito

Al fin logré escribir dos días seguidos. ¡Qué alegría! Creo que hoy mismo puedo terminar de contar todo lo malo que pasó. Pero ¿y después de qué voy a escribir? Podría escribir de las cosas que me pasan día a día, pero comparado a lo que pasó durante los últimos meses, es muy aburrido. Pero, bueno...

Después del accidente empezaron a pasar tantas cosas malas que no logro distinguir una de la otra. Casi siento como que es el destino que nos ocurran cosas horribles una y otra vez, como si la vida nos estuviera castigando por algo. Por ejemplo, me tuve que quedar en cama por la fractura de tobillo. Pero incluso si hubiera podido caminar, me hubiera quedado en la casa. Miguelito hizo lo mismo. Por dos semanas, después del accidente, no quiso ir a clases. Desde entonces apenas ha salido de la casa. Se ha vuelto muy amigo de Caramelo, y mi tía hizo una excepción y ahora deja que entre a la casa, pero antes tengo que bañarlo. Casi todas las noches Miguelito se duerme a su lado.

Considerando que ya no contamos con el dinero que aportaba tío Felipe, tan pronto sanó mi pie y pude empezar a caminar, tuve que dejar de ir a clases y empezar a trabajar a tiempo completo porque, de lo contrario, no íbamos a poder pagar la renta o comprarle sus medicinas a mi tía. Mi tía les preguntó a mis papás si podían enviar un poquito más de dinero cada semana, pero ellos también tienen que pagar cosas allá, especialmente cosas para mi hermanita. Miguelito no está trabajando. Mi tía dice que es importante que siga en la escuela porque todavía está muy chiquito.

Mi tía hizo otra excepción. Como ya no puedo ver a mis amigas en la escuela, me dio permiso de llevar a Cami a la casa. Pero no me duró mucho la alegría porque Cami también me dio unas malas noticias. Me contó que ella también se iba a tener que salir de la escuela porque sus padres estaban preocupados porque las maras empezaban a hacer cosas malas en los pueblos cerca de Naranjito. También me contó que se iba a ir a Estados Unidos para estar lejos del peligro.

El día que Cami me dijo eso llamé a mis papás para preguntarles si podía irme a vivir con ellos a Nashville. Les dije que podíamos irnos todos a Nashville, Miguelito, mi tía y yo. Pero ellos dijeron que no. Cuando les pregunté por qué, dijeron que era algo muy complicado y que algún día vamos a estar todos juntos, pero aún no. Luego empezaron a hablar de otra cosa.

No dije nada en ese momento, porque nunca antes me había peleado con mis papás. Pero supongo que puedo usar este cuaderno para decir las cosas que no puedo decir en la vida real, ¿no?

Entre tú y yo, creo que no es justo que no pueda estar con mis papás. Estaba muy molesto cuando colgué el teléfono. Nadie evitó que ellos se fueran a El Norte, y eran apenas unos cuantos años mayores que yo cuando se fueron. Si ya no voy a clases y Cami se va a ir a Estados y mi tío Felipe está muerto ¿por qué tengo que quedarme aquí en Honduras?

Ahora prácticamente ya sabés todas las cosas malas que me pasaron el año pasado. Me siento un poquito mejor ahora que ya he "hablado" de ellas.

Como que me gusta mucho esto de escribir mis cosas. Mañana escribo otro rato.

EL DÍA SIGUIENTE
Naranjito

Llevo tres días seguidos escribiendo en mi cuaderno. Pero hoy quiero escribir porque resulta que siguen pasando cosas malas. Hoy mi tía nos llevó a Miguelito y a mí a la iglesia. Esa debió haber sido la primera pista. Siempre nos lleva a misa los domingos, pero hoy es martes. Después nos compró unas rosquillas y dijo que teníamos que hablar de algo muy serio. Nos dijo que su enfermedad estaba avanzando, que íbamos a tener que tener fe en Cristo y ser muy fuertes porque no le queda mucho tiempo de vida.

Miguelito y yo sabemos que ella está un poquito enferma... por años ha tenido una tos muy fea. De hecho, es una tos un poco molesta porque Miguelito y yo dormimos en el cuarto de mi tía, y a veces ella tose tan fuerte que me despierta y después ya no me puedo volver a dormir. Pero nunca le pusimos mucha atención a eso ni se nos ocurrió que podía morir pronto.

A mí me dijo que iba a tener que cuidar de Miguelito igual que el tío Felipe nos cuidó a nosotros. Dijo que iba a cuidarnos desde el cielo y que un día todos vamos a estar juntos otra vez.

Lloré y la abracé con fuerza y le dije que no era cierto, que solo tenía que encontrar un mejor doctor. Le dije que iba a trabajar más para así tener más dinero y poder llevarla a San Pedro Sula y que tal vez ahí tienen la medicina que necesita para curarse.

Pero me dijo que no y me habló como nunca antes me había hablado, me habló como le hablaba a mi tío Felipe. Me dijo que yo ya estaba grande y que tenía que entender. Dijo que no quería darme esperanzas y que no iba a usar el poco dinero que tenemos para apenas prolongar las cosas. Dijo, "Dios tiene un plan para todos y Él siempre va a estar con nosotros". Dijo que Él me protegió el día del accidente y que va a protegerme cuando muera ella.

Miguelito no dijo nada, pero, cuando mi tía nos abrazó a los dos al mismo tiempo, empezó a llorar, y sus largos y pesados lamentos provocaron que temblara todo su cuerpo.

Todavía no he llorado así. Todo parece mentira.

TRES SEMANAS DESPUÉS
Naranjito

Sé que no he escrito en unas tres semanas… Me la he pasado trabajando y ayudando a mi tía, y cuando no la estoy ayudando, me pongo a platicar con Miguelito siempre que está triste.

Supongo que las cosas están empeorando. Siento que en las últimas semanas mi tía se puso más débil, pero igual va a la iglesia casi todos los días. Luego, una mañana, después de haber pasado la noche entera tosiendo, nos pidió que la lleváramos al hospital. Hemos estado aquí por cuatro días. Las enfermeras son muy buena gente conmigo y Miguelito, y siempre intentan explicarnos lo que está pasando. Dicen que somos unos buenos nietos. Ayer nos enseñaron las radiografías de los pulmones de mi tía, nos mostraron una sombra donde no debe haber sombras y dijeron que le quedaba poco tiempo de vida.

Causa y efecto.

DOS DÍAS DESPUÉS
Naranjito

Ya llevamos seis días en el hospital. Mi tía cada vez está más callada, su respiración se ha vuelto poco profunda y su rostro ha empezado a cambiar de color y hasta de forma, es como si tuviera la piel mal puesta en su rostro o en una posición diferente. He intentado evitar verla porque me hace sentir raro y triste y culpable, como si estuviera viendo algo que no debo ver, como si la estuviera viendo mientras se cambia de ropa o algo así. Es como que conforme mi tía se acerca a la muerte ella se convierte en otra persona.

Pero, si lo piensas, los que nos estamos convirtiendo en otros somos Miguelito y yo. Sí, hemos sido como hermanos, pero creo que durante estos días nos hemos convertido en hermanos de verdad. Es difícil explicarlo, pero desde que tengo uso de razón mi familia ha sido mi tía, tío Felipe, Miguelito y yo, y Caramelo también, pero creo que los perros entran en otra categoría. Cuatro personas en una familia de cuatro. Cuando se murió mi tío Felipe, fue como si cambiara el significado de "nuestra familia", y entonces nosotros tres tuvimos que cumplir con el concepto de una familia de cuatro. Y ahora, en el hospital, mientras mi tía se acerca a la muerte, es como si el peso de su existencia recayera también en nosotros, y entre nosotros dos, Miguelito y yo, tenemos la responsabilidad de convertirnos en una familia de cuatro. Siento cariño y preocupación por Miguelito, y nunca antes había sentido algo así. Sé que es algo extraño, pero ayer volteé a verlo y le dije, "Miguelito, al salir de aquí realmente te tenés que esforzar en la escuela, ¿sí?". Me dirigió la mirada; vi que estaba confundido, pero igual asintió con la cabeza.

Tengo el presentimiento que vamos a volver a la casa pronto, pero no estoy seguro si eso es lo que quiero. No estoy listo para decir adiós. No estoy listo para convertirme en una familia de dos.

EL DÍA SIGUIENTE
Naranjito

Día siete. El padre Juan vino a rezar por mi tía. Miguelito y yo rezamos con él, y nos dijo que iba oficiar el funeral de mi tía y que estaba seguro de que ella va a irse directamente al cielo. Dijo que es importante que sigamos yendo a misa, aunque mi tía ya no esté viva para obligarnos a ir.

Entonces supongo que nos acercamos al final, aunque no lo quiera. ¿Acaso eso me hace una persona egoísta?

UNAS HORAS DESPUÉS
Naranjito

Ya sé que solo han pasado unas cuantas horas desde la última vez que escribí algo aquí, pero quería avisarte que murió mi tía. Lo último que nos dijo a Miguelito y a mí fue, "Que Dios los guarde y los proteja".

No sé qué va a pasar ahora. Ni siquiera sé qué escribir. Tampoco sé si mañana voy a poder escribir algo.

DOS DÍAS DESPUÉS
Naranjito

Querida tía:

El padre Juan dice que como ya no está acá en la tierra, sino en el cielo, que puedo hablar con usted y que me puede escuchar. Y como usted fue la que me dio este cuaderno, supongo que, si escribo en él, usted también puede leer lo que escribo aquí. Antes de que se fuera al cielo, tenía la idea de enseñarle mi cuaderno una vez llenara todas las páginas con historias, y que tal vez iba a estar muy orgullosa de todo lo que yo había escrito. Espero esté orgullosa de mí, tía, desde allá arriba en el cielo.

Con amor,
D.

EL DÍA SIGUIENTE
Naranjito

Querida tía:

Es raro estar en la casa sin usted. Todavía estamos dejando que Caramelo duerma dentro. Espero no le moleste. Intento bañarlo seguido, lo prometo.

La extrañamos. Desde que se fue, he hablado con mi mamá todos los días y le conté que estoy escribiendo sobre usted en mi cuaderno. Me pidió que le dijera que ella también la extraña y le pide disculpas por no haber podido estar en el hospital a su lado. Y también me pidió que le dijera que por favor nos cuidara a mí y a Miguelito, que por favor nos vigile muy de cerca.

Con amor,
D.

DOS DÍAS DESPUÉS
Naranjito

Querida tía:

Cuando Miguelito se la pasa llorando toda la noche, no sé qué hacer más que abrazarlo y decirle que le puedo preparar un poco de arroz o darle un vaso con agua. Si hay algo que pueda hacer usted, tía, para ayudarlo para que esté bien, por favor, hágalo. Tengo ganas de decirle que recemos el Rosario antes de irnos a dormir, como nos obligaba a hacer cada noche, para así darle a cada día un tipo de final. Tal vez eso lo ayuda a sentir como que todavía está usted aquí con nosotros.

Le voy a decir a Miguelito que mañana deberíamos volver a ir a la escuela. Yo necesito regresar al trabajo o nos vamos a quedar sin dinero, y creo que Miguelito estaría incluso más triste si está todo el día en la casa él solo.

Con amor,
D.

UN MES DESPUÉS
Naranjito

Querida tía:

Perdón que ya pasaron varias semanas y no le he escrito. He estado trabajando hasta más no poder. Además, he estado aprendiendo a hacer cosas que no había hecho antes. Ahora sé cómo hacerle para pagar la renta de la casa, la luz y el agua. Ahora sé cocinar, sé ir a la tienda para recoger el dinero que mandan mis papás. Entonces me ha costado hallar tiempo para escribirle, tía. Algunas veces me he sentado a escribir, pero siento que si me quedo ahí sentado por mucho tiempo me voy a poner a llorar. Pero nunca voy a dejar de escribir, porque no quiero que piense que me he olvidado de usted.

Ahora que ya no está acá para llevar las cuentas, entiendo que de veras somos pobres. Me fijo en lo que tenemos (casi nada) y me da esta sensación de inquietud en el pecho cuando pienso en lo que gano trabajando (casi nada) y lo que tengo que pagar para que podamos seguir viviendo en la casa (mucho pisto). Cuando usted se hacía cargo del dinero, parecía todo menos real. ¿Tenía algún truco para manejar el pisto? ¿Cómo le hacía para no volverse loca día tras día? Yo me la paso todos los días pensando en que no vamos a poder comprar comida o algo así. Supongo que siempre hemos sido así de pobres, pero usted y el tío Felipe simplemente no querían que Miguelito y yo nos preocupáramos de eso. No sé cómo le alcanzaba para poner dinero en la canasta de las ofrendas de la iglesia o para darme pisto para mi almuerzo. Por eso es que tío Felipe tenía que trabajar todo el día. Ahora yo soy el que tiene que trabajar como loco para que podamos comprar comida y pagar la renta y la luz, y para que Miguelito siga yendo a la escuela. Eso es lo más importante de todo.

Me despierto a las 4:40 todos los días, menos los domingos, para así estar en la calle a la hora que llega el señor con su carro de paila buscando obreros. El señor ese es... bueno, pues es un señor que en las mañanas va con su carro de paila por todo Naranjito. Él es el encargado de llevar los obreros a las haciendas a trabajar. Tengo que estar en la calle a las cinco en punto o si no me deja. Hay mucha gente buscando trabajo y por eso no tiene necesidad de esperarme.

La mayoría de los días el señor nos lleva a una de las haciendas que está en las afueras del pueblo. Nos quedamos ahí trabajando todo el día bajo el sol. El sol cansa casi más que trabajar porque no hay sombra en ningún lado. Se me ha empezado a pelar la piel como nunca antes. La gorra vieja de tío Felipe no me queda, y no me decido ir a comprar otra en la tiendita. Al menos ahorita creo que no necesito gastar ese dinero. Mientras, puedo soportar estar bajo el sol.

Cuando llegamos a las haciendas, los señores que están a cargo de todo nos dan instrucciones. Todos los días, sin falta, tenemos que llevar las vacas al río para que beban agua. Algunas haciendas tienen más de quinientas vacas, y llevarlas al río toma una eternidad. Todavía no soy muy bueno para llevar las vacas, porque antes de empezar a trabajar en las haciendas apenas había montado a caballo un par de veces. Intento mejorar lo más rápido posible, pero a cada rato me caigo del caballo y me lastimo. Los otros trabajadores, los más viejos, dicen que tengo que tener mucho cuidado si me caigo del caballo porque si no me levanto a tiempo, puede que las vacas pasen encima de mí. Da miedo, pero no estoy tan preocupado, porque, siempre que me caigo, esos perros fantásticos que nos ayudan a arrear el ganado aparecen de la nada y se aseguran de que las vacas no pasen sobre mí. Una vez me pongo de pie, siempre me dan ganas de hacerle cariño a los chuchos por salvarme la vida, pero son muy rápidos y siempre aparecen o se van corriendo muy aprisa. Y luego que el señor me lleva de vuelta a la casa, a eso de las siete u ocho de la noche, me tomo el tiempo de darle muchos apretujones a Caramelo y de ponerle muchas sobras junto a la puerta, si es que hay sobras en la casa. Desde el mes pasado, acurrucarme con Caramelo ha sido mi parte favorita del día.

Con amor,
D.

DOS SEMANAS DESPUÉS
Naranjito

Tía, solo paso rapidito a darle una actualización. Me rendí y pasé a comprar una gorra. Se me estaba pelando la piel de la cabeza y me dolía tanto que no podía concentrarme en el trabajo. Además, como el sol me pega en la cara todo el día, me cuesta ver si no llevo gorra. Compré la más barata que encontré. Me alegra haber gastado esos 110 lempiras.

D.

UNAS SEMANAS DESPUÉS
Naranjito

Querida tía:

Hoy en la hacienda nos pidieron echar heno dentro de esa máquina que corta heno y me da mucho miedo. Es muy grandota y hace más ruido que una moto o cualquier otra máquina que haya visto en mi vida. Solo había tenido que usar esa máquina una vez antes y me provocó pesadillas; empecé a soñar que esa máquina me cortaba la mano. Desde esa vez, si hay más cosas que hacer, siempre le pido a los otros hombres si pueden manejar la máquina mientras yo hago otras tareas. Usualmente aceptan ayudarme, tal vez porque algunos de ellos tienen hijos de mi edad y les doy lástima. Pero hoy no había más cosas que hacer, entonces o usaba la máquina o mejor ni iba a la hacienda.

Y, pues, supongo que quería rezar para que me ayudara a no tener pesadillas hoy. Por favor, y gracias. La quiero. La extraño.

D.

EL DÍA SIGUIENTE
Naranjito

Querida tía:

Hoy no hubo trabajo en las haciendas. Salí a la calle a las cinco de la mañana en punto, pero el señor nunca llegó. Entonces fui a la tiendita y le pregunté a los dueños si necesitaban ayuda, si podía ayudarlos haciendo cositas por ellos. A veces sí necesitan ayuda y el trabajo que hago ahí requiere menos esfuerzo que el que hago en las haciendas, pero pagan menos. Igual, me dijeron que no necesitaban mi ayuda hoy. Entonces me senté a esperar al camión repartidor y le pregunté al conductor si podía ir con él y ayudarlo a bajar cosas. Dijo que sí. Los conductores casi siempre dicen que sí cuando les pido trabajo. Siempre tienen mucho que hacer y necesitan ayuda. Además, como soy un niño, no me tienen que pagar tanto como si fuera un adulto. Es divertido porque vamos por toda la región entregando harina y azúcar y otras cosas así. Usualmente los choferes son buena gente. Me gusta ayudarlos. Pero ahora siento los brazos como que si fueran de hule, y sé que mañana me va a doler todo el cuerpo y que me va a costar salir de las chamarras.

Trabajo todos los días para que Miguelito pueda seguir yendo a la escuela. Ha estado muy triste desde que nos quedamos solos. Yo también me la paso muy triste, pero al mismo tiempo estoy cansado y no tengo la energía para andar triste. Suena loco, ya sé. Me preocupa que, si Miguelito también tiene que salirse de la escuela, a él le iría mucho peor que a mí. Él y Caramelo son lo único que tengo en este mundo. Cuando no estoy con ellos, estoy muy solo. Miguelito se ha dado cuenta de que trabajo muy duro y ha intentado mantener la frente en alto, por mí. Le va bien en la escuela, tal y como le pedí. Y también trabaja un poco por las tardes. Me gustaría que no tuviera que trabajar para nada, pero sin su ayuda no podríamos sobrevivir. Gano menos de lo que ganaba tío Felipe porque los señores me pagan menos de lo que les pagan a los adultos. Dicen que como soy apenas un niño que no soy de mucha ayuda, y que por eso no me pagan mucho. Me molesta que digan eso, e igual siempre esperan que trabaje tan duro como ellos y las mismas horas.

Con amor,
D.

Posdata. No tuve pesadillas anoche. ¡Gracias, ♥!

UNA SEMANA Y MEDIA DESPUÉS
Naranjito

Querida tía:

Hablé hoy con Cami. Ya está en Estados Unidos; un par de veces por semana voy a la tienda para hablar por teléfono con ella, pero me siento culpable de gastar dinero en esas llamadas. Es en lo único que gasto dinero que no es absolutamente necesario. Además, no tenemos dinero para pagarle todo lo que le debemos al señor de la tienda. Pero hay días que hablar con Cami es lo único que me hace sonreír.

Hablo con Cami más de lo que hablo con mi mamá o mi papá.

Quiero mucho a mis papás, y sé que se preocupan por mí pero, como nunca los he conocido, no tengo mucho de qué hablar con ellos. Pero con Cami puedo hablar de música, de sus papás, de Miguelito y de las cosas divertidas que hacíamos antes de que se fuera ella. Yo le cuento de mi trabajo y mis problemas de dinero, y ella me cuenta de las cosas nuevas que está haciendo allá en El Norte, como comer McDonald's. Cami también está trabajando pintando casas, y no puedo creer todo el dinero que le pagan. En apenas dos horas ella recibe más dinero del que me pagan a mí por trabajar un día entero en las haciendas. Hasta tiene un teléfono celular y dice que todo mundo en Estados Unidos tiene teléfonos celulares. Una vez me dijo que si quería comprarse un PlayStation 4 tenía que trabajar tres horas al día por cuatro días. Le cambié de tema porque eso que dijo me recordó a los problemas de matemática que tenía que hacer el día que mataron a tío Felipe.

Da igual. Ni siquiera sabía que ya hay PlayStation 4. Pensé que el PlayStation 3 era el modelo más reciente. Tal vez el 4 solo está disponible en Estados Unidos.

Pero Cami nunca compró su PlayStation 4. Casi todas las semanas, siempre que puede, me manda un poquito del dinero que gana. Al principio me costó aceptarlo porque me sentía mal tomar de su dinero, y todavía me siento mal; no quiero que ella tenga que trabajar más duro solo para darme de su dinero. Pero tiene un corazón enorme, y Miguelito y yo le damos lástima. Antes siempre que hablábamos por teléfono le daba las gracias por ayudarnos, pero me pidió que parara.

Hay otra razón por la que he aceptado tomar su dinero: Naranjito se ha vuelto más peligroso. Sé que las cosas estaban empeorando cuando todavía estaba viva, tía, pero en ese entonces no le ponía mucha atención porque usted estaba para cuidarnos. A veces el tío Felipe nos contaba cosas de las maras y la violencia en San Pedro Sula y Tegus, pero era lo que él miraba en las noticias. Era como enterarnos de las cosas malas que pasan en el mundo y que están muy lejos, como la guerra en Siria y eso de que el tal Donal Tron ganó las elecciones en Estados Unidos. Pero desde que se fue al cielo usted, tía, muchos de los adultos que saben que Miguelito y yo vivimos solos, como el padre Juan y algunos de los hombres que trabajan conmigo en las haciendas, empezaron a advertirnos que las maras han comenzado a causar problemas en los pueblos cercanos. A las maras les gusta secuestrar niños y obligarlos a unírseles. Me preocupa que vengan a buscar a Miguelito. Pero sé que a veces, si les

das pisto, lo dejan en paz a uno. Entonces decidimos empezar a ahorrar un poco de dinerito para cuando finalmente lleguen a Naranjito. No he podido ahorrar nada todavía, pero espero pronto empezar a hacerlo.
Entonces, por favor, siga cuidándonos, tía, especialmente a Miguelito.

Con amor,
D.

DOS SEMANAS DESPUÉS
Naranjito

Querida tía,

Hoy Miguelito me preguntó si podíamos ir a El Norte. Estaba nervioso, pero sé que ha estado pensando mucho al respecto. Creo que está decidido a irse. Obvio que yo también me quiero ir a El Norte, pero sé que el tío Felipe y usted no querían que nos fuéramos, y que mi mamá y mi papá no quieren darnos permiso de irnos.
"¿Y si nos vamos a El Norte?", dijo.
Lo dijo mientras estaba debajo de un árbol de mango, comiéndose un mango, con jugo de mango en los labios y los cachetes. Fue algo muy extraño, porque Miguelito odia los mangos.
Realmente no quería hablar de eso con él, entonces ignoré lo que dijo y le pregunté por qué estaba comiendo un mango, si no le gustan.
"Antes no me gustaban, pero ahora sí. ¡Son muy ricos!", dijo, y señaló las ramas del árbol encima de él. "¡Y, además, es comida gratis! Pero sí creo que deberíamos irnos de Naranjito porque así podrías volver a la escuela y podríamos vivir con tus papás y no tendrías que trabajar todo el tiempo y podríamos ser niños normales".
Quiero mucho a Miguelito. Es un niño súper divertido. Desde que era muy pequeño, siempre que se pone nervioso, habla usando oraciones relargas y con muchas yes. Mientras más larga es la oración, más rápido habla, y cada vez es más difícil seguirle el paso a lo que está diciendo. Hay que interrumpirlo o de lo contrario sigue y sigue hasta que se queda sin aliento.
"A ver, esperate, dejame pensar qué podemos hacer, ¿sí?", dije, a pesar

de que llevaba meses pensando justamente en eso, desde que volvimos a casa del hospital sin usted, tía.

Creo que Miguelito quería que yo tomara una decisión ahí mismo, en ese momento, pero necesito tiempo para pensar al respecto y escribir al respecto y consultarlo con la almohada. Ahora sueno como Miguelito con tantas yes.

Me voy a dormir ya, pero le escribo mañana.

Con amor,
D.

EL DÍA SIGUIENTE
Naranjito

Querida tía,

He estado pensando en lo que dijo Miguelito: "Podrías volver a la escuela y podríamos vivir con tus papás y no tendrías que trabajar todo el tiempo y podríamos ser niños normales". Todo eso hizo que me dieran ganas de irme de Honduras.

"Podrías volver a la escuela". Yo no era el niño más inteligente de mi clase, pero sacaba buenas notas. Al terminar quinto, el profe me dijo que yo era un buen escritor y me regaló un montón de libros. Iba a leerlos, pero de ahí mataron a tío Felipe y nunca tuve tiempo de sentarme a leer. Por dos años los he tenido apilados en el suelo de su cuarto, tía. Tal vez si regreso a la escuela podría empezar a leer otra vez y aprender a escribir bien en vez de andar solo escribiéndole a usted o componiendo canciones de rap en mis cuadernos.

"Podríamos vivir con tus papás". Cuando usted y el tío Felipe todavía estaban vivos, ustedes siempre me hacían sentir seguro y muy querido. Pero desde que se murieron nadie más que Miguelito y Caramelo me han dado un abrazo. No quiero pensar cosas tristes por mucho tiempo, pero siempre que hablo con mis papás siento... No, no estoy enojado, esa no es la palabra correcta. Me siento triste y solitario, y no sé qué hacer para ya no sentirme así. Tal vez irme a Nashville me ayudaría a no estar triste.

"No tendrías que trabajar todo el tiempo". Hoy me la pasé pensando en eso de no tener que trabajar todo el tiempo. La verdad es que todos los días pienso en eso. Sí, me siento solo y estoy muy cansado. Pero, además, me siento atrapado, y como que nunca en la vida voy a poder ganar suficiente dinero como para ayudar a Miguelito, y nunca voy a ganar más dinero porque, como no voy a la escuela, no voy a poder convertirme en un electricista o músico o diseñador de videojuegos. Voy a seguir atrapado despertándome a las 4:40 de la mañana, trabajando de sol a sol y viendo cómo se me pela la piel de la frente hasta que me muera. No miro otra alternativa más que irme a El Norte. No puedo seguir haciendo esto por otros sesenta años.

"Podríamos ser niños normales". Al terminar quinto grado, unos meses antes del accidente que mató a mi tío, la escuela organizó un show de talentos y Cami y Daniela me convencieron de que cantáramos una canción los tres. Estaba súper nervioso, pero tan pronto empezamos a cantar y vi que los otros niños se la estaban pasando bien, empecé a sentirme bien conmigo mismo. Después de eso, todo mundo nos conocía a los tres y eso me hizo muy pero muy feliz. Volver a tener esa vida parece imposible, pero tal vez no es tan imposible que digamos. Ahora tengo trece años. Sé que el trabajo, el estrés y el dolor son parte de la vida, pero ¿acaso no hay tiempo también para pasarla bien con amigos y jugar pelota y escuchar música?

Es tentador ir a El Norte, pero sé que es un viaje difícil. Realmente no sabemos bien cómo llegar hasta allá y, pues, sale caro y no hay pisto para eso. Toma tiempo, además. Creo que la gente llega allá como en una semana, más o menos, pero a lo mejor estoy equivocado. Puede que les tome más tiempo. Todo mundo dice que atravesar México es muy difícil, y que para hacerlo hay que ser muy escurridizo. La gente dice que los policías mexicanos son muy rudos, que están ahí para evitar que uno entre a México y que igual no dejan que uno cruce la frontera de Estados Unidos. Lo bueno es que, si llegás al otro lado del río Bravo, aunque no sé muy bien dónde es eso, pero dicen que para llegar a Estados Unidos hay que cruzar el río Bravo, una vez del otro lado, lo único que tenés que hacer es encontrar a La Migra y luego ellos te llevan con tu familia, siempre y cuando no seás un delincuente o algo así. Obvio que Miguelito y yo no somos delincuentes porque somos solo unos niños.

Pero Miguelito todavía es un niño chiquito. También es muy sensible y no sé si puede aguantar un viaje así.

Además, no les podemos decir nada a mi mamá o mi papá porque no nos darían permiso de ir, e irnos sin antes decirles algo se me hace muy extraño. Tampoco podríamos llevarnos a Caramelo. Entonces, de momento, le voy a decir a Miguelito que nos quedemos otro rato en Naranjito, pero si empeoran las cosas por eso de las maras podemos volver a hablar al respecto.

Con amor,
D.

UNA SEMANA DESPUÉS
Naranjito

Querida tía:

Son las 4:30 de la mañana y le escribo mientras espero que venga el señor del carro de paila, el que me lleva a trabajar a las haciendas. Casi no dormí. No sé si voy a poder dormir de camino. Pero quería darle las noticias.

Anoche, cuando regresé del trabajo, vi que Miguelito estaba llorando. No lo había visto llorar así desde que usted nos dijo que su enfermedad había empeorado, tía. Lloraba y le chorreaban los mocos por la cara, y su pecho se movía de arriba abajo y no podía ni hablar. Por un momento pensé que estaba enfermo o se había lastimado. Corrí a verlo de cerca y le pregunté si estaba bien. De inmediato hice una oración en mi cabeza, "Por favor, que no se me muera Miguelito también". No pudo decir nada. Lo vi con cuidado para ver si estaba sangrando o algo así, pero no. No estaba herido. Lo abracé y yo también empecé a llorar, a pesar de que no sabía qué le había pasado. Lo apreté con fuerza y le dije que todo iba a estar bien. No sé si estuvo bien decirle eso, pero es lo que dice la gente en las películas cuando alguien está llorando.

Cuando empezó a respirar con más calma, intentó explicarme lo que había pasado. Resulta que una vecina llegó a tocar la puerta. La señora llevaba algo envuelto en una sábana. Vio cuando un camión pasó aventando a un chucho cerca de la casa y luego se fue. El chucho que llevaba en la sábana era Caramelo.

Lloramos toda la noche. Antes del amanecer cavamos un hoyo detrás de la casa y ahí enterramos a Caramelo, junto a dos aguacates maduros, uno por cada uno de nosotros.

Creo que ya está. Ya no hay razón para quedarnos en Naranjito.
Nos vamos a Nashville.

Vamos a ser una familia otra vez.
Vamos a ir a la escuela y aprender inglés y hacer amigos y otra vez ser niños.
Tan pronto lleguemos a nuestra nueva casa, vamos a adoptar un perro aguacatero y de nombre le vamos a poner Caramelo Segundo.

Con amor,
D.

EL DÍA SIGUIENTE
Naranjito

Querida tía:

Creo que va a ser fácil alistarnos para irnos a El Norte. Este es mi plan:

Paso uno: juntar todo el pisto que podamos durante las próximas semanas para así estar listos para salir de Naranjito en enero.
Paso dos: pedir jalón, caminar o irnos en bus hasta llegar a Guatemala.
Paso tres: pensar en cómo atravesar Guatemala para llegar a la frontera con México.
Paso cuatro: pensar en cómo atravesar México para llegar a la frontera con Estados Unidos.
Paso cinco: Llamar a mis papás para que lleguen a recogernos.

Lo que más me preocupa es el paso cinco, porque decidí que no vamos a decirle nada a mis papás. De lo contrario, fijo no nos dan permiso para irnos de Naranjito.

Mi papá va a estar muy enojado si nos vamos de Honduras sin decirle nada. No sería la mejor manera de empezar nuestra relación frente a frente. Y, además, no sé qué tan lejos está Nashville de la frontera. Seguro va a enojarse mucho si tiene que manejar un gran tramo para ir a buscarnos, y más si tiene que faltar al trabajo.

Y mi mamá se va a preocupar mucho, porque desde que usted se fue, tía, empezaron a llamar cada domingo, y si nos toma más de siete días llegar a Estados Unidos, no vamos a poder tomar su próxima llamada. Desde que usted se murió, mi mamá se ha vuelto más paranoica sobre nuestra seguridad, y si no atendemos su llamada seguro va a llamar a otra gente en Naranjito para que vaya a ver cómo estamos. Cuando lleguemos a la frontera, imagino que mi mamá va a estar aliviada de que estemos a salvo, pero después ella también se va a poner muy brava con nosotros, igual que mi papá, y todo por preocuparla por gusto.

Creo que, si usted siguiera viva, tía, usted también nos diría que no nos fuéramos. O tal vez no. No sé qué hubiera pensado de eso de que las maras empiezan a acercarse al pueblo. Tal vez hubiera querido que nos fuéramos de Naranjito.

Pero, bueno, sí me preocupa cómo vayan a reaccionar mis papás, pero también creo que puede ser un viaje muy divertido. Miguelito está muy emocionado porque lleva rato que quiere irse a El Norte, pero también porque ni él ni yo hemos salido de Honduras. No sabemos qué tan diferente va a ser. Es toda una aventura. Además, la tía Gloria y nuestros primos viven en Guate, y ya hemos hablado con ella por teléfono antes, así que tan pronto lleguemos al paso tres de nuestro plan, tal vez podemos buscar un teléfono y llamarlos.

Deséenos suerte.

DIEZ DÍAS DESPUÉS
Naranjito

Querida tía:

Hoy es domingo, lo que significa que hablé por teléfono con mi mamá y mi papá. La plática que tuvimos fue algo así:

> PAPÁ: ¿Te han estado pidiendo hacer cosas peligrosas en las haciendas? (Sé que se siente culpable desde que mataron a tío Felipe. Mi papá no quiere que yo tenga que ir a trabajar. Pero como no puede mandarme suficiente dinero para ayudarnos, no hay otra alternativa).
>
> YO: No. (Pero no me cree. Como sabe, tía, no soy bueno para mentir).
>
> PAPÁ: Si sí, entonces tenés que dejar de trabajar ahí. Podemos encontrar maneras de enviarte más dinero. (Él tampoco es bueno para mentir. Entonces decidí cambiarle el tema).

YO: Ojalá yo estuviera allá con ustedes, papá. ¿No podemos irnos a Nashville, Miguelito y yo?
PAPÁ: Algún día, mijo. Pronto.
YO: Está bien. Te quiero, papá.

Casi le digo de nuestro plan. Pero sé que nos diría que nos quedemos en Naranjito. De repente me recordé de otro de los proverbios de tío Felipe. "Es más fácil pedir perdón que pedir permiso". Aun así, me siento mal por no decirle nuestros planes. Pero algún día me va a perdonar por no decirle nada, ¿verdad tía?

Con amor,
D.

EL DÍA SIGUIENTE
Naranjito

Querida tía:

Feliz Año Nuevo. Este va a ser el primer año de mi vida que lo viva sin usted y, con eso de que Miguelito y yo queremos irnos a El Norte, creo que va a ser un año en el cual vamos a hacer muchas otras cosas por primera vez en la vida. Espero que hagamos muchas cosas buenas, para compensar que usted no está acá con nosotros. Más noticias pronto.

Con amor,
D.

DOS SEMANAS DESPUÉS
Naranjito

Querida tía:

Las últimas semanas he estado trabajando como siempre, pero lo que me pagaron no me alcanzó para pagar la luz o algo más, y Miguelito tuvo que faltar a clases para también ir a trabajar, no en las haciendas, sino haciendo trabajitos por aquí y por allá. Pensamos en vender algunas de nuestras cosas para así tener un poquito de dinerito extra, pero como vivimos en un pueblo chiquito, no queremos que la gente empiece a sospechar de nosotros porque capaz y hablan con nuestros papás. Igual, no tenemos nada de valor.

Hoy fuimos a la tienda a recoger el dinero que mandaron mis papás, y entre eso y lo que ganamos Miguelito y yo trabajando las últimas semanas, tenemos 1,856 lempiras. Sabemos que solo podemos usar lempiras en Honduras. En Guatemala usan quetzales, en México usan pesos y en Estados Unidos usan dólares. Le preguntamos al encargado de la tienda que cuántos quetzales, pesos y dólares podíamos comprar con 1,856 lempiras, y nos dijo que nuestro dinero equivale a 587 quetzales, 1,493 pesos y 76 dólares. Me parece injusto que nuestro dinero valga mucho menos en otros países, pero a lo mejor las cosas son más baratas afuera de Honduras.

Fuimos a casa y metimos un poco de comida, ropa y botellas de agua dentro de nuestras mochilas. Tan pronto termine de escribir, voy a guardar este cuaderno en mi mochila. Tempranito en la mañana, Miguelito y yo vamos de camino a la parada de buses.

Adiós, casa. Hasta nunca.

Con amor,
D.

EL DÍA SIGUIENTE
Trinidad

Querida tía:

Bien, pues ya llegamos a nuestra primera parada, Trinidad, un pueblo que está al oeste de Naranjito. Cuando solía ayudar a los repartidores a entregar mercadería en esta área, casi siempre hacíamos una parada en una tienda que está aquí. Trinidad es muy parecido a Naranjito. Hay mucho verde, es un lugar tranquilo y hay una iglesia blanca en medio del pueblo.

Llegamos aquí muy rápido; fue un viaje de unos veinte minutos. Pero antes caminamos como unas dos horas. Intentamos que alguien nos diera jalón, pero nadie nos hizo caso. Como hace calor, nos tomamos casi toda el agua que llevábamos, pero está bien porque sabíamos que íbamos a poder volver a llenar las botellas tan pronto llegáramos aquí.

Hay un gran problema que no esperé tener que enfrentar, y es que me duele mi pie derecho. Sanó casi por completo después del accidente, pero a veces todavía me duele, como cuando llevo parado mucho tiempo o tengo que levantar cosas en las haciendas. Pero nunca antes me había dado problema solo por caminar mucho. Nunca tengo que caminar por más de dos horas. Pero espero que podamos conseguir jalón para llegar a Guate.

Caminamos hasta llegar a un parque donde llenamos las botellas de agua y descansamos debajo de una banca. Ahí había una parada de buses y Miguelito me sugirió que intentáramos tomar un bus para llegar a Guate. Ya no quiere caminar.

En la parada le pregunté a unos señores que qué bus nos podía llevar a Guatemala. Todos parecían muy confundidos, pero por fin una mujer nos dijo que ahí no pasan buses que van de camino a Guatemala, pero sí hay buses que van hacia el norte y que si queremos ir a Guatemala tenemos que ir al norte.

Cuando llegó el bus, le preguntamos al conductor si podía darnos jalón de gratis; teníamos que intentarlo. El hombre sacudió la cabeza como si estuviéramos locos. Entonces pagamos ocho lempiras cada uno y nos subimos. El bus arrancó hace un ratito. Reconozco algunos de los lugares por donde pasamos; el señor del carro de paila pasa por aquí cuando nos lleva a las haciendas. Miguelito se quedó dormido. Al menos él va a poder descansar un rato. De momento voy a ver por la ventana, pero voy a intentar escribir más noche.

Con amor,
D.

UNAS HORAS MÁS TARDE
La Entrada

Querida tía:

Ya es de noche. Estamos en La Entrada. Para cuando llegamos aquí ya casi no había gente en el bus y el conductor dijo que teníamos que bajarnos porque ya habíamos llegado a la última parada. Encontramos algunas bancas en la estación de buses donde vamos a intentar dormir.

Hay otras personas durmiendo en bancas también. Algunas parecen como que están esperando el próximo autobús, mientras que otras parecen como que no tienen a donde ir.

La banca es muy dura y creo que me va a costar quedarme dormido aquí. ¿Qué pasa si alguien me roba la mochila mientras estoy dormido? Da igual, la verdad es que no traigo nada de valor. Voy a cerrar los ojos a ver qué pasa. Solo quería avisarle que cada vez estamos más cerca de nuestro objetivo, y que estamos bien. Pero como nos está cuidando, supongo que ya sabe que estamos bien. Al menos espero que nos esté cuidando.

Bueno, le cuento más mañana.

Con amor,
D.

EL DÍA SIGUIENTE
Debajo de algún puente por ahí

Querida tía:

Hoy ha sido un día muy raro. El viaje no ha salido como lo planeábamos. No dormí muy bien. Además de tener que estar sobre una banca redura, el ruido de los buses y la gente y los altavoces no me dejaron dormir.

Hoy en la mañana desayunamos galletas y decidimos intentar subirnos a otro bus. Pero los boletos son muy caros. Entonces empezamos a caminar por la carretera en la misma dirección del bus. Todo el tiempo Miguelito se la ha pasado diciendo que está tan emocionado como cuando salimos de Naranjito, pero después de que nos despertamos me di cuenta de que no quería volver a caminar. No he visto a nadie más caminando. Los carros pasan súper rápido a la par de nosotros y nos preocupa que no nos vean cuando toman las curvas.

No somos tontos. Sabemos que llegar a Guate toma tiempo, y más a pie. Le pedimos jalón a varios de los carros que pasaron a lado nuestro. Por fin uno empezó a orillarse, y Miguelito y yo nos volteamos a ver, sonriendo. Nos quitamos las mochilas, que se habían vuelto muy pesadas, e intentamos decidir qué decirle al conductor. No sabíamos si decirle que íbamos de camino a Estados Unidos o a México o qué.

Pero de repente a Miguelito le cambió el semblante.

"¿Es seguro que nos subamos a ese carro?", dijo. Siempre ha sido así. Siempre que se emociona por hacer algo, de la nada encuentra razones para no hacerlo. A veces me vuelve loco su actitud.

Sé que usted siempre nos dijo que no debíamos irnos con extraños, pero mucho ha cambiado desde ese entonces. Miguelito y yo ya estamos más grandes y hemos aprendido a valernos por nosotros mismos desde que se fue, tía.

"Creo que sí", le respondí a Miguelito. "Somos dos y él es apenas uno. Además, no es como que tengamos mucho dinero".

El conductor bajó su ventana y nos preguntó que a dónde íbamos.

Miguelito volteó a verme. No llegamos a una conclusión sobre qué responder ante esa pregunta.

"Guatemala", dije. Cuando uno no sabe qué decir, supongo que es mejor decir la verdad.

El conductor hizo una mueca muy extraña.

"¿Dónde están sus papás?".

Fue una pregunta rara. O inesperada. ¿Por qué le importa donde están mis papás?, pensé.

"En El Norte".

"Par de cipotes, deberían regresarse a su casa", dijo. "Súbanse y los llevo a La Entrada".

Pero si de ahí venimos, pensé, ¿por qué querríamos ir de vuelta? Vi a Miguelito y luego volteé a ver al hombre y le dije que no con la cabeza.

Él suspiró no más, subió la ventana y se fue.

Cuando se fue, Miguelito y yo no dijimos nada. Caminamos otro rato porque ya se estaba poniendo oscuro. Encontramos un puente sobre un barranco y se nos ocurrió que era un buen lugar para pasar la noche. Está bien. Tuvimos mala suerte consiguiendo jalones hoy, pero tengo la esperanza de que mañana vamos a tener más suerte. Apenas estamos empezando este viaje.

Nos vamos a comer unas galletas y luego a dormir. Las mochilas nos van a servir de almohadas. Cuando los carros pasan sobre el puente, hacen mucho ruido, pero creo que hoy sí voy a dormir bien.

¿Será que puede echarnos un ojo mientras estamos aquí, tía? Si sé que nos está cuidando, estoy seguro de que voy a poder dormir mejor.

Con amor,
D.

EL DÍA SIGUIENTE
Todavía debajo de algún puente por ahí

Tía:

Es temprano, Miguelito no se ha despertado y el sol empieza a salir. Un carro me despertó y empecé a pensar en todo. Decidí empezar a escribir para ver si me ayudaba a ordenar mis pensamientos. Intento ser positivo para no desmotivar a Miguelito, y para no desmotivarme a mí tampoco. Pero a pesar de que no le he dicho nada a él, creo que si no podemos conseguir jalón hoy, todavía no es muy tarde para darnos la vuelta y regresar a Naranjito. Nos hemos perdido unos días de trabajo y escuela, pero aparte de eso podríamos volver a nuestras vidas de antes. Pero ¿para qué? ¿Para regresar a la casa, trabajar de sol a sol y así apenas pasar los días, a pesar de que recibimos dinero de mis papás y de Cami? Cuando salimos de Naranjito, me emocionó pensar que íbamos a empezar una nueva vida. No puedo imaginar lo que sería volver a casa y ya.

Vamos a ver qué pasa.

D.

EL DÍA SIGUIENTE
En algún lugar cuyo nombre no recuerdo

Querida tía:

Hoy en la mañana, después de intentarlo por unas horas, logramos que alguien nos diera jalón. El conductor nos dijo que, por cincuenta lempiras, podía llevarnos a un pueblo que no conozco. Dijo que iba camino allá, y como lo que nos cobró era menos que las tarifas de los buses, aceptamos la oferta y nos subimos.

Yo me senté al frente y Miguelito atrás. Me aseguré de que se pusiera el cinturón de seguridad.

Adentro olía a humo de cigarro. El conductor no hablaba mucho, parecía ser tan viejo como el tío Felipe, y tenía la barba rizada. Pensé en platicar con él, pero al final, como vi que era un hombre callado, decidí guardar silencio.

Cuando nos subimos al carro de ese hombre, según el reloj en el tablero eran las 3:32. Llegamos a ese pueblito a las 6:50. No es un pueblo muy grande, pero es más grande que Naranjito. El conductor nos llevó hasta la estación de buses.

"Ya llegamos", dijo.

Le pagué cincuenta lempiras y le di gracias por el jalón.

"Espérense", dijo antes de que Miguelito y yo nos bajáramos del carro. Ambos volteamos a verlo.

Parecía como que el hombre quería decirnos algo. Me preocupó que fuera a pedirnos más dinero. No le tenemos que pagar cincuenta lempiras cada uno, ¿o sí?, pensé. Pero al rato vi que había tristeza en sus ojos y simplemente dijo, "Cuídense".

Sonreí. Miguelito y yo entramos a la estación de buses para ver si adentro había algún baño. Nos topamos con un letrero que decía "PROHIBIDO BAÑARSE", pero igual me eché agua en la cara y en las axilas porque no sé cuándo vamos a poder usar un lavamanos otra vez.

Con amor,
D.

CUATRO DÍAS DESPUÉS
No estoy seguro dónde estamos

Querida tía:

Nos ha tocado casi que lo mismo los últimos días. Miguelito y yo nos despertamos, caminamos un rato, pedimos jalón. Usualmente los carros no paran, pero a veces sí. Cuando paran, los conductores nos llevan hasta donde pueden llevarnos. Entonces Miguelito y yo nos bajamos del carro, averiguamos hacia dónde queda Guatemala y empezamos a caminar en esa dirección.

Todos los que nos han dado jalón son hombres. Algunos son muy platicadores, otros no. Usualmente nos piden dinero, pero no mucho. No ha de ser mucho dinero especialmente para un adulto que tiene carro y todo, entonces no sé bien qué ganan ellos con ayudarnos. Tal vez solo quieren estar con alguien más. O tal vez les damos lástima y nos dan jalón para ayudarnos y ya. A veces se me olvida, pero Miguelito tiene apenas once años y yo tengo trece (cumplo catorce en unas tres semanas). Supongo que la gente ve que somos un par de niños y quieren ayudarnos. Un hombre que tenía un rosario colgado de su retrovisor nos dijo, "Que Dios los guarde y los proteja", y casi le pregunto si la conocía a usted, tía, porque eso fue lo último que nos dijo antes de morir. Lo tomé como una señal de que usted sigue cuidándonos desde el cielo, tal y como lo prometió. Después de todo, tal vez sí puede leer estas cartas.

Con amor,
D.

DOS DÍAS DESPUÉS
En las afueras de Ocotepeque

Querida tía:

Creo que ya casi llegamos a la frontera con Guatemala. El paisaje ha cambiado mucho. Acá hay menos montañas, pero hay más ríos y valles. Pero más que todo, hay muchas más haciendas y granjas. No sabía que dentro de Honduras podía haber tantos paisajes diferentes. Pensé que todo se parecía a Naranjito. Pero supongo que nunca pensé mucho al respecto.

Ha sido difícil saber a dónde ir. Hemos viajado por nueve días, aunque creo que, si hubiera buses de Naranjito a Guatemala, hubiéramos llegado en un día. Parte del problema es que caminamos tanto, y uno va más lento caminando que en carro. Miguelito se cansa rápido y a mí me duele el pie, entonces también tenemos que descansar.

Creo que el problema más grande es que, cuando sí nos dan jalón, los hombres no necesariamente van de camino a Guate. Pero conforme nos hemos ido acercando a la frontera, todo se ha vuelto más fácil, porque hay migrantes como nosotros por todos lados y les podemos pedir ayuda a ellos. Casi siempre saben a dónde debemos ir. Es fácil distinguir a los migrantes. A veces son adultos o niños o gente mayor o madres con sus hijos. Pero caminan de tal manera que es obvio que son migrantes.

Apuesto que las demás personas también saben que Miguelito y yo somos migrantes, y pensar en eso hace que me duela el estómago. Es como cuando Cami, Daniela y yo estábamos a punto de presentarnos en el show de talentos de la escuela y todos estaban viéndome antes de que siquiera empezáramos a cantar.

Tan pronto empezamos a preguntarle a otros migrantes a dónde ir, todo se volvió más fácil. Ayer, una señora mayor nos dijo que para llegar a Guate debíamos ir primero a un pueblo llamado Ocotepeque. Luego ir a un pueblo llamado Santa Fe. Nos dijo que Santa Fe está justo al lado de la frontera, y al llegar ahí tenemos varias opciones.

1. Podemos ir al cruce fronterizo y mostrarles nuestros pasaportes a los agentes, pero lo malo es que no tenemos pasaportes.
2. Podemos ir al cruce fronterizo y darles mordida a los agentes, pero no tenemos tanto dinero.
3. Podemos pagarle a un pollero para que nos ayude a cruzar la frontera, pero no tenemos tanto dinero.
4. Podemos intentar cruzar la frontera a escondidas.

Obviamente la única buena opción es la opción número cuatro, entonces eso es lo que vamos a hacer.

Con amor,
D.

EL DÍA SIGUIENTE
Santa Fe

Tan pronto llegamos a Ocotepeque, a cada rato llegaban hombres dentro de carros a preguntarnos si necesitábamos pasar al otro lado de la frontera. Casi todos nos dijeron que era un viaje de cuarenta y cinco minutos, que iríamos tranquilos y cómodos en sus carros hasta llegar a Guate. Nos prometieron que no nos iban a agarrar los policías. Dijeron que nos podían llevar al otro lado y que "nada más" nos iban a cobrar 25 dólares.

A Miguelito le dio risa. Desde la semana pasada hemos intentado conseguir jalón. Pero en Ocotepeque no podemos ir a ningún lado sin que un conductor llegue a ofrecernos jalón. No podemos gastar cincuenta dólares. Eso es casi todo el dinero que nos queda. Y, además, no tenemos dólares, solo lempiras. Entonces nos fuimos caminando hasta llegar a Santa Fe. Nos tomó unas cuatro horas y ahora estamos muertos del cansancio.

Desde aquí la frontera está a unas tres horas de distancia a pie. Los otros migrantes dicen que deberíamos seguir caminando y nos recomiendan que crucemos la frontera de noche, porque así es más fácil pasar desapercibidos. Pero ni locos vamos a caminar tres horas hoy. Además, creo que a Miguelito le da miedo la oscuridad. Encontramos unas bancas donde pasar la noche hoy, para así descansar y cruzar la frontera mañana.

Antes de empezar a escribir, Miguelito me preguntó qué íbamos a hacer del otro lado, en Guatemala.

"¿Vamos a seguir yendo así, a pie?".

Lo he pensado. Sé que a Miguelito no le gusta la idea de atravesar el país a pie.

"¿Te acordás de la tía Gloria?", dije. Le recordé de tía Gloria, y le dije que era hija suya, tía, y hermana de mi papá y tío Felipe. Le conté de los hijos de tía Gloria, Elías y Damián, que son primos nuestros y más grandes que nosotros. Aunque nunca los hemos conocido en persona, Miguelito se recuerda que usted siempre nos hacía hablar por teléfono con ellos en Navidad y Semana Santa. "Acordate que ella vive en Guate y por eso es que solo hablamos con ella dos veces al año, porque llamar a gente en otros países sale caro". Miguelito asintió con la cabeza. Se notaba que estaba muy cansado. "Apunté su número de teléfono antes de salir de la casa", dije. "Ya del otro lado podemos encontrar la manera de hablar con ella y a ver qué nos dice". Volvió a asentir con la cabeza y cerró los ojos.

No sé qué esperar de mañana, pero estoy un poquito emocionado. Nunca antes he estado en otro país. Quiero saber si en verdad va a ser tan diferente como dicen. Pero de momento doy las gracias de no tener que dar un paso más.

Con amor,
D.

EL DÍA SIGUIENTE
¡¡¡Dentro de un bus en Guatemala!!!

Querida tía,

Pues cruzar la frontera fue facilito. No, la verdad es que no fue para nada fácil. Nunca antes habíamos caminado tanto y sin parar. Estamos muy cansados y chucos porque tuvimos que pasar por donde había lodo y plantas y cosas así, y ya no aguanto el dolor de tobillo. Pero me alegra que nos ahorráramos esos cincuenta dólares que nos querían cobrar para llevarnos al otro lado de la frontera.

Caminamos por unas tres horas de Santa Fe al pueblo que está junto a la frontera. Ahí había un montón de policías y agentes de la migra guatemalteca, y grandes filas de carros, y varias rastras esperando pasar por el cruce fronterizo. Donde estuviéramos en ese pueblo, se nos quedaban viendo los policías, entonces mejor nos alejamos del cruce y nos fuimos a meter al bosque que está a la par.

Había muchas cámaras y policías en la entrada del bosque, y ropa y basura en el suelo que, supongo, otros migrantes han de haber dejado ahí. Después de caminar como por una hora llegamos a lo que parecía un bosque vacío. Nos tocó pasar encima de unas rejas, pero nada más.

Entonces empezaron a aparecer anuncios en la carretera y luego vimos unos edificios y cables de alta tensión, y al ratito encontramos un pueblo. Entramos a la primera tiendita que vimos. Afuera había un carro de paila y llevaba la paila llena de naranjas. Volteé a ver a Miguelito y, sin decir nada, fuimos a la tienda para ver si nos dejaban usar el teléfono.

Adentro estaba una señorita detrás del mostrador escribiendo en una libretita. No era muy alta, era más morena que yo y tenía el cabello negro y muy liso. Tenía como unos diecinueve o veinte años.

Tan pronto entramos a la tiendita ella dijo, "Hola, buenas", sin vernos.

Como ya estamos en otro país, pensé, tal vez aquí las tiendas no prestan el teléfono. Pero igual pregunté.

"Buenas. ¿Se puede usar el teléfono?".

Levantó la vista y obvio que se sorprendió al ver a un niño de once años y otro de trece, de Honduras, empapados de sudor dentro de su tiendita y con mochilas en sus espaldas. Me dio pena estar tan sucio y asqueroso. De seguro sintió un olor muy feo. Nunca antes me había preocupado por mi olor, pero de repente me di cuenta de lo sudadas que estaban mis axilas. Y me dio tanta pena porque, a pesar de que yo me había quedado en la entrada para no ensuciar el piso, Miguelito entró como si nada y empezó a dejar huellas de lodo por todos lados.

"Pues... sí", dijo. "Supongo que no tienen quetzales, ¿va?".

Me dio entonces más pena porque tuve que decirle que no. "Solo tenemos lempiras. ¿Le podemos pagar con lempiras?".

Sonrió.

"¿Van a llamar a alguien en Guatemala?", dijo, y Miguelito y yo asentimos con la cabeza. La muchacha nos dio un teléfono de plástico cuyo cordón se extendía debajo del mostrador. "No les voy a cobrar nada. Voy a ir a traer unas toallas también, para que se limpien".

Miguelito agarró el teléfono con sus manos mugrientas y no dijo nada. Estaba a punto de disculparme con la muchacha por ensuciarle su tiendita, y quería darle las gracias por dejarnos usar su teléfono, pero ya se había ido. Miguelito y yo empezamos a marcar el número de mi tía Gloria y dejamos los botones llenos de lodo.

Sonó el teléfono. Miguelito y yo nos acurrucamos cerca de la bocina para así los dos escuchar la llamada. Unos segundos después alguien al otro lado de la línea dijo, "¿Aló?".

"¿Tía Gloria?".

"¿Quién habla?".

"Soy D. Acá estoy con Miguelito. Tus sobrinos".

"¡Chicos! ¿Por qué me llaman ahora? ¿Qué pasó?".

Antes de que pudiera contestarle a mi tía, Miguelito respondió con una de sus típicas oraciones interminables.

"Después de que se murió la tía empezamos a trabajar muy duro y ahora vamos a El Norte para irnos a vivir con los papás de D. y acabamos de cruzar Guatemala y me dio mucho miedo y empezó a llover y no tenemos quetzales y queríamos ver si nos puede ayudar a llegar a México para seguir nuestro camino y queríamos saber dónde vive usted para ver si nos podemos quedar a dormir ahí una noche y descansar y...".

Levanté la mano para decirle a Miguelito que parara. Tía Gloria guardó silencio un momento.

"D., ¿tus papás saben dónde estás?".

¿Por qué no esperé que me preguntara eso? ¿Por qué no pensé en qué decir antes de marcarle a mi tía?, pensé.

"Este...", dije. "Sí. Sí, no, sí saben. Fue idea de ellos. Hemos estado hablando con ellos por teléfono y nos están esperando en Estados Unidos para ayudarnos a... con los papeles y todo lo demás". Ojalá me crea, pensé. "Bueno", dijo. "¿Y ahorita dónde están? ¿En la capital? ¿Pueden agarrar un bus para Quetzaltenango?".

Nos dio su dirección en Quetzaltenango, dijo que nos iba a estar esperando mañana y luego colgó.

La señorita volvió a aparecer detrás del mostrador y nos entregó unas toallas blancas muy limpias. "Muchachitos, no saben a dónde van, ¿verdad?". Antes de poder responderle dijo, "¡Antonio! ¡Acá hay un par de patojos que necesitan jalón!".

El tal Antonio apareció desde la parte de atrás de la tienda, nos vio con atención y sonrió. Parecía tener la misma edad que la muchacha, pero era un hombre alto y fuerte, y parecía como que no se había rasurado en varios días.

"Van para Xela".

"¿Ah sí?", dijo mientras salía de la tienda. "Está bueno. Vámonos. Dejen las toallas ahí en el piso. Yo tengo que ir a entregar estas naranjas".

Nos llevó hacia su carro de paila, y Miguelito y yo nos apretujamos dentro. Condujo por el pueblo, el cual resultó ser muy grande, más grande que cualquier otro pueblo por el que pasamos en Honduras. Encendió la radio y empezó a sonar una canción de reggaetón.

"¿Les gusta Drake?", dijo.

No sé quién es Drake, pero la canción que estaba sonando en la radio ese ratito era *Mía*, de Bad Bunny. La he escuchado en la radio un millón de veces. No quería decirle que ese no era Drake sino Bad Bunny, entonces mejor no dije nada.

Después de un rato llegamos a lo que parecía ser el centro de ese pueblito. Antonio se parqueó frente a la estación de buses, nos dijo que esperáramos dentro y se fue.

Regresó unos minutos más tarde, abrió la puerta, me entregó un montón de papeles y nos dijo a dónde ir, qué buses agarrar y dónde comprar boletos para ir a Quetzaltenango. Dijo que al nomás bajarnos del primer bus le preguntáramos al conductor cuál tenemos que agarrar después. "Pregúntenle al chofer, ¿sí? No a cualquier señor. ¿Tienen quetzales?".

Le dije que no. Me pidió que le diera mis lempiras y me entregó un montón de quetzales. En ese momento no me recordé cuántas lempiras son un quetzal, pero siento que nos dio un montón de billetes.

Me costó asimilarlo todo. No supe por qué nos decía y hacía tantas cosas para ayudarnos. Por alguna razón me dio miedo. Miguelito no dejó de verme como esperando a que yo dijera algo, pero no sabía qué decir.

"Ahora dejen de andar ensuciando mi carro y bájense", dijo Antonio. "Vayan a la parte de atrás. Tengo que hacer algo antes de que se vayan".

Nos bajamos del carro y nos fuimos a parar atrás de la paila.

"Dense la vuelta", dijo.

Estábamos muy confundidos y no supimos qué hacer más que hacerle caso. Si me hubiera pedido que hiciera una parada de manos, la hubiera hecho ahí mismo. Pero sí tuve miedo. Estábamos frente a la estación de buses y él detrás de nosotros viendo nuestras mochilas. Le agarré la mano a Miguelito y se la apreté con fuerza.

Antonio agarró mi mochila. Escuché como que estaba moviendo algo dentro y luego la cerró, y yo sentí las correas más apretadas y la mochila más pesada. Luego escuché que abrió la mochila de Miguelito para hacer lo mismo que hizo con la mía.

"Ojalá les gusten las naranjas", dijo. "Tienen suerte que le cayeron bien a Sara. Bueno, ya. Váyanse. El bus sale en veinte minutos".

Y así es como paramos en este bus de camino a Quetzaltenango.

Con amor,
D.

EL DÍA SIGUIENTE
Quetzaltenango

Querida tía:

Pasamos la noche y casi todo el día en buses llenos de gente. No estuvimos para nada cómodos. Eran básicamente buses escolares, pero nos fue mejor ahí que en las bancas de los parques, y además pudimos dormir todo el camino. Estaba nervioso porque teníamos que cambiar de buses y más nervioso de tener que preguntarles a los conductores si nos podían decir a dónde teníamos que ir y aún más nervioso de tener que comprar los boletos. Pero como Antonio me dijo que tenía que hacerlo, entonces lo hice y ya.

Uno de los conductores fue un poco grosero conmigo. Le pregunté adónde teníamos que ir para agarrar el siguiente bus, pero como no le entendí y le pedí que repitiera lo que dijo, se enojó. Supongo que Miguelito y yo no nos vemos como un par de viajeros muy responsables que digamos. Estábamos todos chucos y olorosos, y además somos un par de niños. Y bueno, fue mi culpa. No le entendí al conductor porque la gente acá habla diferente, tienen otro acento.

Pero ya llegamos a Quetzaltenango. Llegamos en la tarde. Es un pueblo grandote lleno de edificios altos y muy bonitos que parece que son tan viejos como la iglesia que está en Naranjito. Para ser honesto, estoy reorgulloso de haber encontrado la manera de llegar hasta acá, de haber llegado a un nuevo país. Tía Gloria nos dio la dirección de su casa, pero no me explicó cómo llegar desde la estación de buses. Antonio dijo que le pidiéramos direcciones solo a los conductores, pero no nos dijo qué hacer al llegar a la estación. Aunque entendí que le podía pedir ayuda a las madres con niños. Varias nos ayudaron. Pero la mayoría de las personas simplemente nos ignoraron o nos dijeron que no, a pesar de que no queríamos nada de ellos.

Conforme nos acercábamos a la casa de la tía Gloria, las calles me empezaron a parecer más peligrosas. Había mucha gente en la calle y todos nos volteaban a ver y, no sé, me dio mala espina. Hoy fue el primer día de mi vida que me sentí en peligro mientras iba caminando en la calle. Me pregunto si así se va a sentir Naranjito una vez lleguen las maras. Me mantuve cerca de Miguelito. No quería que se diera cuenta de que yo tenía miedo. Pero yo iba rezando en silencio. Le pedí a Dios que encontráramos la casa de mi tía antes del anochecer; todo lo malo pasa de noche.

Después de caminar por dos horas, y después de seguir las instrucciones de varias personas, instrucciones que resultaron siendo erróneas, al fin llegamos a la casa de mi tía Gloria justo cuando empezaba a anochecer.

"¿Qué chingados les pasó a ustedes dos?", dijo tan pronto nos vio, lo cual es muy gracioso porque nunca antes nos había visto en persona. Se me ocurrió decirle eso, y que a lo mejor siempre olemos remal y estamos súper chucos y llenos de lodo. "Me moría de ganas de abrazarlos, pero ahora creo que voy a esperar un rato a que se limpien", agregó con una gran sonrisa en el rostro.

Entonces conocimos a nuestros primos Elías y Damián, y a diferencia de mi tía Gloria ellos sí nos abrazaron a pesar de lo asquerosos que estábamos Miguelito y yo. No sentí como que estuviera conociendo a un par de extraños, porque desde chiquito hablo con ellos para las fiestas de fin de año. La única diferencia es que, como solo hablábamos por teléfono, no tenía ni idea de cómo se veían. Siempre me los imaginé más o menos igual que Miguelito y yo, pero son más musculosos y más morenos que nosotros. Elías es un poquito más alto que Damián, pero ambos son más bajitos que nosotros dos.

Para Miguelito y yo, el hecho que nuestros primos vivan en un lugar tan lejos, en un país tan diferente como lo es Guatemala, siempre se nos hizo como algo muy exótico. Se me hace muy loco que estemos aquí con ellos, en este lugar tan exótico. Siento como que todo lo que nos ha pasado desde la semana pasada ha sido un sueño.

Con amor,
D.

EL DÍA SIGUIENTE
Quetzaltenango

Querida tía:

Estar recién bañados y con ropa limpia por primera vez en una semana es lo mejor del mundo. Además, la casa de la tía Gloria huele riquísimo porque preparó ese guiso sabroso de color rojo. Pepián de pollo, dice que se llama. Después de comer nada más que galletas y naranjas por una semana, ya quería comer algo calientito.

Anoche para la cena hablamos un rato de nuestro viaje. A la tía Gloria le dio curiosidad lo bien que nos fue, las personas que nos dieron jalón y hasta nos preguntó si alguien nos había hecho daño o intentado asaltarnos. Le dijimos que no y que lo peor de nuestro viaje había sido dormir en bancas, caminar por horas, tener que aguantar lluvia y conductores groseros, y a cada rato andar muy confundidos. Le dije que nadie había intentado hacernos daño y que la mayoría de las personas habían sido muy amables, como el señor que nos dijo qué buses debíamos agarrar para llegar a Quetzaltenango. Ha sido un viaje difícil, pero estamos bien. Prefiero este viaje que trabajar en una hacienda por el resto de mi vida. No quería que mi tía se preocupara por nosotros y le diera por llamar a mis papás, entonces hice como que las partes más difíciles de nuestro viaje habían sido para nada complicadas.

Después de que hablamos del viaje, bajó la mirada a su plato y se quedó así pensando en algo por un buen rato. Cuando levantó la mirada, vi que tenía los ojos llorosos. "Me alegra saber que les fue bien", dijo. "Damián y Elías tienen algo que decirles".

Volteé a ver a mis primos. Damián tiene catorce años, y Miguelito y él tienen el mismo sentido del humor. Tan pronto llegamos a la casa de mi tía, ellos dos se volvieron mejores amigos. Son algo así como Naruto y Sasuke. No, Sasuke es muy serio. Son como dos Narutos. A cada rato hacían tonteras para hacernos reír a todos. Durante la cena se la pasaron risa y risa porque se inventaron un juego que consiste en invertir las palabras. Por ejemplo, convirtieron "Tía Gloria" en "Gía Toria", "Guatemala y México" lo convirtieron en "Muatemala y Géxico". En un punto estaban casi que llorando de la risa porque intentaron invertir "pepián de pollo", pero pronto se dieron cuenta que ambas palabras empiezan con la letra P. Y al rato empezaron a referirse entre ellos como "Mamián" y "Diguelito".

Si hay alguien que se parece a Sasuke, es Elías; es un año mayor que Damián y mucho más serio que su hermano. Sí se ríe cuando alguien hace una broma, pero no le gusta hacer bromas. Cuando habla usa solo las palabras necesarias. Y cuando la tía Gloria dijo que mis primos querían decirnos algo, Elías fue directo al grano.

"Okey. Pues, mi mamá está enferma. Mi hermano y yo hemos estado trabajando, pero todavía no nos alcanza para comprarle sus medicinas. Ya no podemos hacer más. Hemos intentado convencerla de que nos dé permiso de irnos a Estados Unidos. Me la he pasado viendo cómo se le hace para pasar por México. Cuando ustedes llamaron ayer por teléfono, ella al fin dijo que podíamos irnos, siempre y cuando nos fuéramos con ustedes. Al llegar podemos empezar a mandarle dinero a mi mamá para que compre sus medicinas y, algún día, ahorrar lo suficiente para que ella también se vaya a Estados Unidos".

No me había esperado algo así. Miguelito volteó a verme; parecía como que quería decir algo. Yo solo le sostuve la mirada a mi tía Gloria y ella soltó un suspiro.

"Eso es lo que ellos quieren", dijo. "No es que yo quiera que se vayan a hacer pisto. Si fuera por eso, no les daría permiso de irse. ¡Al carajo con mis medicinas! Pero sí quiero que se vayan. Acá ya no es seguro". Nos explicó que las cosas están muy peligrosas acá en Guate y que las maras han empezado a reclutar a muchachos de nuestra edad. Es un viaje muy peligroso y lo sabe. Pero dijo que sus hijos ya no pueden quedarse en Quetzaltenango y que, si vamos todos juntos, podemos ayudarnos los unos a los otros.

Hizo una pausa. "No voy a poder dormir hasta que lleguen a Estados Unidos", dijo. "Pero voy a estar más tranquila si se van juntos".

Obvio le dije que sus hijos podían acompañarnos.

Tiene razón. Es mejor si vamos en un grupo, y Elías nos puede ayudar mucho porque sabe a dónde ir. Además, adoro a Miguelito, pero creo que si durante los próximos días él es la única persona con quien voy a poder hablar entonces me voy a volver loco, tía. Entonces, mañana agarramos camino a la montera de Fréxico.

Con amor,
D.

EL DÍA SIGUIENTE
En la frontera entre Guatemala y México

Querida tía:

No tenía idea que la frontera estuviera tan cerca de la casa de mis primos. Apenas está a unas tres horas en bus. Ya casi estamos aquí. Solo estamos descansando un rato antes de cruzar. Miguelito y yo atravesamos la mitad de Honduras y todo Guate en semana y pico. Sé que México es más grande que Guatemala, pero supongo que a este paso podemos llegar a Nashville en una semana más, y así solo me habré perdido una de las llamadas de mis papás.

Antes de salir, Damián y Elías tardaron una vida en despedirse de su mamá. Cuando íbamos saliendo de su casa, mi tía dijo, "Elías, te encargo que cuidés a Damián y a tus primos, ¿sí?".

Él hizo un gesto con la mano como diciendo, "Sí, sí. Ya sé, mamá".

Todavía teníamos un montón de naranjas, y como son muy pesadas, le dejamos unas a mi tía Gloria. Elías nos llevó a la estación de buses; sabía exactamente cuál debíamos tomar y todo lo demás. De camino, cambiamos nuestros quetzales y recibimos un total de 490 pesos ("mesos pexicanos", según Miguelito y Damián). Mis primos también compraron algunos pesos. Sería raro preguntarles cuánto dinero llevan, pero no creo que lleven mucho.

En el bus le dije a Elías la verdad, que mis papás no nos están esperando en México.

"No te preocupés", dijo. "Me di cuenta de que lo que dijiste eran puras pajas. Podemos cruzar solitos nosotros. Todo va a estar bien. He estado leyendo cosas en el internet, en el locutorio".

Al bajar del bus, Elías le preguntó a una mujer que iba con sus hijos que a dónde teníamos que ir. De inmediato dijo que no sabía nada sobre migrar, que no se involucraba con migrantes y que no tenía nada que ver con la migración. Luego nos dijo que, aunque no tenía ni idea de cómo llegar a México, creía que a un par de cuadras había una casa donde podíamos recibir ayuda. Resultó que estábamos como a unos cinco minutos a pie de esa casa.

En la casa había dos mujeres muy amables y sonrientes, y ellas nos dieron bolsas llenas de cosas. De comer nos dieron tamales, y además nos regalaron galletas, barras de granola y jugos para que lleváramos en el viaje. También me dieron unas pastillas para quitarme el dolor de tobillo y un jarabe rosado que dijeron podíamos tomar si nos daba diarrea o dolor de estómago. Miguelito y Damián empezaron a reírse cuando nos dijeron eso de la diarrea, pero intentaron no hacer mucho ruido porque sabían que nos estaban haciendo pasar penas a Elías y a mí.

"Y no se preocupen si a las horas de tomar ese jarabe hacen popó color negro oscuro, puro carbón", dijo una de las mujeres. "Es normal que les pase eso".

Fue demasiado para Miguelito y se echó a reír. A las mujeres no les importó; ellas también se rieron un poquito.

Elías les preguntó en qué dirección debíamos ir si queríamos ir a México.

"México está al otro lado del río", dijo la otra mujer. Aún no habíamos visto un río, pero supuse que estaba ahí no más. Dijo que no podían ayudarnos a cruzar, pero que si queríamos quedarnos esa noche en el pueblo que podían hallarnos un lugar donde dormir. También dijeron que si queríamos volver a casa que podían ayudarnos con eso también.

Elías y yo les dijimos que no. ¿Por qué iríamos de vuelta a casa si ya estamos acá?, pensé.

Antes de salir, nos entregaron un rosario a cada uno, pusieron sus manos sobre nuestras frentes y rezaron un Ave María.

Caminamos un tramo y ahora estamos acá descansando antes de ir a dónde nos dijeron que debíamos ir. Pronto le cuento qué pasa cuando intentemos cruzar, tía.

Con amor,
D.

UNAS HORAS DESPUÉS
¡México!

Querida tía:

Las mujeres tenían razón, lo único que teníamos que hacer era caminar por quince minutos para encontrar el río más grande que he visto en mi vida. Era tan largo ese río que no alcanzaba a ver dónde acababa. No éramos los únicos migrantes ahí. Había muchos del lado guatemalteco, y varias personas cruzando el río en balsas. Supuse que del otro lado estaba México.

De nuestro lado, varios nos preguntaron si necesitábamos ayuda para cruzar el río. Al verlos pensé que iban a ser todos groseros, pero resultaron ser muy amables. A los primeros que nos preguntaron les dijimos, "No, gracias", nos sonrieron y dijeron que fuéramos a buscarlos si cambiábamos de parecer. Todos nos querían cobrar lo mismo para llevarnos al otro lado: treinta quetzales por persona. Era mucho pisto, pero como todos cobraban lo mismo, nos dimos cuenta de que no teníamos alternativa. Entonces le pagamos a un muchacho con gorra de béisbol roja para que nos llevara al otro lado. Parecía un tipo de confianza, como todos los demás.

La balsa era apenas un par de tubos de llantas inflados encima de varias planchas de madera. Verlas no me dio confianza, pero todas las balsas eran iguales, y nadie se estaba ahogando o andaban muertos del miedo. Y a pesar de que el río era el más grande que había visto en mi vida, no era muy ancho. Me imaginé que, si pasaba algo malo, alguien en la orilla nos vería y, con suerte, habría remado para ir a rescatarnos.

Remado supongo que es la palabra equivocada. Los balseros no tienen remos. El tipo con la gorra de béisbol usaba un palo de madera que metía dentro del agua para empujar la balsa. Todo el rato estuvimos súper callados. Vi a los lados, para encontrarle fin a ese río tan grande, pero parecía interminable. El río estaba tranquilo, y a pesar de que la balsa no parecía ser muy firme, después de unos minutos dejé de tener miedo. Llegamos rápido al otro lado. Apenas nos tomó unos quince minutos.

Al llegar al otro lado Miguelito dijo, "Bienvenidos a México".

Damián soltó una carcajada y entonces Elías y yo empezamos también a reírnos. Me alegra ir con mis primos.

Les pregunté si podíamos hacer una pausa. Quería sentarme a describirle a usted cómo fue cruzar el río en balsa; todo fue tan macizo que no quería olvidarme de nada.

Con amor,
D.

UN PAR DE HORAS DESPUÉS
Dentro de México, esperando el tren

Querida tía:

Desde que cruzamos el río, hemos estado rodeados de gente de todo tipo: gente mayor, jóvenes, madres y sus bebés, grupos de adolescentes como nosotros. También hay muchos hombres solos. Por cómo hablan sé que algunas personas son de Honduras o El Salvador, pero también hay gente que habla con acentos que no he escuchado antes y supongo que son de Venezuela o de alguna otra parte de Sur América. Y hay algunos que no hablan nada de español. No sé de dónde son ni cómo llegaron hasta acá.

Con tantos migrantes por todos lados, es más fácil saber a dónde ir. Después de cruzar el río, simplemente fuimos detrás de la gente. Caminamos como por una hora, y aunque a lo mejor estábamos cansados, nos emocionaba tanto estar en otro país que nos sentíamos llenos de energía, al menos al inicio. No estamos en una ciudad o siquiera un pueblo. Pero sí es un área muy desarrollada donde hay un montón de carros.

Mientras íbamos caminando, hablamos de cómo eran nuestras vidas en Naranjito y Quetzaltenango. Elías y Damián ya sabían que tío Felipe y usted, tía, habían muerto, pero no conocían todos los detalles. Nos contaron de la enfermedad de su mamá y que todo el tiempo estaba súper cansada. Dijeron que cuando estábamos en su casa ella hizo el esfuerzo por cocinar y dar la impresión de tener energía, pero que casi siempre se la pasa en cama y no hace mucho. Tienen la esperanza de que, tan pronto puedan comprarle sus medicinas, ella empiece a mejorar.

Me siento mal por ellos porque recuerdo el esfuerzo que hizo usted para mantener la frente en alto por mí y Miguelito durante sus últimas semanas de vida. O sea, seguía intentando cocinarnos platos elaborados o que nunca había hecho antes. Era como que si intentara probar que aún podía hacer todas las cosas que hacía siempre. Pero al final tuvo que aceptar que ya estaba muy débil. Espero que eso no le pase a la tía Gloria.

Damián y Miguelito son los que más hablan, y a veces yo también me uno a su conversación. Elías es más callado, pero sé que está feliz de estar con nosotros. Dado a que ya investigó cómo llegar a Estados Unidos, le pone mucha más atención a nuestro entorno que nosotros. Supongo que nuestros alrededores lo distraen demasiado como para seguirnos la plática.

Al anochecer paramos aquí, con otros migrantes, frente a las líneas del tren. Elías se acercó a una mujer que estaba sentada en el suelo con sus dos hijos y que parecía tener más o menos la edad de mi mamá. Habló con ella un ratito y después regresó con nosotros.

Le pregunté que qué onda. Me habló muy serio, como siempre.

"Estamos esperando un tren que le dicen La Bestia", dijo.

He escuchado a gente hablar de La Bestia, pero nunca supe bien qué era. Elías me explicó todo. Nuestra conversación fue algo así:

> ELÍAS: Nos va a llevar a Estados Unidos. Cuando pase por aquí, vamos a tener que correr a la par y agarrarnos del tren y subir al techo. Tenemos que agarrar varios trenes hasta llegar a Ciudad de México. Luego, desde ahí creo que podemos agarrar uno que va a Ciudad Juárez, y Juárez está justo a la par de Estados Unidos. (A Miguelito y a mí nos sorprendió escuchar esto. Pero Elías sabe de lo que habla, y habló de La Bestia como si no fuera la gran cosa).
>
> MIGUELITO: ¿No para, entonces, ese tren?
>
> ELÍAS: Creo que no. Pero creo que va lo suficientemente despacio para que podamos agarrarnos de él. Eso espero, al menos.
>
> YO: ¿Y no es peligroso?

ELÍAS: Un poquito. Pero somos jóvenes y estamos en forma. Realmente no sé. Pero, o sea, toda esta gente se va a subir, ¿va? (Señaló a la gente a nuestro alrededor: niños, mujeres y sus bebés, gente mayor. Hizo una pausa como para pensar en algo. Parecía tener dudas). Pero si nos da miedo, no nos tenemos que subir. Podemos dejar que pase el tren y ya después miramos qué hacer. O, si no, pues, nos regresamos.
YO: Ni loco.

Si Elías piensa que podemos lograrlo, entonces podemos lograrlo. De momento solo nos queda esperar. Le escribo ya que vayamos en el tren.

Con amor,
D.

EL DÍA SIGUIENTE
Casa del Migrante, Villahermosa

Querida tía:

Bueno, ay, Dios. No va a creer lo que nos pasó, tía. No sabía a lo que me metía con eso del tren.

    Después de que le escribí ayer, nos tocó esperar el tren unas horas más. Pero, de ahí, cuando ya era de noche, vimos una luz viniendo sobre las vías del tren. Las vías empezaron a temblar y entonces escuchamos un silbato. Toda la gente se puso tensa. Las personas se pusieron de pie, apretaron las correas de sus mochilas y agarraron de la mano a sus hijos o los ataron a su torso. Mientras se iba acercando el tren, la grava a nuestros pies empezó a rebotar. Me di cuenta de que nunca antes había visto un tren de cerca, y ese era muchísimo más grande de lo que esperaba. La Bestia es un tren alto y oscuro y hecho de metal, y hace tanto ruido que cuando llegó me dieron ganas de taparme los oídos. Además, iba tan rápido que no tenía ni idea de cómo iba a hacerle para subirme en él. Parecía tan poderoso y aterrador que imaginé que podía triturar mis huesos y hacerlos polvo.

    Mi instinto me dijo que me alejara de las vías, que no me acercara a ellas. Me temblaban las piernas. De repente me empezó a doler el estómago y sentí un sabor amargo en la boca. Sentí frío y humedad, y un hormigueo en mis manos y debajo de mis axilas. Elías volteó a verme a mí y mis primos para ver si estábamos listos para correr.

Sin darme cuenta, el motor del tren pasó frente de nosotros y una multitud de migrantes empezó a correr delante a mí. Sentí como que varias personas aparecieron de la nada, todos intentando mantenerle el paso al tren. Pero ¿cómo podemos mantenerle el paso a un tren si solo somos humanos?, pensé. Mis primos salieron corriendo y un segundo después yo también. Sentí como que era Simba cuando va siguiendo la estampida de ñus en *El rey león*. La mayoría de los vagones tenían peldaños que, juntos, formaban escaleras, y también había mangos y pequeñas cornisas y piezas de metal que sobresalían del tren. Vi a una persona tras otra agarrarse del tren y trepar a la cima. No entendí cómo podían correr tan rápido o cómo podían ser tan fuertes para subirse así no más, todos parecían ser el Hombre Araña.

Miguelito fue el primero en subirse; se tiró al costado del tren como un animal salvaje y agarró las escaleras. Se golpeó con el costado del tren con fuerza, y en ese momento me preocupé y pensé que se había lastimado. Entonces me di cuenta de que, para saber si Miguelito estaba herido o no, también debía subirme al tren.

El siguiente en subir fue Damián. Se agarró de la misma escalera que Miguelito, pero lo hizo con más cuidado, para así no somatarse contra el tren. Casi al mismo tiempo Elías se agarró de un mango del mismo vagón y encontró una pequeña cornisa donde apoyar los pies, a un costado de la escalera. Los tres voltearon a verme; yo iba corriendo tan rápido como podía, pero el dolor que sentía en mi tobillo era insoportable, y cuando presionaba mi pie con fuerza contra el suelo más me dolía. No iba corriendo sobre asfalto firme, sino sobre grava, así que no importaba qué tanto esfuerzo hacía con las piernas, mis pies se hundían en vez de ayudarme a ir más rápido. Pero para entonces no tenía otra alternativa. Tenía que subirme al tren; mis tres primos ya estaban arriba, y si me quedaba atrás no tenía forma de contactarlos. Estaría solo, en un pueblo donde no conozco a nadie, sin dinero y sin idea de qué hacer. Miguelito y Damián me veían desde la cima del tren, muertos del miedo. Elías no había subido aún, seguía sobre la cornisa, agarrándose del mango igual que esos hombres que van colgando de los camiones de basura. Empezó a gritarme, "¡Saltá! ¡Saltá! ¡Saltá ya, D.!".

Hice un último esfuerzo y me tiré hacia el tren. Me agarré de un peldaño, pero solo con los dedos, no con la mano entera, y no salté lo suficientemente lejos como para poner mis pies en los peldaños, entonces los llevaba colgando detrás de mí, a pocas pulgadas del suelo, que iba muy aprisa debajo de mí. Apreté los dedos con toda mi fuerza. Mis nudillos estaban sosteniendo mi cuerpo entero y sentía como que iban a estallar en cualquier momento. Solo tenía un segundo o dos antes de que las articulaciones de mi mano se dieran por vencidas. Mis dedos no eran lo suficientemente fuertes como para jalarme hacia arriba. Durante un pestañazo me imaginé cayendo del vagón, golpeándome la cabeza, dando vueltas debajo de las ruedas del tren y con el cuello roto. Imaginé a Miguelito contándole de mi muerte a la tía Gloria y luego la tía Gloria contándole a mis papás. Cerré los ojos con fuerza y me preparé para el fin.

De repente alguien de forma milagrosa me levantó del pecho. Por un instante pude haber jurado que usted, tía, la Virgen o mi ángel de la guardia habían llegado a rescatarme. Pero luego abrí los ojos y vi que Elías me tenía agarrado de las axilas y hacía fuerzas para levantarme.

Cuando intenté subir la escalera, sentí las piernas como si fueran bananas viejas y pensé que, en vez de ayudarme a escalar, se convertirían en una papilla. Pero no fue así. De alguna manera logré subir a la cima del tren. Miguelito me agarró la mano y la puso sobre una reja metálica, para que me agarrara de ella y así no caer del tren.

Sentí como que se me iba a salir el corazón y sentí el estómago como si me acabara de empinar un galón de jugo de limón. Elías subió detrás de mí, y con la otra mano le di un fuerte abrazo y llevé mi cara a su pecho y empecé a llorar. Nunca antes había llorado con tal intensidad. Cada vez que lograba tomar aliento, entre sollozos, decía, "Gracias, gracias, gracias". Elías me abrazó de vuelta y dijo, "Perdón, perdón, perdón". Miguelito y Damián se unieron a nuestro abrazo, cada uno con su brazo libre. Lloré en la cima de un tren, en un país desconocido, con el viento en la cara y junto a mis tres primos, abrazándonos.

Luego, de repente, sentí que algo estaba mal.

Rápidamente, pero con gentileza, para así no empujar por accidente a mis primos, me liberé del abrazo grupal. Mientras me seguía aferrando a la reja, me acerqué al borde del vagón.

Si usted siguiera viva, tía, sé que se hubiera muerto del susto al escuchar que Miguelito y yo hicimos algo tan peligroso. Pero me puse a pensar que, como de todas formas usted puede verlo todo desde el cielo, tal vez también puede ver el futuro. No sé cómo funcionan las cosas allá arriba en el cielo, pero a lo mejor cuidó de mí durante todo el día.

Casi todo el tiempo que estuvimos encima de aquel vagón el tren iba súper rápido, más rápido que lo va un carro en carretera. El viento soplaba con tal fuerza que lo único que podía escuchar era el ruido del aire golpeando mis oídos. Hacía mucho frío, había mucho ruido, todo era tan oscuro y yo tenía mucho miedo. Cada vez que pasábamos por un pueblo, el conductor aminoraba el paso del tren. A veces el tren paraba completamente, y entonces o nos bajábamos para estirar las piernas o nos quedábamos arriba en el lomo del tren. Cuando La Bestia iba muy rápido nos dábamos la vuelta para que el viento nos pegara en la espalda. Yo iba agarrado de la reja con una mano y abrazando a Miguelito con la otra.

No hablamos entre nosotros, ni siquiera cuando el tren iba despacio mientras atravesaba algún pueblo y el viento no soplaba con tanta fuerza. En esos pueblos que pasamos había luz, entonces a veces sí podíamos vernos las caras. En esos pueblos más migrantes se subieron a La Bestia, y por eso cada vez íbamos más y más apretados. Al cabo de unas horas el tren empezó a parecerse al autobús del tío Felipe cuando llevaba más pasajeros de los que debía, y en algún momento había tanta gente arriba que pensé que alguien se iba a caer por accidente. Me preocupé mucho por eso, tía.

Muchos de los que se subieron cerca de nosotros eran papás que viajaban junto a sus hijos, y no sé cómo los niños chiquitos pueden soportar una situación así por tanto tiempo. Cuando Miguelito y yo éramos más pequeños no podíamos quedarnos quietos ni una hora cuando íbamos a misa.

En algún punto, a media madrugada, nos bajamos de La Bestia. El tren no paró del todo, pero cuando brincamos hacia abajo iba tan despacito que no fue para nada peligroso bajar. Ahora estamos en una ciudad llamada Villahermosa. Es grande y en vez de caminos de tierra tiene calles de concreto y ladrillo. Pero tan pronto nos bajamos del tren, Elías dijo que no iríamos a la ciudad sino a un lugar que escuchó mencionar a otros migrantes, un lugar llamado "Casa del Migrante". Dijo que no sabía mucho de ese lugar, pero que ahí podíamos descansar y comer antes de subirnos al próximo tren. Lo encontramos rapidito porque estaba justo al lado de las vías del tren. Le estoy escribiendo desde ahí, tía.

Tan pronto llegamos, una señora muy amable nos dejó entrar y empezó a explicar qué onda con ese lugar.

"Le ofrecemos a los migrantes de todo el mundo un lugar seguro donde dormir, comer y descansar antes de...".

Siguió hablando, pero me costó ponerle atención porque me enfoqué en ver lo que había a mi alrededor. No tenía idea de que existiera un lugar así. La Casa del Migrante de Villahermosa es un gran complejo de edificios con un patio en medio, y todas las paredes están cubiertas de murales. De inmediato un mural en específico me llamó la atención, el de unas manos sosteniendo un corazón, y en el corazón había un mensaje que decía, "Somos seres humanos, tenemos dignidad, merecemos respeto". Detrás del corazón había un montón de banderas. Encontré la bandera de Honduras justo debajo de la de algún país que nunca antes había visto y cuyas líneas forman el arcoíris, y esa bandera no tenía ni estrellas ni palabras ni nada de nada.

Hay otro mural acá con el mapa de Estados Unidos y Latinoamérica. Frente al mapa hay una foto de una persona que a lo mejor es ese Donal Tron, y un muro de ladrillos y la bandera de Estados Unidos. El cabello de Tron está en llamas y encima de él hay un montón de gente que, supongo, han de ser migrantes y un mensaje que dice: "Serás la llama que encienda la resistencia del pueblo". No entiendo bien qué significa.

En las otras paredes hay murales de mariposas y girasoles y migrantes abrazando a sus familiares. En una esquina vi un gran crucifijo en la pared que, me imaginé, era la entrada a una capilla.

Me distrajo todo lo que había a mi alrededor y hasta se me olvidó escuchar lo que estaba diciéndonos la señora. Al rato me enfoqué de nuevo en prestarle atención.

"... solo hay una regadera, y pueden quedarse por un máximo de tres días. Después de eso, desafortunadamente, deberán irse, para hacer lugar para los nuevos que llegan. ¿Hay alguien aquí que tenga alergias?".

Le dije a la señora que si como bananas me empieza a picar la garganta.

La señora nos mostró un cuarto grandote con un montón de catres y unos cuantos hombres y niños durmiendo o descansando sobre los catres. Nos dijo a qué hora reparten el desayuno en el patio, y se fue.

"¿Elías?", dije. Lo dije muy suave para no despertar a nadie.

"¿Sí?".

"¿Todo acá es gratis?".

"Sí".
"¿Y la comida también es gratis?".
"Sí".
"¿Y van a dejar que nos quedemos a dormir acá tres días?".
"Sí".
Es demasiado bueno para ser cierto. Dirigí la mirada a Miguelito y Damián, que ya se habían quitado la mochila y los zapatos.
"Y nos vamos a quedar los tres días, ¿verdad?".
"Sí", dijeron todos mis primos al unísono.
Gracias por cuidarnos, tía.

Con amor,
D.

EL DÍA SIGUIENTE
Casa del Migrante, Villahermosa

Querida tía:

Me acabo de despertar. Me siento mil por ciento mejor que cuando llegamos. Realmente uno no agradece dormir en una buena cama hasta que uno pasa una semana durmiendo en bancas dentro de estaciones de buses. Acá no tienen camas de verdad sino unas colchonetas con sábanas, pero le juro, tía, que son tan suaves como una nube. Creo que de alguna manera el dormir en las bancas me lastimó la espalda, porque cuando me recosté en las colchonetas por primera vez sentí un dolor que me duró unos cuantos minutos.

Creo que anoche dormí unas catorce horas, y eso que había gente levantándose y haciendo ruido a cada rato. Solo me desperté una vez en toda la noche para ir al baño. Al despertarme vi a mi alrededor para estar seguro de que ahí estuvieran mis primos. Elías y Damián dormían como si fueran la bella durmiente. Miguelito también estaba dormido, pero parecía estar teniendo pesadillas porque cuando lo vi andaba apretando las cejas. Parecía tan molesto que estuve a punto de despertarlo, pero justo entonces relajó los músculos de su cara y empezó a calmarse.

Tan pronto lleguemos a Nashville, y por el resto de mi vida, no importa si me está pasando algo malo, quiero siempre tomarme el tiempo

antes de dormir para dar las gracias por lo maravilloso que es poder dormir en una cama.
Creo que voy a dormir otro rato. Buenas noches, tía.

Con amor,
D.

EL DÍA SIGUIENTE
Casa del Migrante, Villahermosa

Querida tía:

Estamos en el mejor lugar del mundo. Unas diez o doce personas trabajan aquí. O tal vez son voluntarios. No estoy seguro. Pero la cosa es que son muy amables todos. Preparan la comida y se aseguran de que estemos bien descansados y en forma para continuar nuestro camino después de tres días. La mayoría son mexicanos, pero hay otros hispanos de todas partes del continente. Hay una mujer de nombre Sierra, que es de Colombia. Al principio le tenía miedo porque tiene un montón de tatuajes en todo el cuerpo, y siempre pensé que solo los mareros tienen tatuajes. También tiene muchos aretes, y no solo en las orejas, sino en las cejas también y uno en la nariz, igual que un toro. Pero ella es muy buena onda. Es la persona más buena onda que he conocido aquí. Cuando le conté que Miguelito y yo nos habíamos ido de Naranjito porque se había muerto mi tío Felipe y luego usted, me hizo un montón de preguntas. Quería saber cómo le habíamos hecho para sobrevivir solos mi primo y yo. Al terminar me dio un gran abrazo.

No tenemos que quedarnos en la Casa del Migrante. Podemos irnos cuando queramos, pero nadie se va. Todos queremos quedarnos aquí y descansar un rato. Todos menos Miguelito. Él tiene un montón de energía. Hoy en la mañana fue al pueblo y compró... una olla de aluminio.

"¿Por qué?", dije.

"Para que podamos cocinar comida".

"Pero vas a tener que llevar esa olla encima de La Bestia, llevarla todo el rato hasta que lleguemos a Nashville".

Se encogió de hombros. Siempre ha sido muy rarito, pero igual lo quiero mucho.

Para la hora de la comida, todos se juntan en las mesas y las personas que trabajan aquí sacan unas ollotas llenas de frijol y arroz y tortillas, y cacharros llenos de agua y jugo. Todos hablan de dónde son y hacia dónde van, a qué ciudad de El Norte quieren llegar, y hablamos también de la mejor forma de llegar hasta allá. Hoy a la hora de la cena hablé con un hombre de El Salvador llamado Luis, que me contó que esta es la segunda vez que hace el viaje. La primera vez lo deportaron. Dice que tiene una hija que tiene mi edad y está en Tucson, y que espera llegar a tiempo a Estados Unidos para estar en su graduación de octavo grado. Apenas es enero, así que todavía tiene tiempo para llegar, pero dice que se va a quedar un rato en la Ciudad de México haciendo dinero.

Me dijo que me alejara de La Migra lo más que pueda, pero, sobre todo, me dijo que me mantuviera lejos de las maras y los cárteles. "La Migra no solo te deporta", dijo. "Te pegan una golpiza y además te roban tus cosas y te venden a las maras, y te meten en una celda tan fea y chuca que te dan ganas de mejor estar muerto". Supongo que se refiere a La Migra mexicana, porque cuando lleguemos a Estados Unidos el plan es decirle a La Migra de ahí que mis papás viven en Nashville y ellos pueden simplemente llamarlos por teléfono. Al menos eso es lo que dicen todos.

Después de eso, Luis nos dijo más o menos lo mismo de los cárteles. "No solo te cachimbean, sino que, si te agarran, te secuestran, llaman a tus papás y les dicen que si quieren verte vivo otra vez que tienen que pagarles cinco mil dólares". Me hizo prometerle que iba a tener cuidado y que si algo me da mala espina, que confíe en mis instintos.

Como Luis ya había ido antes a El Norte, quería preguntarle si había una mejor manera de subirse a La Bestia. Le conté que de no ser por Elías me hubiera muerto subiendo al tren y que por eso quería saber si había una manera más segura para subir, ya que mañana por la mañana tenemos que salir de la Casa del Migrante. Le dije que tenía miedo de intentarlo de nuevo. Luis me dijo que es importante saber cuándo debo darme por vencido y que no debería intentar subir si creía que era imposible en ese momento. Dijo que incluso si no subir significa separarme de mis primos, eso es mejor a que me mate el tren. Me recomendó que, la próxima vez, antes de pegar el brinco deberíamos, mis primos y yo, hablar hacia dónde vamos, para así reunirnos si acaso uno no llega a subirse al tren. También me dio un par de consejos de seguridad, como mantener la calma, asegurarme que no llevo las cintas sueltas y apretar las correas de mi mochila. Cosas así.

Espero que sus consejos me sean útiles. La verdad es que estoy muy nervioso de subirme otra vez a La Bestia, pero es que no tenemos alternativa. Espero estar en Nashville en unos días con mi mamá y mi papá y mi hermanita, durmiendo en una cama de verdad. Eso es mejor que andar durmiendo en los catres de acá.

Con amor,
D.

EL DÍA SIGUIENTE
No sé dónde estamos

Querida tía:

Realmente tuve que motivarme a mí mismo para subirme a La Bestia otra vez. Le recé a Dios para que no me diera tanto miedo esta vez y, cuando finalmente apareció el tren... iba mucho más lento que la vez pasada. Respondió a mis plegarias. Pero igual me dio miedo brincar. No es nada fácil subirse a un gran tren en movimiento.

Me acosté en el techo del tren viendo las nubes pasar. El tren tomó velocidad tan pronto salimos del pueblo y llegamos al medio de la nada, pero no iba tan rápido como la vez pasada. Y tampoco había tanta gente. Iban unas dos docenas de personas, no más. Casi todos eran adultos, excepto unos cuantos bebés. Nosotros éramos los únicos adolescentes del grupo. Espero que las próximas veces que me tenga que subir al tren me sea tan fácil como esta última vez. Tal vez fue algo inusual que ese primer tren fuera tan rápido. En este último tren íbamos tan despacio que un hombre que estaba en el mismo vagón que nosotros hasta iba durmiendo. Hizo pasar su cincho por los hoyos de una reja, para no caerse, y entonces se recostó y cerró los ojos. No soy tan valiente como para hacer eso, pero es una buena idea.

Pero luego todo se puso muy extraño.

Si tuvo algo que ver con que este tren fuera tan despacio, ¿podría también hacer algo al respecto sobre el próximo tren?

Después de unas dos horas, escuchamos un chirrido y el tren empezó a frenar. Algo había ocurrido en los vagones al frente y la gente empezó a saltar del tren. El hombre que iba enfrente a nosotros, el que iba durmiendo, desabrochó su cincho y levantó la mirada. Elías le preguntó si sabía qué estaba pasando.

"La Migra", dijo, y parecía tener miedo.

Entrecerramos los ojos para evitar el sol y vimos al frente. A unos cientos de metros de distancia, junto a las vías del tren, había un grupo de carros de paila.

"O sea ¿es un puesto de control?", dijo Elías.

"Así parece".

"¿Y tenemos que bajarnos del tren?".

"Eso o los deportan. O los meten a la cárcel o algo así, no sé. Yo solo sé que me voy al carajo", dijo. Entonces empezó a bajar las gradas y se tiró al piso.

Nos vimos entre sí. Vimos a nuestro alrededor. Estábamos en medio de la nada. No había pueblos ni edificios, ni siquiera cables de alta tensión a nuestro alrededor. Pero si todos se estaban bajando del tren, no íbamos a quedarnos ahí nosotros solos. No queríamos averiguar qué onda con ese puesto de control.

Algunas personas nos dijeron que había otra manera de llegar al pueblo siguiente, el que está después del puesto de control, y que ahí mismo podíamos volver a subirnos a La Bestia. Cerca de nosotros había una montaña con un camino de tierra que iba alrededor de ella, y dijeron que había un pueblo al otro lado.

"¿Tenemos que ir por la montaña?", le preguntó Elías a una mujer que iba viajando con un niño de unos tres años. Me imaginé que Elías habló con ella porque estaba preocupado que a Miguelito no le gustara esa idea.

"No tienen que subir la montaña", dijo ella, "sino rodearla".

Todos los adultos empezaron a caminar hacia la montaña. Parecía que no había otra opción, así que empezamos a ir en la misma dirección.

Por el calor de medio día y porque no había sombra entre las vías del tren y el camino al pie de la montaña, nos tomó más de lo esperado el llegar ahí. Llegamos todos cansados. Pero había muchos árboles cerca de la montaña, y acá estamos, descansando un rato antes de empezar a caminar. Estamos comiendo las últimas galletas que nos quedan. Vamos a tener que comprar comida cuando lleguemos al pueblo, aunque ya casi no tenemos dinero.

Cuando nos sentamos, Miguelito preguntó si deberíamos intentar mantenerle el paso a la gente que iba frente a nosotros. Siempre es el más dispuesto a embarcarse en una nueva aventura; fue el único de nosotros que le emocionaba salir de la Casa del Migrante, pero también es el primero en preocuparse y ponerse nervioso cuando las cosas salen mal.

"Todo va a estar bien, Miguelito", dijo Damián. "De seguro hay gente que camina acá todo el tiempo; mirá lo gastado que han dejado el camino y mirá toda la basura que hay por acá. Además, como somos unos niños no más, de seguro no podemos mantenerles el paso".

Damián es muy bueno para convencer a Miguelito. Siempre habla en nombre de todos, pero en verdad se refiere a Miguelito. Los otros tres sí podríamos mantenerles el paso a los adultos, pero Miguelito no. No cumple doce años hasta abril.

Pero no importa, porque Damián tiene razón. Parece como que siempre hay gente que camina por aquí a cada rato. De seguro La Migra siempre pone un puesto de control en el mismo lugar, junto a las vías del tren. Seguramente esperan que la gente piense que su única opción es cruzar la montaña, no rodearla. De seguro atrapan a mucha gente así. ¡Pero no van a atraparnos a nosotros!

Con amor,
D.

EL DÍA SIGUIENTE
Todavía vamos caminando...

Tía:

Eso de rodear la montaña nos está tomando más tiempo de lo que esperaba. No puedo dormir. No estoy seguro si ya logré quedarme dormido o no. Hace mucho frío y cada vez que estoy a punto de quedarme dormido siento como que tengo una culebra en la pierna y me despierto, y también porque me anda haciendo ruido la panza. A mis primos también les hace ruido la panza. Como estamos acostados en el suelo todos muy cerca unos de otros, puedo escucharlas. Tan pronto empiece a amanecer vamos a ponernos de pie y empezar a caminar de nuevo. Mientras más pronto empecemos a caminar más pronto vamos a llegar al otro lado de la montaña y más pronto vamos a comer algo. Espero que pronto salga el sol.

D.

EL DÍA SIGUIENTE
Aún en medio de la nada...

Querida tía:

Anoche dormí incluso menos que hace dos noches. A pesar de que estoy fundido, no me puedo relajar. Es como que mi cuerpo necesita estar alerta en todo momento. El dolor que siento en el estómago no cesa. No hemos comido nada en cuarenta y ocho horas. Creo que nunca había pasado tanto tiempo sin comer y ahora siento sabor a metal en la boca, como si tuviera una moneda de diez centavos en la lengua, y no puedo quitarme ese sabor de la boca. Tal vez es porque no me he lavado los dientes desde que salimos de la Casa del Migrante.

Estamos a punto de empezar a caminar. Otra vez. Día tres. A estas alturas no sé cuánto tiempo nos va a tomar llegar al pueblo. Espero lleguemos hoy, pero no tengo ni idea. Fue muy tonto de nuestra parte creer que iba a ser una caminata corta. ¿Cómo alguien puede vivir sin comer nada? Sé que no podés sobrevivir sin agua por más de unos cuantos días, y gracias a Dios los cuatro llevamos botellas de plástico de un galón llenas de agua. Pero no sé cuánto tiempo puede un ser humano sobrevivir sin comida.

Con amor,
D.

UN PAR DE HORAS DESPUÉS
Todavía no sé dónde estamos...

Querida tía:

Hoy lo único que hace ruido son nuestros estómagos. Los cuatro vamos muy callados. A donde vayamos, el camino está igual de desgastado, y a veces vemos basura. Supongo que ha de ser un caminito muy popular. Ahorita que el sol está en su punto más alto decidimos tomarnos un descanso. Desde donde estamos sentados puedo ver un montón de basura. Pero no hemos visto ni a una sola persona.

Me duele el pie derecho desde que salimos de Naranjito, pero hoy me duele más que nunca. Creo que los últimos dos días realmente me excedí. Siempre que me apoyo en mi pie derecho siento un dolor agudo, como si alguien me metiera una gran aguja, y ahora hasta siento pulsaciones en el pie. No puedo mantener mi peso por más de un segundo, y eso hace que me sea muy difícil caminar. Intenté hacer ajustes a cómo muevo las piernas, para así no tener que apoyarme tanto en mi pie derecho. No quiero ofenderla, tía, pero me la he pasado cojeando en la montaña igual que usted cuando andaba dando vueltas en la cocina. Pero ahora, por cosa extraña, empezó a dolerme mi pie izquierdo, pero es un dolor diferente. Cuando me apoyo en mi talón izquierdo, siento un dolorón. Si otra vez tenemos que pasar la noche aquí, y me la he pasado reza y reza para que no sea así, para que hoy sí lleguemos al pueblo al otro lado de la montaña. Pero si hoy otra vez tenemos que pasar la noche aquí, voy a quitarme el zapato para ver cómo está mi pie. De momento, tengo que hallar la manera de caminar sin echarle mucho peso a mi tobillo derecho o mi talón izquierdo.

Con amor,
D.

UNAS HORAS MÁS TARDE
Todavía no sé dónde estamos...

Querida tía:

Otra noche acá en la montaña. Supongo que voy a tener que estar así con dolor en el pie por lo menos otro día.

Nunca voy a olvidar lo que me dijo Miguelito hoy en la mañana. Me habló desde atrás. Entonces me detuve, me di la vuelta y lo vi a los ojos. Estaba más sucio de lo que alguna vez lo había visto en la vida, hasta más sucio que cuando tuvimos que atravesar aquella tormenta para cruzar la frontera entre Honduras y Guatemala. La piel en su rostro era de un color diferente al usual, parecía más amarilla y alrededor de sus ojos tenía unos círculos oscuros. Además, se le empezaban a pelar las orejas y el cuello. Dijo que no esperaba que nos tomara tanto tiempo rodear la montaña. "Tengo miedo de que... si no... Tengo mucha hambre... Es... Es muy", dijo y se le llenaron los ojos de lágrimas. "Es muy difícil".

Intenté imaginar qué diría mi tío Felipe en ese momento. Él siempre hablaba usando proverbios. Los decía para darnos lecciones de vida. Pero a veces era como que se los decía para sí mismo, no para nosotros. Había uno que repetía siempre que había tenido un mal día en el trabajo o le había pasado algo malo. Después de que mataron a tío Felipe, usted también empezó a decírnoslo cuando estábamos tristes. Lo decía antes de obligarnos a rezar el Rosario por las noches, para recordarnos que mi tío Felipe hubiera querido que mantuviéramos la frente en alto, y para que no olvidáramos que Dios tiene un plan para todos.

Le di un gran abrazo a Miguelito y dije, "Dios aprieta, pero no ahoga".

Miguelito apoyó su cabeza sobre mi hombro. Lloró por un minuto o dos e intentó decir algo, pero no le entendí porque tenía la boca pegada a mi pecho.

"¿Qué dijiste?".

Levantó un poco la cabeza.

"Extraño...", dijo. Apenas podía hablar. "Extraño mucho... a mi papá".

"Yo sé", dije. "Yo también lo extraño".

Regresó su cara a mi hombro y lloró otro rato.

Luego, después de unos segundos, dejó de llorar de repente. Hizo la cara hacia atrás y a pesar de que tenía los ojos rojos y que sus lágrimas convirtieron la tierra de su rostro en lodo, entrecerró los ojos y me vio como si desconfiara de mí, como si pensara que estaba haciéndole una broma.

"Vas a querer que rece un Rosario, ¿va?".

Le di un golpecito en la nuca, igual que usted hacía siempre que estábamos molestándola, y juntos retomamos el camino para alcanzar a Elías y Damián.

No quería decirle lo mucho que yo extrañaba a mi papá. Haría cualquier cosa para escuchar su voz profunda al otro lado del teléfono diciéndome que todo va a estar bien, que pronto vamos a estar juntos, pensé.

Y haría cualquier cosa para verla otra vez, tía.

La amo, tía.
D.

EL DÍA SIGUIENTE
Todavía no sé dónde estamos...

Querida tía:

Pues hoy tampoco llegamos al otro lado de la montaña. Hoy ni siquiera vamos a intentar seguir avanzando cuando ya anochezca. Necesitamos recostarnos un rato. Hoy no hace tanto frío, no sé por qué, pero eso significa que no hace falta que estemos todos juntos a la hora de dormir. Hoy podemos dormir separados.

Anoche que nos fuimos a dormir intenté quitarme el zapato izquierdo para ver por qué me cuesta tanto caminar. Cuando me quité el calcetín, el pie me olía tan mal que tuve que hacer la cara a un lado para dejar que el olor se disipara. Entonces vi las heridas. Tengo la mitad del pie cubierto de ampollas. La ampolla que tengo en la parte de atrás del pie, donde mi talón se frota con el zapato, ya había reventado y tenía un trozo de piel colgando del pie. Tengo otra ampolla en el talón, es enorme y color morado oscuro, es decir, la piel no es color piel. Tengo otra ampolla con forma de coma debajo de mi dedo gordo. Ojalá tuviera algo para curarme, pero no tenemos ni vendas ni un botiquín.

Estaba a punto de cerrar mi cuaderno, pero ahora mismo Miguelito dijo algo. Pensé que estaba dormido, pero dijo, "Oye, D.". Pero cuando le pregunté que qué onda, no dijo nada más. Me quedé aquí escribiendo otro rato y luego me volvió a hablar.

"Oye, D.".

"¿Sí?".

"Feliz cumpleaños".

Tenía la esperanza de que no recordara que hoy es mi cumpleaños. No fui capaz de incorporarme luego de ver cómo tenía el pie, pero me acerqué a donde estaba él y a pesar de que no había frío me acurruqué a su lado un rato.

Con amor,
D.

EL DÍA SIGUIENTE
En algún lado, creo

Tía:

Buenos días. Aún no he comido nada, pero me duele menos el estómago. Siento el cuerpo como que más ligerito. Siento la cabeza también más ligera. Trato de tomar agua para llenar mi estómago con algo, pero siempre la vomito. Tengo los labios muy secos. La cabeza caliente. Siempre se me olvida cuántos días llevamos en la montaña. Cuatro. Llevamos cuatro días en la montaña. Apenas puedo caminar, pero voy a seguir adelante, después de descansar un rato aquí.

UNAS HORAS MÁS TARDE
En algún lado, creo

Querida tía:

Creo que me desmayé. Cuando me desperté tenía la cara toda mojada. Supongo que mis primos me echaron agua encima. Para entonces ya era de noche y no estaba seguro si ya era otro día. Pero no, es el mismo día, el día después de mi cumpleaños, solo que mucho más tarde. Supongo que estuve inconsciente un rato no más.

Después de estar despierto unos minutos, Damián me preguntó si podía tenerme de pie. "Queremos enseñarte algo", dijo. Parecía estar preocupado, pero también algo emocionado.

Logré levantarme. Elías y Miguelito me ayudaron a estabilizarme mientras me ponía de pie. Damián señaló al frente.

"Mirá para allá", dijo. "Mirá lo que encontré. ¿Ya viste que hay luces por allá?".

Vi las luces.

"Sabés qué significa eso ¿va?".

"O sea... ¿ya llegamos?".

"¡Ya casi llegamos!", dijo Elías pegando de gritos. "Solo tenemos que completar este último tramo. Pero creo que mejor dejamos de caminar hoy. Nos asustamos cuando te vimos ahí tirado... Pensábamos que ibas

detrás de nosotros, pero como no te vimos venir, nos regresamos y te encontramos ahí en el suelo. ¿Te recordás cuando te desmayaste?".
No me recuerdo.
"Durmámonos. Tenemos que descansar lo mejor posible hoy, y ya mañana vamos al pueblo ese y compramos un poquito de comida, ¿sí?".
Asentí con la cabeza e incluso sonreí levemente. Si esas luces significan que mañana llegamos al pueblo... entonces ya mañana vamos a poder comer algo y descansar, y después podemos volver a subirnos a La Bestia y así vamos a llegar a la frontera y a Nashville rapidito.

* * *

Me acabo de quitar el zapato, e hizo un ruido como si dentro tuviera algo pegajoso. Mi calcetín estaba lleno de sangre y pus. Cuando me quité el zapato, me pasé llevando un gran trozo de piel. Mi pie cada vez está peor, tía. Elías me ayudó a lavarme el pie tan bien como pudo, pero solo tenemos agua y nada de jabón. No sabemos si es mejor envolverlo, porque solo tenemos ropa, y toda la ropa que llevamos ya está muy sucia. No queremos que se me infecte la herida, entonces decidimos dejar mi pie descubierto solo por hoy, y mañana antes de salir me lo envuelvo con algo.
Mañana. ¡Ya mañana llegamos!

Con amor,
D.

UN DÍA DESPUÉS
¡El pueblo! ¡Llegamos al pueblo!

Querida tía:

¡Sea por Dios! ¡Lo logramos! Finalmente tengo comida en la panza. Realmente pensé que no íbamos a lograrlo. Caminamos por no sé cuánto tiempo, por horas y horas, porque realmente queríamos llegar al pueblo hoy mismo. No creo que hubiéramos logrado sobrevivir una noche más sin comer. Y mi pie no ayuda. Hoy en la mañana Elías se arrancó un pedazo de la camisa y con eso cubrió mi pie como si fuera una venda. Al ponerme de pie, caminé un poquito para probar qué tal me iba, y cada vez que me apoyaba en mi izquierdo igual sentía un gran dolor. Cada vez que me apoyaba en mi pie derecho también sentía un gran dolor, pero no tan grande, y era un dolor diferente. Entonces intenté caminar usando mi pie derecho lo más posible.

Empezamos a caminar y yo iba más lento que mis primos. Sentía la cabeza ligera. Todo a mi alrededor tenía un halo gris y todo me parecía demasiado brillante. La luz del sol reflejada en el suelo me lastimaba los ojos, y tuve que entrecerrar los ojos para ver por dónde iba caminando.

Pero al fin, después varias horas, Damián vio las vías del tren a lo lejos. Gritó nuestros nombres y dijo que ya casi llegábamos. Estaba tan emocionado él que pensé que se iba a poner a llorar.

Seguimos las vías del tren por otra media hora y entonces llegamos a un pueblito. Al llegar entramos a la primera tienda que vimos.

Era una tienda chiquitita. Tenía unas cuantas repisas llenas de comida y dentro había un señor sentado en una silla y escuchando la radio. Se sorprendió mucho al vernos. Supongo que nunca antes había visto a cuatro niños tan sucios y cubiertos de sangre y cansados como nosotros entrar a su tienda. Creo que por un segundo, apenas un segundo, consideró echarnos. Seguramente pensó que teníamos malas intenciones. Vi que había preocupación en su rostro tenso, pero un segundo después se relajó y nos ofreció una amable sonrisa llena de confusión.

"¿Cómo puedo ayudarlos, muchachos?", dijo.

De repente no tenía ni idea qué quería comer. Pude haber comido cualquier cosa. Miguelito, Elías y Damián guardaron silencio. Yo apenas pude hablar. Apenas dije la palabra "comida", y me imagino que el señor ha de haber pensado que yo era un niño regrosero. Pero él parecía igual de confundido, a pesar de estar sonriendo.

"¿Quieren algo... en específico?", dijo.

Pero nadie fue capaz de hablar.

"Pues...", dijo, "mi esposa acaba de hacer de estos. ¿Gustan?".

Nos ofreció una bandeja de unas cosas que parecían ser empanadas. Los cuatro estiramos la mano y agarramos una cada uno. Ni siquiera pensamos en cuánto costaba cada una. Íbamos a gastar todo nuestro dinero ahí, no importaba nada. Lo que más me importaba en ese momento era meterme esas empanadas en la boca y ya.

Todavía estaban tibias. Cuando ese pastelito tocó mi boca, la capa exterior se hizo añicos, y luego con mis dientes mordí la masa, que era tan suave como una almohada. Pensé que iba a estar llena de frijoles o tal vez pollo, pero en vez de eso mi boca encontró un jarabe muy dulce. Estaban llenas de piña. Cuando tragué el bocado y por primera vez en cinco días sentí un poco de comida yendo por mi garganta, mis labios dibujaron una sonrisa tan amplia que sentí dolor en la cara. Las lágrimas que caían por mi rostro se mezclaron con el tibio jarabe de piña que bajaba a chorros por mi cuello.

    Volteé a ver a mis primos. Miguelito empezó a cerrar los ojos y llevar la cabeza hacia atrás mientras masticaba. Elías y Damián estaban riéndose como un par de locos y viéndose con una cara de "¡No me la creo!".

    Después de comer nuestro primer pastelito, todos vimos al hombre. En algún momento mientras estábamos comiendo, una mujer se apareció atrás de nosotros. Asumí que era la esposa del señor. Tenía una amplia sonrisa en el rostro mientras nos veía comer la comida que había preparado.

    Elías tomó todo nuestro dinero, se lo mostró al señor y le preguntó que cuántos pastelitos podíamos comprar con el dinero que teníamos.

    El hombre tomó solo uno de nuestros billetes, luego tomó la bandeja de pastelitos y se la entregó a Elías.

    "Buen provecho", dijo.

    Tía, no me recuerdo la última vez que comí tanto. Ese señor dejó que nos comiéramos lo que quisiéramos. No digo que su esposa cocinara tan rico como usted, tía. Pero sí hay algo muy especial cuando uno le mete comida al estómago por primera vez en cinco días. Pero igual extraño sus comidas, tía. Y la extraño a usted también. Todos los días.

Con amor,
D.

DOS SEMANAS DESPUÉS
En algún lugar en Oaxaca, creo.

Querida tía:

Pues como que me voy a perder unas cuantas llamadas de mis papás.

    De hecho, voy a perderme varias llamadas de mis papás.

    El viaje a El Norte nos está tomando más de lo que yo esperaba.

    Desde que sobrevivimos a nuestro viaje por la montaña, mi pie sigue dándome problemas. No ha sanado porque no le he dado la oportunidad de sanar. Y eso hace que me sea más difícil subirme a los trenes. La mayoría de las veces no alcanzo la velocidad necesaria para agarrarme del tren. Y eso es un gran problema, porque a muchos de los conductores no les gusta cuando vamos en el techo de los vagones, entonces aceleran cuando ven que estamos esperando el tren. Dicen que hay gente que ha muerto intentando subirse al tren. No he visto que nadie muera en el intento, pero les creo.

Pero también hay conductores amables que aminoran el paso cuando van pasando por donde hay gente esperando el tren, para que así puedan subirse sin problema. Por mi pie Elías dice que ahora solo vamos a subirnos a los trenes que van despacito, así, aunque tenga el pie todo jodido, voy a poder subir las gradas sin mucho problema. Y llegamos a un acuerdo, como es más probable que a mí me deje el tren, no a mis primos, yo voy a ser el primero en subir. De esa manera no hay riesgo que me quede atrás.

Es un buen plan, pero significa que nos toma mucho tiempo llegar a donde queremos llegar porque a veces los trenes pasan cada cinco horas, y a veces tenemos que esperar a que pasen tres o cuatro trenes antes de que pase uno que vaya lo suficientemente lento para mí. A veces pasamos varios días en un mismo pueblo, esperando el tren. Me siento mal porque mis primos están alargando su viaje por culpa mía. Una vez intenté decirles a Elías y Damián que deberían seguir su camino, pero no me dejaron ni siquiera terminar de hablar. Creo que Damián estaría muy triste si le toca separarse de Miguelito. Siempre que no estamos en La Bestia, los dos se la pasan horas inventándose juegos de palabras más y más complicados cuyas reglas no puedo siquiera entender.

Con amor,
D.

UNA SEMANA DESPUÉS
Junto a las líneas del tren en algún sitio en medio de la nada

Querida tía:

Ya nos quedamos sin dinero. Nos lo acabamos súper rápido. No traíamos el dinero suficiente como para comprar comida para todo el viaje.

Eso significa que tenemos hambre. No nos estamos muriendo de hambre como cuando estábamos en la montaña, pero sí hay ratos que

tenemos mucha hambre. No hemos comido como la última vez que le escribí, y desde entonces solo hemos comido galletas, las frutas que encontramos por ahí y lo que la gente amable de los pueblos nos regala. Nada realmente sustancioso.
Pero eso está a punto de cambiar.

* * *

No logramos subirnos al último tren, y el próximo viene en unas horas, entonces fuimos a ver si encontrábamos algo de comer. Acá hay algunas casitas regadas en el campo y vimos una color amarillo oscuro que tiene un gallinero donde hay unas dos docenas de gallinas dentro. Decidí que iba a ir a preguntarles a los que viven ahí si tenían algo de comida para darnos. Más gente de la que uno cree está dispuesta a darle de comer a uno si les preguntás amablemente, y como en esa casa tenían tantas gallinas, tenía la esperanza que tuvieran un poquito de comida para darnos.

Fui a la casa amarilla yo solo. De alguna manera nos dimos cuenta de que la gente se espanta cuando ve a cuatro muchachos chucos, pero les da menos miedo cuando ven uno solo.

Toqué la puerta y sonreí. Una señora abrió la puerta y parecía confundida de verme. Le dije lo que digo siempre, un discurso que ya he ensayado varias veces. Algo así tipo, "Hola, señora, buenas tardes. Mis primos y yo tenemos mucha hambre y me pregunto si tiene un poquito de comida para darnos. Si quiere podemos pagarle haciendo tareas de casa. Antes ya tuve la oportunidad de trabajar con animales…".

Pero la señora se puso réquetebrava de la nada.

"¿Me estás chingando?", dijo. "¿Ahora ustedes vienen ya a tocarle la puerta a uno? Vete al carajo. No tengo ni comida para darle a los perros de la calle, mucho menos voy a darle limosnas a un prieto sucio de la calle que se aparece de la nada".

Fue tan grosera que hasta di un paso hacia atrás y levanté las manos, como para defenderme. Abrí la boca para decirle "Está bien, discúlpeme", pero antes de poder hablar ella otra vez empezó a gritarme.

"¡Vete! ¡Lárgate ya!".

Corrí tan rápido como me lo permitieron mis pies hinchados y me reuní con mis primos que estaban escondidos junto a un tronco a unos metros de distancia. Había quedado un poco afectado por la interacción con esa señora. No tenía que darnos nada, pero ¿por qué me trató de esa manera?

Les conté a mis primos lo que había pasado. Todo menos lo de que esa señora me había dicho "prieto sucio de la calle" porque me hizo sentir mal pensar en algo así.

No tenía sentido que ella dijera algo así. Mi piel era apenas un poco más oscura que la de ella, a menos que me haya bronceado más las últimas semanas por andar tanto tiempo bajo el sol y ahora es más oscura. No sabría decirlo. No he podido verme en un espejo.

Mis primos se dieron cuenta de que estaba triste por lo que había pasado y Damián intentó levantarme el ánimo. "¡Olvidate de esa vieja!", dijo. "A ella le toca vivir en una casa con color de miados. De seguro está de malas porque toda la casa ha de oler a caca de gallina y por eso sus amigos no llegan a verla. De seguro vos sos la primera persona que llega a tocarle la puerta en meses".

Miguelito y Elías se rieron. Yo apenas sonreí. Si hubiera estado yo solo, de seguro me la hubiera pasado pensando en esa señora por días. Me hubiera preocupado que todo mundo me viera como un "prieto sucio". Pero como voy con mis primos es fácil olvidar esos malos ratos. De hecho, para cuando Damián acabó de burlarse de la señora me sentí mal por ella.

Entonces vi que algo se movía a pocos metros de donde estábamos nosotros. Eran tres de las gallinas de la señora. Me imaginé que se le habían salido del gallinero.

Cloc, cloc, cloc.

"Miguelito, ¿todavía tenés aquella tu olla que compraste cerca de la Casa del Migrante?".

Ris, sonó el zipper de la mochila de Miguelito.

"Sipi. Aquí la tengo".

Le di un codazo a Elías y señalé a las gallinas.

Él volteó a ver a las gallinas y luego me sostuvo la mirada.

Le señalé unas piedras que estaban en el suelo.

"Nooooo, no, no, no, no", dijo.

Pero yo ya tenía una piedra en la mano.

Cloc, cloc, cloc.

Shhh.

Pum.

¡A comer!

Con amor,
D.

UNAS HORAS MÁS TARDE
¡De nuevo en La Bestia! ¡Oh, sí!

Querida tía,

Todo es diferente ahora que tengo la barriga llena.

Preparar nuestro festín a base de pollo tomó mucho trabajo. Lo peor de todo fue quitarle todas las plumas a la gallina y cortarla en pedacitos lo suficientemente pequeños para que entraran en la olla. Solo Elías había hecho algo así antes, en su casa con la tía Gloria, y los demás estábamos felices de dejar que él hiciera todo el trabajo sucio. Odio tocar pollo crudo. Pero comimos hasta llenarnos. Cuando tienes tanta hambre como nosotros teníamos, sientes algo mágico cuando finalmente logras comer algo. No solo se trata de llenarte la panza de comida. Es más como que vuelves a tu cuerpo. Te das cuenta de que estabas medio muerto de hambre, que habías desconectado tu mente de tu cuerpo para no pasarla mal. Luego, cuando sientes que tu estómago empieza a digerir la comida, toda esa energía y alegría te atraviesa el cuerpo. Me di cuenta de que a mis primos les pasó algo similar. Los cuatro estábamos tan felices de comer algo. Me siento muy agradecido de compartir estos momentos con ellos. Incluso durante este viaje tan doloroso y terrible hacia El Norte, momentos como los que comparto con Miguelito, Elías y Damián son muy especiales para mí.

Todos estuvimos de acuerdo con guardar sobras para tener qué comer durante los próximos dos días. Pusimos las sobras en mi mochila, dentro de la olla. Le dije a Miguelito que era justo que yo cargara con esa olla un rato.

Regresamos a las vías del tren a tiempo que un tren iba pasando muy despacito.

Con amor,
D.

UNAS SEMANAS MÁS DESPUÉS
En alguna parte de México

Querida tía:

Perdón que no le he escrito, tía. He estado demasiado cansado como para sentarme a escribir, especialmente porque no ha pasado nada interesante. Además, cuando íbamos en el tren, las paradas duraban muy poco como para que yo tuviera tiempo de pensar en algo o escribir. Pero no se ha perdido mucho, tía. Hemos pasado varias semanas en La Bestia. Eso sí, el paisaje a nuestro alrededor cambió. De repente todo empezó a verse más seco y cada vez hacía más calor, y las plantas se veían diferentes a las que vimos más al sur y mucho más diferentes a las que hay en Naranjito.

A veces estuvimos hasta dos días y dos noches seguidos en La Bestia. Realmente no sabíamos qué tren teníamos que tomar, simplemente le preguntábamos a otros migrantes, pero a veces nos dieron información equivocada. A veces los trenes iban súper rápido entre dos ciudades, pero a veces iban despacito y hacían millones de paradas; casi que paraban en cada pueblo. A pesar de que no ha sanado mi pie, creo que cada vez me va mejor caminando y apoyándome en él; aprendí que debo balancear mi peso cuando voy caminando. Y cada vez se me hace más fácil subirme a La Bestia, siempre y cuando no vaya muy rápido.

En algún momento, hace poquito más de una semana, nos cayó una gran tormenta mientras íbamos en el tren. Fue a media madrugada. No sabíamos qué hacer. La mayoría de los otros migrantes tenían lonas o sábanas para cubrirse, pero nosotros no. A nosotros no se nos había ocurrido que teníamos que prepararnos para la lluvia. Además, el tren iba súper rápido y sentía cada gota como que si alguien me diera cachetadas con una toalla muy fría. Al principio intentamos esconder la cabeza dentro de nuestras camisas, pero se empaparon casi de inmediato y, además, era muy peligroso porque no podíamos ver nada.

Unos minutos después de que empezó la tormenta, un hombre que iba en el mismo vagón que nosotros nos habló. Dijo que nos metiéramos debajo de su lona, que era lo suficientemente grande para taparnos a todos. Al principio dudamos, porque hemos aprendido que uno no puede confiar en todo el mundo. Pero no había otra opción. Nos hubiéramos enfermado de habernos quedado ahí bajo la lluvia. Algo más que he aprendido en este viaje es que a veces, incluso si corrés riesgo, tenés que confiar en los demás. Sí, claro, una mujer me gritó cuando fui a pedirle comida, y por culpa de los agentes de La Migra y su puesto de control tuvimos que rodear una montaña a pie. Nos hemos topado con gente muy mala, pero creo que hay más gente buena y generosa en este mundo. Solo tenés que prestarles atención.

Pero bueno, todas nuestras cosas se mojaron. Hasta mi cuaderno se me mojó. Estaba dentro de mi mochila y pues no estaba empapado, pero sí pensé que si no lo dejaba secar iba a empezar a botar las hojas. Supongo que también por eso no le había escrito, tía.

La quiero mucho,
D.

MÁS O MENOS UN MES DESPUÉS, DE MADRUGADA, ANTES DE QUE SALGA EL SOL
Dentro de una cuneta

Querida tía:

Sea por Dios. Estoy bien. O eso creo. Todavía estoy un poco aturdido por lo que acaba de pasar. No sé qué voy a hacer. Voy a escribirle un rato, tía, porque a veces usted es la única persona que me ayuda a calmarme. Estoy dentro de una cuneta escribiéndole. Habíamos estado sobre La Bestia por unas siete horas más o menos, y pensé que ya estábamos cerca del siguiente pueblo con una Casa del Migrante, pero de repente el conductor empezó a frenar el tren. Hubo un gran chirrido y me fui de boca. Tuve que agarrarme de la reja de metal para no salir volando. Pensé que otra vez por ahí estaba La Migra. Mis primos y yo volteamos a vernos, y en ese momento pensamos que lo peor que nos podía pasar era tener que caminar otros cinco días alrededor de una montaña. Pero no teníamos ni idea de lo que estaba a punto de pasar.

Eché un vistazo hacia adelante. No vi agentes de La Migra. Pero a ambos lados del tren había unos veinte hombres con palos. Eran de algún cártel. Estaban en el suelo, a unos catorce o quince vagones delante del nuestro. Pero a pesar de que el conductor empezó a frenar (supongo que esa gente ha de tener una manera para obligar al conductor a que frene), el tren todavía iba muy rápido y nos íbamos acercando a los hombres esos.

Elías volteó a vernos y con un suspiro dijo, "Nos tenemos que ir, pero ya".

Nos bajamos del vagón usando las escaleras; nunca antes nos habíamos bajado del tren mientras iba así de rápido, pero no teníamos otra alternativa. Elías, Miguelito y Damián saltaron antes que yo. Yo caí con todo mi peso en mi pie derecho y me fui de boca. Damián me agarró de la mochila y me levantó del suelo. Sentí un gran dolor en mi pie izquierdo, pero igual me obligué a correr a toda velocidad.

Escuché dos disparos. Una mujer empezó a pegar de gritos. Y de repente el dolor se esfumó.

No más sentí la adrenalina, sentí tanto calor en mi cuerpo que le juro que hasta me hervían los huesos. Es más, siento como que todavía no me termina de bajar la adrenalina. Corrí como nunca antes había corrido. Corrí tan rápido que mis piernas de seguro se veían todas borrosas, igual que cuando El Coyote va persiguiendo al Correcaminos. Empecé a seguir a mis primos. Brincamos una reja con alambre de púas. De alguna manera llegué al otro lado de la reja. Creo que ahí me pasé cortando con el alambre de púas; vi cuando las púas me pasaron rasgando el pecho y el estómago, pero en ese momento no sentí nada de nada. Pero ya vi que sí me hizo daño. Todavía estoy sangrando un poco. Pero bueno, sobre lo que pasó… Después de eso corrimos hasta llegar a una arboleda.

Escuché la voz de un hombre diciéndome, "¡Alto!". Volteé a ver y vi que había unos tres adultos detrás de nosotros. Estaban a unos quince metros, al otro lado de la reja. Dos iban persiguiéndonos, pero el otro, uno que tenía tatuajes en la cara, dejó de correr. Estaba viéndonos con un pie frente al otro y empezó a levantar su arma.

Entonces disparó.

Yo tuve que…

UNOS MINUTOS DESPUÉS
Todavía en la cuneta

Perdón, tía, escuché algo y pensé que eran los hombres del cártel, entonces dejé de escribir porque me dio miedo que capaz y me escuchaban escribiendo y llegaban a matarme. Pero creo que no eran ellos. Creo que solo fue un animal que iba por ahí, pero no estoy seguro. Todavía tengo mucho miedo. Por favor, cuídeme, tía. Voy a seguir escribiendo, a pesar de que apenas puedo leer lo que escribo por cómo me tiembla la mano.

Lo primero que recuerdo haber escuchado después de los disparos fue el ruido de las hojas de los árboles. Me di la vuelta y les grité a mis primos, "Vámonos, vámonos". Soy mucho más lento que ellos y no quería que los agarraran solo porque ellos intentaban seguir a mi lado.

No iba a voltear la mirada otra vez, no tenía tiempo de ver hacia atrás. Decidí que iba a correr hasta que ya no pudiera hacerlo.

Conforme los hombres se acercaban a mí, empecé a escuchar ramas rompiéndose. Apenas podía ver a Damián, que iba unos metros delante de mí, esquivando árboles, intentando huir de los hombres. Entonces escuché dos disparos más. En ese momento pensé que no me habían dado, pero creo que no hubiera sentido nada si sí hubiera recibido un balazo.

Una nube cubrió la luna y por unos segundos todo se puso muy oscuro. Seguí corriendo a ciegas. Tenía miedo de toparme con un árbol y ahí empecé a rezar, a pedirle a Dios y a usted que me protegieran. "Señor, guía mi camino, llévame a un lugar seguro", dije. "Tía, protéjame".

Dispararon una vez más. Escuché el balazo y vi un gran destello de luz; estaban más cerca de mí. Como estaba a oscuras, me encandiló el luzazo.

De repente me tropecé y caí en algo suave.

La nube se apartó y salió la luna, y de nuevo pude ver mis alrededores, un poquito al menos. Vi hacia abajo. Estaba encima de Damián y él estaba encima de Miguelito y él estaba encima de Elías.

Todos habíamos caído dentro de una cuneta.

Elías estaba hasta abajo. Sabía que estaba vivo porque se llevó un dedo a la boca, como para pedirnos que nos quedáramos callados.

Miguelito estaba vivo. Lo supe porque estaba temblando.

Damián estaba vivo. Lo supe porque lo sentí respirar debajo de mí.

Y yo también estaba vivo. Recuerdo pensar que estaba seguro de estar vivo porque vi que caía sangre de una nueva herida en mi pecho; las gotas rojas caían sobre el cuello de Damián.

Nos quedamos ahí e intentamos respirar con calma, a pesar de que, como estábamos muy asustados, casi que muertos del miedo, habíamos empezado a hiperventilar.

Escuchamos a los hombres que estaban persiguiéndonos caminar a nuestro alrededor. Creo que llegaron a estar a unos diez metros de distancia o incluso menos.

Escuché las voces de los hombres, pero no sé qué dijeron. Luego llegó el ruido de alguien abriendo y cerrando la puerta de un carro, y luego el carro alejándose de nosotros.

Elías seguía con el dedo sobre su boca. Muy calladito dijo, "Espérense. Tal vez todavía andan por acá".

Me moví un poco para no apachar a Damián. Le toqué el hombro a Miguelito para ver si estaba bien. En silencio le di gracias a Dios por cuidar de nosotros. En silencio le di gracias por haber puesto esa cuneta frente a nosotros.

Gracias, tía, por cuidarnos.

Pero aún no estamos a salvo. Nos vamos a quedar aquí en la cuneta unas cuantas horas hasta asegurarnos de que ya no hay nadie. Espero que, si están allá afuera esos hombres, que se aburran de buscarnos y se vayan.

Así que, de momento, no nos deje, tía. Puede que vuelva a necesitar de su ayuda.

Con amor,
D.

UN PAR DE HORAS MÁS TARDE
Solo

Querida tía:

No puedo creerlo. Estoy solo. Miguelito, Elías y Damián se fueron. Tengo miedo. Estoy intentando entender qué pasó, intentando respirar y no perder la calma. Voy a estar bien, ¿no? ¿Será que voy a estar bien, tía? ¿Va a cuidar de mí? Usted puso aquella cuneta en mi camino para cuidar de mí. ¿Va a traer de vuelta a mis primos?

Le voy a contar qué pasó. Estábamos en la cuneta, sentaditos y sin hacer ruido. Mis primos empezaban a relajarse mientras yo escribía en mi cuaderno. Desde la cuneta escuchamos que el tren empezó a moverse, nuestro tren, el tren que pararon los hombres del cártel empezó a moverse. Nos quedamos quietos mis primos y yo. Unas dos horas después pasó otro tren, y luego que se fue, Elías finalmente habló.

"Si todavía están por acá, fijo nos van a encontrar cuando salga el

sol", dijo muy quedito. "La próxima vez que escuchemos que viene un tren, hay que salir corriendo para tratar de alcanzarlo".
Todos estuvimos de acuerdo.
Una hora después, escuchamos el silbato del tren.
Salimos de la cuneta y corrimos en dirección a la reja con alambre de púas que sorteamos antes. Mis primos la brincaron sin ningún problema, pero yo sentía palpitaciones en el pie y me costó subir la reja. Al momento que pasé al otro lado de la reja mis primos ya estaban a un lado de las vías del tren. Vi que el tren se acercaba a ellos. Otros migrantes también se alistaban a subirse al tren, el cual no iba a toda velocidad, pero tampoco iba muy despacito que digamos. Yo corrí con todas mis fuerzas. Para cuando llegué a las vías del tren, mis primos ya estaban corriendo al lado del tren. Damián se subió. Miguelito también. Igual que Elías.

A mí me costó trabajo agarrarme del tren. Iba muy rápido. Fue exactamente igual que la primera vez que intenté subirme a La Bestia, y esta vez la grava no me permitió tener tracción a la hora de correr y cada vez que daba un paso, sentía un dolor horrible en el pie y toda la pierna. Además, el peso de las sobras de pollo y la olla de Miguelito me restó velocidad.

Hice un último esfuerzo y me aventé hacia los escalones del último vagón.

Rocé el metal con mis dedos y me fui de cara.

Tenía grava en la boca. Piedritas lastimándome los ojos. Al menos no caí debajo de las ruedas del tren.

El tren se fue muy aprisa y se llevó a mis primos.

Por favor, cuídeme, tía. Tengo mucho miedo.

Con amor,
D.

UNA HORA DESPUÉS
Estoy solo junto a las vías del tren

Querida tía:

Estar solo me da mucho miedo. Nunca había estado solo, no así de solo. En Naranjito, incluso después de que muriera tío Felipe y usted, Miguelito y yo nos teníamos el uno al otro, y salimos de Naranjito juntos. Cruzamos dos fronteras juntos. Juntos conocimos a Elías y Damián. Sobrevivimos cinco días sin nada que comer juntos. Fuimos de tren en tren juntos. ¿Será que va a estar bien él? Al menos está con Elías y Damián. Sobre todo, tiene la compañía de Damián. Él es capaz de asegurarse de que Miguelito no tenga mucho miedo, y Elías puede ocuparse de las cosas prácticas como encontrar comida y llevarlos a la próxima Casa del Migrante.

La próxima Casa del Migrante. Ahí tengo que ir. Elías dijo que había una a dos paradas de distancia. Mis primos saben que tienen que esperarme ahí. Voy a esperar a que llegue el próximo tren. Sin pretextos debo subirme al próximo tren. No importa lo rápido que vaya. No importa lo mucho que me duela el pie, voy a subirme al próximo tren, llegar a la Casa del Migrante, y mis primos van a estar ahí y todo va a estar bien. Entonces podemos seguir nuestro camino y juntos vamos a llegar a Nashville.

Todo va a estar bien, ¿verdad, tía?

Con amor,
D.

UN PAR DE HORAS MÁS TARDE
Siiiiiiigo aquííííííí

Querida tía:

Decidí quitarme los zapatos para ver si mis pies están bien. La suela de mi zapato derecho está partida en dos. Si quisiera, podría doblarla a la mitad. Debajo del pie tengo heridas largas color negro y azul. Cuando trato de mover el pie en círculos, siento un dolor terrible.

Me duele el pie derecho, pero el dolor de mi pie izquierdo es insoportable, ese es el que está lleno de ampollas reventadas. El pedazo de la camisa de Elías que usamos como venda está empapado y tiene una gran mancha rojo oscuro. Alguna vez fue un pedazo de tela blanca. Me quité el zapato y me quité la venda, y con ella se vino un gran trozo de piel muerta. Mi pie estaba todo baboso y con manchas rojas, moradas y amarillas. En el talón tengo un área muy dañada e inflamada, y ahí encontré una espina rota. Me arranqué la espina del pie y sentí un dolor horrible, pero al menos logré quitármela. Al menos era de una media pulgada de largo. No tengo ni idea de cómo paré con una espina en el talón, pero a estas alturas ya ni me pongo a pensar en el dolor o las heridas pues ya son parte de mi vida.

Después de sacarme la espina gateé descalzo hasta encontrar dos hojas grandes y medio limpias. Tras pegar las hojas a mis pies, con cuidado, y mientras sentía mucho dolor otra vez, me puse los zapatos. Los zapatos están tan pero tan chucos, que de seguro me va a dar una infección, pero me los tengo que poner si quiero subirme al próximo tren.

    Y ahora estoy sentado junto a las vías del tren.
    Y espero.
    Y espero.
    Y como pollo.
    Y espero.
    Espero que pase el tren. Tiene que pasar el tren.
    Recuerdo otro de los proverbios de tío Felipe. "A mal tiempo, buena cara". En unas horas voy a estar en la próxima Casa del Migrante. Voy a poder comer y dormir tranquilo. Tal vez tienen medicina para mi pie. Y mis primos van a estar ahí. Juro que la próxima vez que vea a Elías, Damián y Miguelito voy a darles un gran beso a cada uno. Les voy a dar dos besos a cada uno, uno de mi parte y otro de su parte, tía.

Con amor,
D.

UNAS HORAS MÁS TARDE
Me acabo de bajar de La Bestia

Querida tía:

Este ha de ser el día más memorable de mi vida. Unas horas después de que escribí mi última carta, al fin apareció un tren. Iba muy rápido pero no me importó. Tenía mucho miedo y me sentía muy solo como para dejarlo ir. Incluso si ese tren iba a mil kilómetros por hora, estaba decidido a subirme en él.

    Empecé a correr. Mientras iba a corriendo sentí un dolor terrible en el pie, pero me aguanté. Unos segundos después me aventé en contra del tren.

Me golpeé la cabeza con las escaleras del tren. Me di en la frente, justo arriba de mi ceja derecha. Pero igual logré agarrarme de las escaleras con mi mano izquierda y me subí hasta arriba.

Los sonidos que hacía el viento y el tren los escuchaba como enmudecidos, y sentía como que se me empezaba a nublar la vista. A lo mejor sí me di un buen golpe. Lo último que vi antes de desmayarme fue a un hombre con el rostro tatuado gateando hacia mí. Luego todo se me puso negro, pero antes se me ocurrió que, de seguro, ese hombre era el mismo hombre del cártel que nos estaba persiguiendo antes, y sentí que se me empezó a acelerar el corazón incluso mientras perdía el conocimiento...

Me desperté y sentí el viento acariciándome las orejas. Sentí el sol muy fuerte en la cara. No sé cuánto tiempo estuve inconsciente. Recuerdo que me dolía la cabeza. Todavía me duele, y siento como que alguien me pegó con una pelota de béisbol. De seguro así se sintió la gallina cuando le pegamos con aquella piedrota.

Al despertar sentí que algo me agarraba de la muñeca. Al levantar la vista vi que alguien había pasado un cincho por las trabillas de mi pantalón y a través de la reja que tienen los vagones encima.

El hombre de la cara tatuada me había amarrado al tren. De no haberlo hecho, me hubiera caído. Me asusté cuando lo vi, pero no tenía nada que temer. Al despertarme vi que apareció frente a mí con una gran sonrisa en el rostro.

Me asusté cuando vi que se acercaba a mí, pero en verdad no tenía nada que temer.

"Oye, ¡me preocupe por ti! ¡Te diste un buen golpe!", dijo, y empezó a desabrochar el cinturón que estaba sosteniéndome. "Yo te amarré; espero no te importe. Si no lo hubiera hecho te hubieras caído del vagón".

Era mucha información. Entonces me acordé de mis primos y le pregunté al hombre si ya habíamos pasado la Casa del Migrante.

"No. Pero ya estamos cerca de una. ¡Vaya si estabas noqueado!".

El hombre estaba de muy buen humor. Dijo que en el próximo pueblo donde íbamos a pasar había una Casa del Migrante. Y llegamos aquí.

Me la he pasado aquí sentadito junto a las vías del tren desde entonces, releyendo las cartas que escribí e intentando recordar todos los detalles de lo que ocurrió hoy en la mañana: los hombres del cártel, la persecución, los disparos, la cuneta, cuando se fueron mis primos, cuando iba corriendo detrás del tren, cuando me desmayé. Voy a estar bien, tía. Creo que tengo que caminar un poquito para llegar a la Casa del

Migrante. De momento estoy acá sentado y estoy demasiado nervioso y no me quiero mover. Le pido a Dios que Miguelito, Elías y Damián estén ahí esperándome. Por favor, ayúdeme, tía, a ponerme de pie. Ayúdeme a llegar hasta allá.

Con amor,
D.

UNAS HORAS MÁS TARDE
Casa del Migrante

Querida tía:

Pues ya estoy en la Casa del Migrante. No he visto a mis primos todavía, pero estoy a punto de reunirme con ellos. No hay razón por qué no estén aquí. Van a estar aquí. ¿Por qué no estarían aquí? Tengo que esperar unos veinte minutos antes de poder ir a buscarlos. Va a ser un gran alivio reunirme con ellos... voy a poder respirar con calma. Desde que nos separamos todo se siente muy surreal, y solo quiero que las cosas sean normales otra vez. Tan normal como un viaje así puede serlo. Esta Casa del Migrante parece que está organizada de forma similar a la que estuvimos en Villahermosa, solo que tiene muchos menos murales. Tan pronto llegué, una mujer que trabaja aquí me revisó el pie y soltó un suspiro. Supongo que me veo muy mal.

Le pregunté si había visto a mis primos y le dije sus nombres.

"Ay, querido, puedo revisar, pero primero tengo que curarte", dijo.

Me llevó a un cuarto dentro de la casa donde había algodón, pastillas y vendas. Le dije otra vez que quería ver a mis primos, pero me sentía muy débil como para pelear con ella. Me puse a pensar que, si había esperado ya tanto tiempo, podía esperar otro ratito más.

La mujer empezó a curarme. No sé si es enfermera o qué, pero fue muy amable. Me dijo que me quitara toda la ropa menos mi ropa interior. Me dio pena, pero le hice caso. Frunció el ceño al ver que había hojas llenas de sangre dentro de mis zapatos, pero no dijo nada. Simplemente me frotó con toallitas húmedas el pecho, el estómago, los pies y la frente, donde me golpeé subiéndome al tren, y en cada herida sentí un gran ardor. Luego les echó una crema a mis pies y los vendó usando vendas

de verdad, que hacen mejor su trabajo que aquel trozo de camisa que usó Elías. Al terminar, me dio dos bolsitas con un montón de pastillas.
"Estas son para el dolor", dijo, sosteniendo la bolsa en alto. "Me imagino que te duelen los pies, ¿no?".
Le dije que sí.
Me dio unas pastillas para aliviar el dolor y me dijo que tenía que tomármelas después de comer o si no me iban a hacer mal. Luego me dio otras pastillas que son para que no se me infecten los raspones ni las ampollas.
Salió del cuarto por un momento y luego regresó a darme ropa nueva, calzoncillos nuevos, camisas nuevas, pantalones nuevos, zapatos nuevos. No nuevos, nuevos. De hecho, se ven muy gastados. Pero están limpios y no tienen grietas ni están llenos de sangre como los míos.
"Ya revisé", dijo. "Ayer sí vino un Elías y un Miguelito. No sé dónde están, pero si te das una vuelta donde las literas o en el patio, seguro los encuentras. A menos que ya hayan salido. Los que vienen se supone que deben avisarnos antes de irse, pero a veces se les olvida".
Quería ir a buscar a mis primos de inmediato, pero me dijo que esperara unos veinte minutos con las piernas en alto. Y pues, acá estoy, esperando con los pies embadurnados de crema y vendados. Acá estoy, escribiéndole, tía. Pero no me aguanto las ganas de volver a ver a mis primos otra vez. Ya no me aguanto las ganas. Definitivamente están acá, ¿no? ¿Me lo promete?

Con amor,
D.

POR ALGÚN MOTIVO TODAVÍA SIGUE SIENDO EL MISMO DÍA, EL DÍA MÁS LARGO DE MI VIDA
Casa del Migrante

Querida tía:

Me cuesta mucho escribirle esta carta. Sé que ya sabe lo que está pasando y puede ver todo desde allá arriba. Pero igual siento la necesidad de contarle.

Cuando la enfermera me permitió salir de la enfermería, empecé a buscar a mis primos dentro de la Casa del Migrante. Unos minutos después fui a la cocina y vi que ahí estaba Elías.

Grité su nombre, se dio la vuelta, me vio a los ojos, se puso una mano en el pecho y corrió a abrazarme. Me asustó un poco su reacción. Dijo que todos estaban bien pero que tenía que contarme algo sobre Damián. Al parecer, los hombres del cártel que pensamos que estaban esperando que saliéramos de aquella cuneta ni siquiera estaban ahí... más bien continuaron su camino por las vías del tren y pararon el tren donde iban mis primos. De nuevo los persiguieron y agarraron a Damián. No lo mataron. No lo secuestraron ni nada, pero sí le pegaron. Le pidieron dinero. Dijeron que él les debía dinero. Pero es obvio que no llevaba nada de pisto ni de valor. Amenazaron con secuestrarlo para sacarle dinero a su familia, pero dijo que no se sabía el número de teléfono de ningún familiar y no podía llamar a nadie ni aunque quisiera y supongo que le creyeron porque dejaron que se fuera.

Fue horrible imaginar que todo eso les pasó a mis primos, y horrible también pensar que el no alcanzar ese tren puede que me haya salvado la vida. Quería ver a Damián, ver con mis propios ojos si estaba bien. Le pregunté a Elías dónde estaba, pero me dijo que su hermano no estaba en la Casa del Migrante. Dijo que como había quedado muy malherido, que se rindió y se entregó a La Migra. Elías no estaba seguro si se lo habían llevado a la cárcel o qué, o si lo habían mandado de vuelta a Quetzaltenango. Dijo que les preguntó a algunos de los adultos que estaban en la Casa del Migrante sobre qué le podía pasar a su hermano y dijeron que, como Damián es apenas un niño, lo más probable es que lo manden de vuelta a su casa, pero que no hay forma de saber bien hasta que hablemos con él.

No puedo creer que esto esté pasando. No puedo creer que haya ocurrido algo así. Pensé que los hombres del cártel no iban a agarrar a mis primos. Pensé que ya se había acabado nuestra pesadilla. Mientras yo estaba tranquilo comiendo pollo a la par de las líneas del tren, a Damián le estaban dando una paliza.

Apenas empezaba a procesar esa información cuando vi que Miguelito se apareció atrás de Elías. Corrí a darle un gran abrazo y me aferré a él como por un minuto. Luego di un paso atrás.

"¿Estás bien?", dije. "Estaba tan preocupado por vos".

"Estoy bien. Elías cuidó de mí".

Y es cierto, está bien. Al menos físicamente está bien, a pesar de que cuando lo vi tenía los ojos muy rojos e inflamados. No puedo imaginar el miedo que debió haber sentido al ver cómo acabó Damián. No sé qué irá a hacer sin su primo.

También ha de haber sido muy doloroso para Elías ver lo que le hicieron a su hermano. Y como le prometió a la tía Gloria que iba a cuidar de mi primo... Elías igual siempre se siente culpable. No puedo imaginarme cómo se siente ahora después de lo que pasó. Ahora tengo que ser súper amable con los dos.

Pensé en qué decir para levantarle el ánimo a Miguelito, aunque sea por un ratito.

"Miguelito, me preocupaba que no estuviéramos juntos para...".

"No, D., no digás nada", dijo Miguelito.

"Pero tú me lo dijiste a mí".

"Podés decirlo ya cuando estemos en Nashville".

"Feliz...".

"¡Te dije que no digás nada!", dijo Miguelito.

Miguelito nunca me habla así. Nunca antes me había gritado, ni cuando estaba cansado y con hambre y teniendo que lidiar con más de lo que cualquier niño de once años debería lidiar.

Ha tenido que lidiar con más de lo que un niño de *doce* años debería lidiar. Hoy es el primer cumpleaños de Miguelito en que no le deseé feliz cumpleaños.

Con amor,
D.

TRES DÍAS DESPUÉS
Casa del Migrante

Querida tía:

Cuando pasás tanto tiempo con alguien y de repente ya no está, es como que una parte tuya también se fue con esa persona. O como si fueras alguien diferente. Cuando la perdí a usted y al tío Felipe, y ahora a Damián, aunque de otra manera, sentí como que ya no era el mismo de antes, como que ya no era D. Esperanza. ¿Tiene sentido lo que digo? Usted se quedó sin sus papás y vio cuando sus hijos se fueron de Naranjito de camino a Estados Unidos, y de ahí mataron al tío Felipe... ¿cómo logró sobrellevar todo eso, tía?

Creo que voy a intentar no pensar en Damián hasta que lleguemos a

Nashville. Mañana nos vamos de la Casa del Migrante, y espero que no nos tome mucho tiempo llegar a Ciudad Juárez. Vamos ya solo los tres. Perdón si me tardo en escribir, tía. Es que me preocupa que si escribo mucho voy a pensar mucho en mis sentimientos y me va a ser más difícil hacer las cosas que tengo que hacer para llegar a El Norte. No quiero tener la tentación de darme por vencido. Ni siquiera sé qué puede pasar si me doy por vencido.

Sé que tengo catorce años y que debería ser capaz de lidiar con cosas así de difíciles. Usted y mi papá y mi mamá y mi tío Felipe nunca se dieron por vencidos. Pero a veces todo cambia de repente y siento como que todavía soy un niño chiquito.

Con amor,
D.

UNA SEMANA DESPUÉS
Ciudad Juárez

Querida tía:

Desde que salimos de la Casa del Migrante, nos ha tocado vivir más de todo: más de La Bestia, más hambre, más lluvia, más dormir junto a las vías del tren, y nos ha tocado esquivar más y más a La Migra. Sé que dije que no iba a escribir sobre Damián, pero todos estamos con el corazón roto porque se fue. Todo es tan diferente sin él. Nuestra pequeña familia está desbalanceada. Miguelito no tiene con quién bromear. Elías está preocupado por su hermano y se siente culpable. Y yo, pues, lo extraño. Me siento mal de que no estuve ahí para decirle que debía ser fuerte y seguir adelante.

Este viaje nos ha llevado por todos lados. A veces es difícil saber qué tren tenemos que agarrar. Una vez llevábamos dos días en un tren y pensamos que íbamos en la dirección correcta, pero paramos en Piedras Negras, a unos 800 kilómetros en dirección opuesta a donde queríamos ir. Nos empezamos a echar la culpa unos a otros, y luego nos tomó tres días corregir el rumbo.

Sin Damián, y después de dos meses lejos de casa, este viaje empieza a desgastarnos. Y pues fue algo bueno, algo increíble, mágico y hermoso que esta mañana, mientras el tren iba muy aprisa al lado de la carretera, pasamos a la par de un gran letrero que decía, "BIENVENIDOS A LA HEROICA CIUDAD JUÁREZ".

Con amor,
D.

EL DÍA SIGUIENTE
Ciudad Juárez

Tía:

Anoche nos bajamos del tren y luego nos fuimos a dormir. Ahora ya es de día y hace calor. Conforme vamos más al norte hace más calor y todo se siente más seco. Siento que estamos al menos a unos treinta y cinco grados Celsius. Hace tanto calor y estoy tan nervioso y emocionado que siento como que voy a vomitar. Durante los últimos días he estado preocupado por lo que voy a decirle a mi papá cuando finalmente hable con él. Mi papá y mi mamá han de estar muy preocupados porque no hemos tomado sus llamadas desde hace... tres meses. Y no le contamos a nadie en Naranjito que nos íbamos a ir. Sé que al inicio van a sentirse muy aliviados de hablar conmigo, pero después a lo mejor se ponen muy, muy enojados... Así no es la mejor forma de empezar nuestra relación en ese país nuevo. Espero que no se enojen tanto que quieran deshacerse de mí. No creo que lleguen a esos extremos, pero me cuesta no preocuparme.

Ya no tenemos comida y desde hace un mes se nos acabó el pisto. Además, ya se me acabaron las pastillas que me dio aquella mujer en la Casa del Migrante. Tengo la boca seca, me duele el pie y ando con el estómago vacío. A lo mejor podemos encontrar maneras de conseguir comida, y seguro que podemos hallar dónde llenar nuestras botellas. Pero como ya estamos tan cerca, quedamos en que vamos a cruzar la frontera y luego vemos qué hacer.

Pero resulta que Juárez es una ciudad muy grande. Atravesarla a pie toma horas, y acá están los edificios más altos que he visto en mi vida. De vez en cuando hablamos con la gente para pedirles indicaciones y que nos digan cómo llegar a la frontera. Pero como a veces vemos el famoso muro que separa Juárez de Estados Unidos, simplemente caminamos hacia él. Pero tenemos que tener cuidado porque La Migra está por todos lados acá en Juárez. Casi en cada calle hay policías uniformados y todos se ven muy rudos, pero no nos ponen atención. A lo mejor piensan que somos niños de la calle y ya. Hemos visto a varios niños de la calle acá, y muchos parecen como si fueran niños hondureños o guatemaltecos como nosotros.

    Al anochecer se empieza a ver gente que sí nos da miedo. Es cierto que hemos madurado mucho desde que empezamos este viaje, pero no somos tontos. Somos tres migrantes morenos y sabemos que de noche nos pueden pasar muchas cosas malas en un lugar como este. A pesar de que estamos muy ansiosos por cruzar la frontera, Elías dijo que sería mejor dormir en algún lugar seguro esta noche. Entonces decidimos pasar la noche debajo de un puente. Estamos junto a un pequeño barranco y, de hecho, está algo bonito.

    Le escribo pronto.

Con amor,
D.

EL DÍA SIGUIENTE
Ciudad Juárez

Querida tía:

Solo quería contarle qué estamos comiendo. Nos dieron de la comida más deliciosa que he probado en mi vida, pero no es tan rica como la usted nos hacía, obvio.

    Después de despertar a Miguelito y Elías, caminamos unas cuantas horas. Digo *caminamos*, pero debería decir que ellos caminaron y yo iba cojeando. Seguro iría más rápido si me cargaran. Da igual. Todavía no estamos cerca del muro. Entonces hace unos minutos le preguntamos a una mujer muy bajita qué camino podíamos tomar para llegar a la frontera. Fue muy amable con nosotros y nos dijo cómo llegar. Elías le dio las gracias y empezamos a caminar, pero ella quería seguir hablando con nosotros.

    "¿De dónde son?", dijo ella.

    "Yo soy de Guatemala", dijo Elías. "Estos son mis primos y son de Honduras".

"¿Tienen hambre?".

"Este...".

Era obvio que teníamos hambre, pero andamos ya sin pisto.

"Pero es que no podemos pagarle", dijo Elías, viendo la comida que tenía en su carrito.

"Yo los invito. ¿Qué les gustaría comer?".

Nos hemos topado con gente muy mala en este viaje, gente miserable, pero también personas muy generosas y amables. Sería fácil recordar a los egoístas, no más, pero espero no olvidarme nunca de esa señora.

Señalé una foto de maíz que tenía en su menú, y me entregó algo absolutamente espectacular: era maíz, maíz del de siempre, pero combinado con algún tipo de crema, queso, unas especias y algunas hierbas. Se me hizo agua la boca al verla mezclar todos los ingredientes. Y luego, además de darme el maíz, me dio una Coca-Cola súper fría en una botella de vidrio.

No sé qué comieron Elías y Miguelito. Yo estaba demasiado concentrado con mi maíz. ¿Por qué nunca nadie me había contado de esto antes? Es salado y dulce y cremoso y crujiente y picante, y al terminar me empiné mi Coca-Cola fría y burbujeante.

Le pregunté a la señora cómo se llamaba eso que me dio.

"Elotes. Elotes con chile".

"¿Será que venden elotes en Nashville?".

Se rio.

"¡Pues claro! ¡Allá venden de todo!".

Hemos estado diciéndole gracias y gracias. Si fuera millonario, le daría todo mi dinero para que así ella pudiera dar elotes con chile gratis todo el día y así estar al servicio de todo mundo.

Siento como que regreso a la vida, tía. Le juro que haber comido hace que ya no me duelan tanto los pies.

Con amor,
D.

SEGUNDA PARTE

DETENIDO

8 DE MAYO DE 2018
La Perrera, Texas, Estados Unidos

Querida tía:

Creo que la última vez que le escribí fue ayer, ¿no? Sí, fue ayer, después de que esa señora tan amable nos diera de comer. Siento que fue hace unos cien años. Creo que ella fue la última persona amable que conocimos.

Y, pues, buenas noticias: ya estamos en Estados Unidos. Pero ¿será que lo logramos ya?

No nos ha ido acorde al plan.

Ahora estoy solo. No sé muy bien dónde están Miguelito y Elías, pero creo que están en el mismo edificio que yo. Creo que los arrestaron, pero no estoy seguro. Tengo mucho miedo. Estoy recostado contra la pared porque me metieron en una celda tan llena de gente que no hay donde sentarse. Dicen que este lugar se llama "La Perrera".

Supongo que debería contarle todo lo que nos pasó durante las últimas veinticuatro horas. Ha pasado de todo. Ojalá que para cuando termine de contar todo lo que nos pasó ya me hayan soltado y me haya reunido con mis primos y estemos de camino a Nashville.

Se perdió lo siguiente, tía:

* * *

Después de comer en Juárez, seguimos caminando en la misma dirección por horas. Pasamos por un barrio muy bonito con calles hechas de piedra. Algunas de las casas en ese barrio eran casas normales, pero otras parecían como que eran casas de gente rica. Eran tan grandes, bellas y limpias. Me pregunté si conforme nos acercábamos a Estados Unidos las casas se iban a poner más y más bonitas. Ahora que estamos acá en Estados Unidos, es como raro, porque pasamos al lado de unas casas, pero eran menos bonitas que las que vimos en Juárez. Luego llegamos a un puente. Fuimos a la izquierda para caminar por un rato a un lado del río Bravo, y al final a lo lejos vimos un canal. No sé si esa es la palabra correcta, "canal". Era como un riachuelo que salía del río Bravo. De seguro se desborda siempre que llueve. Lo único que teníamos que hacer era caminar a un lado del río hasta llegar a ese "canal". Y para llegar a Estados Unidos lo único que teníamos que hacer era cruzar al otro lado.

Estábamos a punto de atravesar la última calle antes de llegar al río cuando vi un carro policía de La Migra mexicana y, pues, nos vieron. El conductor encendió las luces del carro y empezaron a dirigirse hacia nosotros.

No llegamos hasta acá para que nos agarre La Migra, pensé.

Echamos la corrida. Mis primos corrieron más rápido que yo, pero me esforcé en ignorar el dolor y traté de mantenerles el paso. Al cabo de un minuto mis primos iban por una calle residencial. Yo iba apenas unos pasos atrás de ellos, pero cuando me di la vuelta ya no los podía ver. Entonces empecé a preocuparme. ¿A dónde fueron?, pensé. ¿Qué pasa si La Migra me agarra a mí, pero no a ellos? Era insoportable imaginarme que ya no iba a estar con Miguelito y Elías.

De repente escuché la voz de Miguelito.

"¡D.!", dijo.

Mis primos estaban escondiéndose en un callejón, detrás de unos botes de basura.

Fui hasta donde estaban mis primos tan rápido como pude. Unos segundos después de que me reuní con ellos, La Migra pasó frente a nosotros muy despacito. El conductor apagó las luces. Nos quedamos ahí esperando. Si mucho, el canal estaba a unos veinte metros de donde estábamos nosotros. Estábamos a punto de echar la corrida cuando otra radiopatrulla pasó enfrente de nosotros.

Esperamos otro rato, y unos minutos después pasó otro carro de La Migra. Y así cada pocos minutos pasaba un carro. Doce carros conté. No estábamos seguros de si el que pasaba era el mismo carro o eran diferentes carros, pero eso no era lo importante. Una hora después tuve una idea. Vimos cuánto tiempo pasaba entre carro y carro. Me imaginé que entre uno y otro había suficiente tiempo para cruzar.

Pasaba un carro y a los minutos pasaba otro. Nadie tenía reloj ni nada, entonces empecé a contar, "Uno, dos, tres, cuatro, cinco…".

"… quinientos sesenta y seis, quinientos sesenta y cuatro, quinientos ses... ¡ahí va! Pasan quinientos sesenta y cuatro segundos entre carro y carro. Revisemos otra vez. Que alguien más cuente".

Elías empezó a contar. Esa vez el siguiente carro apareció quinientos noventa y ocho segundos después.

Entendí que los carros pasaban cada seiscientos segundos, más o menos. O sea, cada diez minutos.

Decidimos esperar al siguiente carro, contar sesenta segundos y echar la corrida hacia el canal.

Menos de diez minutos después, pasó el siguiente carro de La Migra y Miguelito empezó a contar.

"Uno, dos, tres, cuatro...".

La espera me estaba matando. Sentí que el corazón me iba a mil por hora. Sentí palpitaciones en el cuello.

"Cincuenta y tres, cincuenta y cuatro, cincuenta y cinco...".

Respiré profundo y me preparé para sentir un dolor insoportable en el pie tan pronto empezáramos a correr.

"Cincuenta y seis...".

Pensé en Damián y cuando los hombres del cártel le pegaron. Me imaginé que de seguro ya iba de vuelta a Guate en algún bus. O que todavía estaba en alguna cárcel de La Migra.

"Cincuenta y siete...".

Me acordé de la vez que usted me dijo que cuidara de Miguelito. En ese momento pensé si estaba haciendo lo correcto o no, pensé si estaba haciendo lo que usted y tío Felipe hubieran querido que hiciera.

"Cincuenta y ocho...".

Pensé en todo lo que hemos vivido en los últimos dos años y medio: el accidente del tío Felipe, cuando la llevamos al hospital, las haciendas, la pobreza, la violencia que nos trajo hasta aquí. Causa y efecto.

"Cincuenta y nueve...".

Dije una oración. "Señor, protégeme solo una vez más".

"¡Sesenta!".

* * *

Ya estoy algo cansado, pero acá no han apagado las luces. Voy a tratar de dormir un rato, tía. Al inicio no sabía si iba a poder dormir aquí, como hay tanta gente en este lugarcito, y cuando me trajeron a esta celda, hace un par de horas, no había ni donde sentarse. No podía siquiera ir al otro lado de la celda sin pisar a alguien. Pero después de pasar un rato de pie escuché que alguien dijo "Hey" muy suavecito. Bajé la mirada y vi a una mujer con un bebecito en sus piernas. Al principio estaba un poco confundido, pero después me di cuenta de que ella se había agachado junto a una mujer que estaba a su izquierda, para así crear un espacio a su derecha que fuera suficientemente grande para que yo me sentara y me recostara contra la pared. Apenas tenía espacio para sí misma, y eso que estaba cargando a un nene, pero igual me ofreció un poco del espacio tan limitado que tenía al lado de ella. Me encogí de hombros para hacerme más chiquito y luego me senté a su lado. Quise darle las gracias, pero cuando me di cuenta ella ya estaba bien dormida. Ha estado dormida casi todo tiempo que llevo escribiéndole.

Me voy a dormir un rato, tía. Le sigo contando más cuando me despierte.

Con amor,
D.

TODAVÍA EL 8 DE MAYO DEL 2018, CREO
Todavía en La Perrera, Texas, Estados Unidos

Querida tía:

La verdad es que no estoy seguro si hoy es 8 o 9 de mayo. Acá no hay ventanas ni relojes ni nada, y siento como que el tiempo se mueve de forma extraña. Cuando no sabés qué horas son y tenés que confiar en tu cuerpo para llevar la cuenta de cuántas horas han pasado, todo es muy confuso. No han apagado las luces. Hay como cinco o seis lámparas de neón en el techo que llenan de una luz blanca muy brillante la habitación donde estamos todos. Esas luces no son tan brillantes como para que me duelan los ojos, pero sí son bastante incómodas. Me recuerda de cuando uno ha estado a oscuras por mucho tiempo, y de repente alguien enciende el televisor o alguna otra pantalla iluminada y tenés que entrecerrar los ojos porque si no entonces empezás a llorar un poco. Muchos acá se llevan la mano a la frente como si fuera una visera o se cubren los ojos con una gorra o alguna otra prenda.

Estaba un poco nervioso de hablar con los demás y todavía me dan nervios. Acá la gente casi no habla. Pero quería saber a qué horas iban a apagar las luces. La mujer con el bebecito todavía estaba a la par mía, y como se me hizo que era muy amable volteé a verla y le dije, "¿Sabe a qué horas apagan las luces?".

Dudó por un segundo; tal vez pensó que yo estaba dormido y le sorprendió escuchar mi voz. Pero luego abrió los ojos y dijo, "No la apagan nunca".

"¿Nunca apagan la luz?".

"¡Cállense! *No talking!*", gritó el agente de La Migra que estaba observándonos. Cuando habla español tiene un muy mal acento. Me pregunto si sabe decir otra cosa más que "Cállense".

Tengo muchas ganas de saber más de este lugar. Es que... es muy desagradable. Está lleno de gente y está muy sucio. Es un lugar muy triste. Pero creo que va a cobrar más sentido si sigo contándole lo que nos pasó cuando cruzamos la frontera.

* * *

Cuando Miguelito terminó de contar hasta sesenta, echamos la carrera. Elías y él iban mucho más rápido, y yo tuve que hacer fuerzas para ignorar el dolor que sentía en el pie.

Cuando mis primos estaban saliendo del canal, yo apenas iba entrando. La tierra al fondo del canal era toda babosa y estaba cubierta de hongos verdes. Cuando ya casi había llegado al otro lado, me resbalé y caí sobre mi codo. Escuché a Miguelito y Elías riéndose de mí. Y así comencé mi vida en Estados Unidos, cubierto de baba verde.

Miguelito y Elías volvieron por mí al canal, me ayudaron a ponerme de pie y a llegar al otro lado. ¿Ya llegamos allá?, pensé. ¿Ya estamos aquí? Al principio no estábamos muy seguros. No habíamos pasado por rejas, no vimos letreros que dijeran que habíamos llegado a otro país o algo así.

Vi fijamente a Elías y le pregunté si lo habíamos logrado.

"¿Yo qué sé? Todo se mira igual".

Cinco minutos después vimos dos carros que iban muy rápido hacia donde estábamos nosotros. Era obvio que alguien nos había visto. Un carro venía de la derecha y otro de la izquierda, y no teníamos a dónde ir, excepto de vuelta a México. Se me ocurrió que eran traficantes o miembros del cártel o algo por el estilo. Les eché un vistazo a mis primos y nos alistamos para salir corriendo si era necesario.

Conforme se iban acercando los carros, vimos que eran camiones blancos con líneas verdes. Lo bueno es que no eran del cártel. Me imaginé que eran de La Migra. Pero no estaba seguro si eran de La Migra mexicana o de los gringos. Si son de La Migra mexicana, ya nos fregamos, pensé. Nos agarran y nos deportan de inmediato. Pero si son gringos, lo logramos. Les decimos que queremos reunirnos con nuestra familia y ya.

Las camionetas se parquearon cerca y un hombre blanco muy alto se bajó. Nos habló en inglés y yo le di gracias a Dios. Lo logramos, pensé. Llegamos a Estados Unidos. Volteé a ver mis primos y les sonreí a pesar de que por el calor sentía que se me partían los labios de lo seco que estaban. Me salía sangre y pus del pie y me dolía el codo sobre el que había caído en el canal, pero sentí un gran alivio al ver a ese hombre. Miguelito volteó a verme y levantó los pulgares.

Durante las últimas semanas no me había permitido pensar en ver a mi mamá y mi papá en persona. Era muy posible que no lograra llegar a Estados Unidos y yo lo sabía, y no quería decepcionarme si no lo lográbamos. Pero al llegar al otro lado por fin empecé a imaginarlos. Me imaginé a mí mismo dándoles un gran abrazo por primera vez en la vida, y creo que empecé a sentir que algo resbalaba por mi rostro, pero no sé si fueron lágrimas o gotas de sudor o aquella baba verde.

El gringo empezó a gritarnos. Intenté recordar el poquito de inglés que había aprendido en la escuela y jugando *Call of Duty*, pero no le entendí casi nada a ese hombre.

"*English, English, fucking trash english*, cholos *english english*". No entendí lo que dijo y no sé por qué pensó que éramos cholos. ¿Eso no significa que él puede hablar español?, pensé. ¿O esa palabra también es en inglés, pero yo ni en cuenta? Porque, pues, mis primos y yo no somos cholos ni mareros. Vinimos a este país huyendo de las maras.

En ese momento no entendía por qué el gringo estaba tan enojado. Al rato le fue a hablar al otro gringo que estaba dentro de la camioneta. La único que sé es que dijeron la palabra "*trash*", o sea, "basura". No entendía qué estaba pasando. El hombre se acercó a nosotros y empezó a gritarnos en inglés. Yo seguía viendo a Elías y Miguelito, pero ellos estaban más perdidos que yo. No era necesario que supiéramos hablar inglés como para darnos cuenta de que ese hombre estaba de malas. De alguna manera lo hicimos enojar. Me hubiera gustado saber qué habíamos hecho para que ese gringo anduviera tan enojado.

Si sabía español, no quería hablar en español con nosotros. Mis primos y yo dijimos, "*No English*. No le entendemos. Solo hablamos español". Pero entonces empezó a gritar con más fuerza. Al cabo de un rato se quitó los lentes, le escupió al suelo, me agarró de la mochila y empezó a gritarme en la cara. Pero ni así supe qué quería decirme. Solo sé que dijo "*deport*" o sea, "deportar". Pero ¿por qué nos quiere deportar?, pensé en ese ratito.

"Señor, por favor, vinimos acá para estar con nuestras familias", dijo Elías, y le quiso explicar que no habíamos hecho nada malo. "No somos cholos ni del cártel ni nada".

Pero eso solo hizo que el agente se enojara más. "*English, English. América, trash. English! english trash english english*".

Nadie sabía qué pensar de ese hombre. Era la primera persona que conocíamos en Estados Unidos y parecía como que apenas se aguantaba las ganas de darnos una paliza.

El viaje a El Norte estuvo lleno de incertidumbre. Todo el camino tuvimos que andar viendo donde íbamos a dormir y qué a comer. Pero no esperé que nos tocara vivir algo así. Pensé que iba a sentirme a salvo en Estados Unidos y ahora no sé qué pensar. Ese hombre estaba tan pero tan enojado. Iba en contra de lo que esperaba encontrarme en este país. En ese momento pensé que tal vez él estaba confundido y creía que éramos traficantes o algo así. Pero ¿cómo puede pensar algo así si somos unos niños?, pensé. ¡Miguelito apenas tiene doce años! O tal vez estamos quebrantando alguna ley o hicimos algo que acá la gente considera que es una gran falta de respeto. No había razón para que él nos tratara así como si fuéramos algo asqueroso, como si fuéramos basura. O sea, sí, estábamos todos sudados y chucos y llenos de baba verde y el pie me sangraba a chorros, pero siento que le dimos asco por algo más.

Nunca antes un adulto me había gritado de esa manera. No fue para nada parecido cuando usted nos regañaba a Miguelito y a mí. Y el agente que estaba en la otra camioneta no hizo nada para ayudarnos. Empecé a sentir como que no iba a estar muy a salvo que digamos en Estados Unidos, o al menos no en la frontera. O sea, yo era un niño cansado y malherido en el desierto frente a un emputadísimo hombre blanco que estaba gritándome y decía que yo era "trash". Y además traía pistola. Si podía comportarse así de hostil con nosotros, con un grupo de niños, me dio miedo pensar qué más sería capaz de hacer. Me había imaginado que La Migra de Estados Unidos iba a darnos la bienvenida, contrario a La Migra de México. Se me ocurrió que tal vez habíamos tenido mala suerte de toparnos con ese agente tan grosero. Pero ¿y por qué no hace nada el otro gringo que está en la camioneta?, pensé.

Sentí algo extraño en las costillas. Me sentía en peligro y no sabía qué hacer al respecto. Me dieron ganas de llorar, pero me dio miedo que eso empeorara las cosas. Me preocupó pensar en lo que ese hombre sería capaz de hacernos a mí y a mis primos.

El gringo ese me jaloneó, me llevó hasta su camioneta y gruñendo dijo, "Súbanse".

* * *

Hoy hay un nuevo guardia en La Perrera. Vino hace apenas diez minutos y no deja de verme. Me preocupa que empiece a gritarme por andar escribiendo. Nadie me dijo que tenía prohibido escribir, pero la verdad es que nadie me dijo nada. No nos dejaron traer nada hasta acá, pero como no quería que se me perdiera mi cuaderno me lo metí debajo de la camisa antes de que me quitaran la mochila y me trajeran acá a la celda. De seguro algunos guardias se dieron cuenta, pero creo que son tan haraganes que no les importa lo que haga. Igual no quiero arriesgarme. Si me quitan mis cosas me voy a poner muy triste. Entonces mejor dejo de escribir un rato, tía, por si acaso. Más noticias pronto.

Con amor,
D.

CREO QUE YA ES EL 9 DE MAYO DEL 2018
Todavía en La Perrera

Querida tía:

No recuerdo haberme quedado dormido, pero supongo que así fue. Nos dieron de comer un poco de avena y después me dormí. No sé por cuánto tiempo estuve dormido. Cuando me desperté, la mujer que estaba recostada contra la pared junto a mí ya se había ido. Supongo que para cuando me dormí ya era de noche y ahora ya es 9 de mayo, pero la verdad es que no sé. No hay nada más que pueda hacer aquí más que escribir. Y ahora que ya no está aquel agente que estaba va de verme, supongo que puedo seguir contándole todo lo que nos pasó.

* * *

Va, pues acabábamos de cruzar la frontera y aquel gringo nos metió en su camioneta. Como estábamos mis primos y yo adentro, los tres íbamos muy incómodos. Había una reja entre el asiento de adelante y el asiento de atrás, donde íbamos nosotros. Pero al menos dentro había aire acondicionado, y después de pasar un gran rato en el calor sentí rico el aire frío en mi piel sudorosa.

En ese momento no pude pensar en algo más que decirle al gringo enojado. Ya había dejado de hablarnos, y Miguelito, Elías y yo estábamos demasiado nerviosos como para platicar entre nosotros. Creo que si hubiéramos empezado a hablar, el agente nos hubiera vuelto a gritar. Me imaginé que de lo enojado que estaba ese hombre sería capaz de deportarme y enviarme de vuelta a Honduras o al menos de vuelta a México. Pero arrancó la camioneta y empezó a llevarnos lejos de la frontera. Estaba casi seguro de que nos alejábamos de la frontera porque íbamos en la dirección contraria de donde habíamos llegado nosotros. Pensé que el gringo ese solo estaba teniendo un mal día. Eso ha de ser, pensé y me imaginé que nos iba a llevar con alguien que hablara español para que pudiéramos decirle que solo intentábamos reunirnos con nuestra familia. Pensé que pronto iba a poder llamar a mi papá y pedirle que nos fuera a recoger.

Pero eso fue antes de que me trajeran acá, antes de que llamaran a mis papás. Imaginé cómo sería ver a mi papá por primera vez. ¿Será que va a estar muy enojado conmigo?, pensé. O tal vez saber que estoy bien y que estoy en Estados Unidos lo va a hacer muy feliz y ya no va a poder enojarse conmigo. Sé que le va a sorprender enterarse de que ya estamos acá en Estados Unidos, pero igual va a ir a recogernos. No tengo duda al respecto. Cuando salí de Honduras asumí que, tan pronto llegáramos a la frontera, mi papá iba a poder irnos a buscar sin problemas. Me imaginé que Texas estaba muy cerca de Nashville. Pero México resultó ser más grande de lo que esperaba, así que tal vez también subestimé las distancias que hay entre ciudad y ciudad en Estados Unidos.

El agente de La Migra manejó un rato no más. Al principio íbamos en un camino de tierra. Pero un par de minutos después, el agente nos llevó por una calle pavimentada y empezó a manejar muy rápido a través de un pueblito. Como la camioneta tenía vidrios polarizados, no pude ver mucho, pero me di cuenta de que no estábamos precisamente en una ciudad ajetreada y que no se parecía para nada a Juárez. Solo había una gasolinera, algunos ranchos y gente mayor en sillas plegables afuera de casas rodantes. Esa gente me recordó a los abuelitos que se la pasan sin hacer nada en Naranjito. Al cabo de unos cinco o diez minutos llegamos a la entrada vehicular de un edificio y él apretó los frenos. El edificio al que llegamos estaba rodeado de una reja muy alta con alambre de púas. Se parqueó enfrente de una garita y se quedó ahí un rato. En ese momento no entendí qué estaba pasando, pero de repente la garita empezó a moverse por sí sola. El gringo no tuvo que bajarse a abrir la garita o apretar algún botón o lo que sea. Y luego de entrar al complejo, la garita volvió a cerrarse. Entonces nos llevó hasta un parqueo y apagó el motor.

"Afuera", dijo, y ya.

Era un parqueo muy grande y no había nada alrededor que diera sombra. El parqueo estaba ahí quemándose bajo el sol. Detrás de nosotros había dos helicópteros en un helipuerto. Era la primera vez que miraba helicópteros así de cerca, además de en películas o videojuegos. Pensé que eran más grandes. Fuimos detrás del agente enojado hasta llegar a un edificio plano que apenas y tenía ventanas. Era tan largo ese edificio que no vi dónde acababa. Pasamos al lado de un mástil que tenía la bandera de Estados Unidos y luego llegamos a un lobby. Adentro parecía un edificio cualquiera. Había teléfonos y escritorios y otros hombres vestidos de verde que iban por ahí.

Uno iba saliendo del edificio a tiempo que nosotros entramos. Parecía confundido. Nos vio de arriba abajo y luego volteó a ver al gringo enojado, se agarró la nariz y con la otra mano sacudió el aire frente a su cara.

El agente que nos llevó a ese edificio levantó las cejas, hizo un gesto como de frustración y dijo, "*English english english english english english*".

El otro hombre hizo un ruido como si estuviera a punto de vomitar, y luego los dos empezaron a reír. El gringo enojado le dio una palmadita en la espalda al otro y luego nos llevó más adentro.

* * *

Me dan ganas de saltarme partes para contarle lo horrible que es este lugar, pero creo que todo tiene más sentido si le sigo contando lo que nos pasó durante los últimos días. Creo que, si no tuviera este cuaderno conmigo, me volvería loco. Pero empieza a dolerme la mano de tanto escribir. Entonces, perdón, tía, si le cuesta leer lo que escribo. Bueno, de vuelta a la historia.

* * *

El agente le dijo a Miguelito y Elías que se esperaran, los mandó a sentarse y luego me llevó a mí a un escritorio donde había una mujer detrás de una computadora. No me gusta que me separen de mis primos; si logré sobrevivir estos meses es porque estaba con ellos. Pero lo bueno es que podía verlos desde donde yo estaba. La mujer estaba escribiendo algo en su computadora. Cuando me senté frente a ella, levantó la mirada e hizo un gesto como diciendo que esperara un momento. No parecía estar enojada o molesta como el agente que nos trajo hasta aquí. La verdad es que parecía estar más aburrida que otra cosa, y eso que escribía súper rápido. Esa mujer escribía más rápido que cualquier otra persona que he visto en mi vida. No tenía uniforme verde como la mayoría de los adultos que trabajan aquí. Ella tenía unos pantalones negros y una blusa verde, pero era un verde diferente al verde de los demás. Como pasaba de todo a mi alrededor, me costó entender qué estaba pasando. Me imaginé que esa mujer no era policía. ¿Será que habla español?, pensé. El gringo enojado no habla español, y supongo que no es muy realista de mi parte pensar que la gente acá me entienda cuando hablo en español. Cuando estaba con Miguelito y Elías no era tan importante que no supiera hablar inglés. A pesar de que no entendía lo que decían los adultos, podía simplemente hablar con mis primos en español para no sentirme tan solo. Pero cuando escucho a la gente hablarme en inglés, me siento muy desubicado. Es difícil describir lo mareado que me siento cuando no puedo comunicarme con alguien. Me siento como si yo no fuera una persona de verdad. Lo primero que voy a hacer después de que me vengan a buscar mis papás es aprender a hablar inglés.

La mujer soltó un suspiro y levantó la mirada. "Bueno, vamos a empezar", dijo, y no tenía nada de acento.

"¡Usted habla español!", dije, y de inmediato sentí un gran alivio. Debí habérmelo imaginado porque, a pesar de que trabaja para La Migra, ella era más morena que las demás personas que había visto en el edificio. Sonrió un poco al verme tan emocionado, pero igual se veía casi igual de aburrida que unos segundos antes. Consideré que era una buena señal que esa mujer hablara español. Y pues mejor que esté aburrida a enojada, pensé. Estaba nervioso y cansado y abrumado, pero me sentí un poco más cómodo con ella que con los otros agentes. Quería explicarle que había viajado desde Honduras para reunirme con mis papás. Intenté explicarle que había llegado con mis primos y que tenía que llamar a mi papá para que fuera a recogernos, pero estaba tan nervioso que empecé a tartamudear y pensé que no me había entendido nada de lo que dije. Igual parecía como que no estaba poniéndome atención.

"Una cosa a la vez", dijo antes de que yo terminara de hablar, y me habló en español. En todo ese rato ella no me había visto a los ojos, pero sentí como que, en ese momento, aquella mujer era lo más cercano que yo tenía a una amiga. "¿Tu acta de nacimiento?".

"¿Qué?".

Suspiró. "¿Traes tu acta de nacimiento? Con eso todo es más fácil".

Ni siquiera sé bien qué es un acta de nacimiento. No sé si alguna vez tuve una de esas. Supongo que mi mamá recibió una cuando yo nací. ¿Usted tenía mi acta de nacimiento, tía? Tal vez la guardaba debajo del colchón con todos los papeles importantes. Si sí, nunca me dijo nada al respecto. No supe qué decirle a la mujer y tenía miedo de decir algo incorrecto. Me preocupó pensar que tal vez tenés que traer tu acta de nacimiento para entrar a Estados Unidos y que si no la traés te mandan de vuelta a tu país. Nada más la vi fijamente a los ojos sin decir nada.

"Está bien", dijo, empezó a hablar más despacio y me vio a los ojos por primera vez. "Cuando saliste de tu casa ¿te dieron algunos papeles para que te llevaras?".

"¿Quién?".

"Quien sea que te haya mandado".

"No... nadie me mandó. Nada más me vine con Miguelito, mi primo. Él está acá, en algún lugar. Creo que él tampoco tiene papeles ni nada".

"O quien sea que te haya dicho que vinieras a este país. ¿No traes ningún documento?".

No sabía qué decirle a esa mujer porque nadie me mandó a Estados Unidos. Intenté pensar si tenía algo que podía darle a esa mujer. A pesar de que no era muy amigable, tampoco era grosera, y no quería decepcionarla. Recuerdo apuntar el número de teléfono de mi papá antes de que saliéramos de Naranjito. "¿Le sirve de algo esto?", dije y saqué de mi bolsillo el papelito donde había apuntado el número de mi papá. Estaba todo arrugado y la tinta azul se había manchado y embarrado en el papel. Supongo que se me mojó aquella noche que íbamos en La Bestia y empezó a llover, pero los números todavía eran bastante legibles. Era el único pedazo de papel que tenía para darle a ella.

La mujer entrecerró los ojos y dijo, "¿Estos son números de teléfono?".
Asentí con la cabeza. "Ahí está el teléfono de mi papá".
"¿Cuál es?".
"El primero". Se me había olvidado que también había apuntado el número de teléfono de Cami y el de la tía Gloria.
De inmediato levantó el teléfono y empezó a marcar el número de teléfono de mi papá. Mientras esperaba que le contestaran hizo caras como que se le había ocurrido algo y volteó a verme.
"¿Cómo se llama tu papá? ¿Cuál es su nombre completo?".
"Víctor Esperanza", dije, y por pensar que pronto iba a poder hablar con él de inmediato sentí un nudo en la garganta. Tendría que serle honesto y contarle que nos fuimos hasta El Norte. Le pedí a Dios que mi papá estuviera sorprendido, sintiera alivio de saber de mí y no se enojara tanto. Fijo me va a decir que por qué no le dije nada, pensé, y para ser honesto, tía, ni yo sé la respuesta a esa pregunta. Miguelito y yo sí hablamos de decirle a mis papás que íbamos a irnos a Estados Unidos, pero nos hubieran dicho que no, nos hubieran dicho que nos quedáramos en Naranjito.

Y además estaba preocupado de causar una mala impresión. No he conocido a mis padres. Apenas son voces que escucho por el teléfono. ¿Y si están decepcionados de mí?, pensé.

"Okey, está bien", dijo la mujer, y esperó a que alguien contestara la llamada. "Hola, ¿señor Esperanza? Le hablo de la Oficina de Aduanas y Protección Fronteriza en El Paso, Texas. Tenemos acá a un migrante menor de edad que dice ser su hijo...". De repente dejó de hablar, me sostuvo la mirada y me preguntó que cuál era mi nombre. "Dice que se llama D. Esperanza".

Como pensé que de inmediato me iban a permitir hablar con mi papá, intenté agarrar el teléfono, pero la mujer me hizo señas para que me sentara y le hice caso. No quería arriesgarme. Sabía que aquel gringo enojado seguía ahí en el edificio y no quería que esa mujer lo llamara. Pero era una tortura saber que mi papá estaba hablando por teléfono con ella y yo no podía hablar con él. ¿Será que está enojado?, pensé. Intenté leer las expresiones faciales de la mujer y estudiar sus reacciones para ver si así podía saber si mi papá estaba enojado o decepcionado de que hayamos venido hasta acá a Estados Unidos. Me esforcé por escuchar su voz, pero no pude oír ni un pío de él.

"Sí, es él. D. Esperanza, de...", dijo ella, y otra vez volteó a verme y me preguntó que de dónde era. "De Naranjito, Honduras... No, señor. No le estamos pidiendo nada de dinero. No es un secuestro ni una estafa... Pues acá conmigo. Vamos a transferirlo de nuestra Oficina de Aduanas y Protección Fronteriza al Departamento de Salud y Servicios Humanos, y...".

Empezó a hablar muy rápido y a explicar un montón de cosas que saber ni qué. No supe de qué estaba hablando ella. Dijo un montón de palabras que no había escuchado antes en mi vida. A pesar de que estaba hablando en español, para mí era como escuchar otro idioma. Pero yo soy solo un niño. Tuve la esperanza que mi papá sí le entendiera a esa mujer. Seguro sí entendió lo que le dijo. Aun así, quería que me permitiera hablar con él, pero de ahí colgó la llamada y sentí que se me cayó el corazón dentro del pecho.

Me hizo otras preguntas y luego mandó a llamar al gringo enojado de antes.

* * *

Bueno, pues. Ya no puedo escribir. Ya no aguanto la mano, tía. Mañana le termino de contar. "Mañana". Lo que sea que signifique esa palabra aquí donde no existe el tiempo.

Con amor,
D.

PROBABLEMENTE HOY ES 10 DE MAYO DE 2018
Todavía en La Perrera

Querida tía:

Hoy aquí hay un bebé que no para de llorar. Lleva así todo el día. La mamá le pide que se calle, pero no le hace caso. Obviamente todos están muy enojados por el ruido, pero también ¿qué puede hacer la mamá? ¿Qué puede hacer ese bebé? Qué cabrón que mantengan a un bebé aquí encerrado. Qué cabrón que mantengan a cualquier persona aquí encerrada. Ojalá que pronto me dejen salir de aquí.

Pero, bueno. Regresando a que mandaron a llamar al gringo enojado:

* * *

Sentí alivio al ver que el gringo enojado iba con Elías y Miguelito. Estábamos demasiado confundidos y asustados como para hablar, pero me di cuenta de que ellos estaban tan felices de verme como yo de verlos. El agente se distrajo hablando con su amigo, el mismo que se agarró la nariz cuando nos vio, y tuve un rato para hablar con ellos. En voz baja les conté que la mujer había llamado a mi papá y dijeron que algo similar les había pasado a ellos también. Pero no pudimos seguir hablando porque el agente volvió a prestarnos atención y nos llevó a un pequeño cuarto vacío con piso de concreto, luces de neón y sin ventanas. Había algunas personas ahí dentro y varias estaban todas embojotadas. El agente abrió la puerta, y yo le sostuve la mirada a Elías como diciéndole, "No quiere que entremos ahí, ¿o sí?". Cuando el agente vio que estábamos ahí sin hacer nada, otra vez se puso muy enojado.

"*Go!* ¡Vamos!", dijo. Supongo que se sabe otra palabra en español además de "cholos".

Me cuesta mucho escribir lo siguiente, tía.

El agente cerró la puerta detrás de nosotros y casi de inmediato sentimos que adentro había mucho frío. Por eso la gente estaba toda embojotada. Miguelito me dijo que tenía frío y mucho miedo. Tengo que recordarme a cada rato que Miguelito todavía no es un adolescente y que todo esto es muy duro para él.

No entiendo por qué hay tanto frío adentro. No tiene sentido. Cuando íbamos por los pasillos del edificio de camino a esa celda chiquitita, todo estaba a una temperatura normal. Después de unos minutos, el frío dentro de esa celda empezó a ser muy molesto. Antes de entrar llevábamos la ropa húmeda (la mía estaba llena de sangre y sudor), y muy rápido se enfriaron. Pero no podíamos hacer nada. Ni siquiera pudimos cambiarnos de ropa y no nos dieron ni una frazada ni nada. Dentro no hay camas ni catres ni colchones, como en las Casas del Migrante. Lo único que hay dentro es el suelo de concreto. Tampoco hay inodoros, y por eso tuve la esperanza de que íbamos a estar ahí un rato no más. Pero no estaba seguro porque además no nos dieron nada de comer o beber, entonces a lo mejor tampoco esperan que uno tenga que ir al baño.

Unos cinco minutos después, mis primos y yo nos pusimos cerquita el uno del otro como aquella vez que llevábamos cinco noches en la montaña. Temblábamos. La sangre de mi pie empezó a cambiar de consistencia. No estaba congelándose, pero empecé a sentirla más densa, y también sentí que se me empezaban a entumecer los dedos de los pies.

Miguelito me dirigió la mirada y me di cuenta de que intentaba no llorar. Parecía estar muerto de miedo. "¿Van a abrir la puerta?", dijo.

"No sé, Miguelito. Pero vamos a estar bien", dije, a pesar de que no tenía idea de cuánto tiempo íbamos a estar ahí, pero he de admitir que me preocupaba Miguelito. Es mucho más pequeño que yo, y su cuerpo empezó a ponerse más y más frío. Lo apreté con fuerza. Los tres estábamos abrazándonos para mantener el calor, pero yo más bien le di un abrazo a Miguelito con la esperanza de que se diera cuenta de que no solo intentaba abrigarlo, sino que quería demostrarle mi amor y cariño, y que iba a estar ahí a su lado sin importar lo que pasara. Pero al cabo de un minuto sus hombros empezaron a moverse de arriba abajo. No hacía ningún ruido, pero me di cuenta de que estaba llorando. Siempre me pongo sentimental cuando veo que otras personas están llorando, pero en ese momento tuve que tragarme las lágrimas y mis sentimientos. En ese momento no tenía ni idea de cuánto tiempo íbamos a estar ahí y no había nada para distraerme. Tenía que mantenerme concentrado en sobrevivir, tal y como hemos hecho desde que salimos de Naranjito. Tal y como hemos hecho desde que usted, tía, y el tío Felipe se murieron. Tal y como hago en este preciso instante.

* * *

Ya vinieron para llevarnos a comer más de esa avena tan fea. Ya casi estamos al día, tía. No se preocupe. Le escribo cuando vuelva.

Con amor,
D.

TODAVÍA ES EL 10 DE MAYO DE 2018
Todavía en La Perrera

Querida tía:

Bueno, pues no nos llevaron a comer de esa avena fea. Ahora nos dieron manzanas y unos panes. Pensé que era el desayuno, pero si no nos dieron avena a lo mejor ya cayó la tarde o tal vez hasta ya es de noche. No hay forma de saber si es día o noche. Pero, bueno, me alegra no tener que comer aquella avena porque siempre me da sueño después.
    Gracias por leer mis cartas, tía. Escribir sobre todo lo que nos ha pasado me ha ayudado a no volverme loco. Y, pues, sigamos:

* * *

Cuando estuvimos en La Hielera (ya vi que así le dicen acá) me dieron ganas de pedir ayuda. ¿Será que los agentes saben que adentro hay un montón de frío?, pensé. Ahora sé que sí saben. En ese momento pensé que solo era un error y alguien había dejado encendido el aire acondicionado y que era mejor si alguien les decía. Pensé en preguntarles a las otras personas, pero por todo lo que vivimos yendo en La Bestia, ahora me da nervios hablar con extraños, y hablarles a los agentes me da mucho más miedo. Pero como sentí que Miguelito estaba llorando, tenía que hacer algo. No podía permitir que mi primo se derrumbara de esa manera.
    Caminé hasta la puerta sin ventanas y toqué suavemente. Tan pronto me despegué de Miguelito y Elías, sentí que el aire frío me entró por las mangas y las piernas del pantalón. "¿Disculpen?", dije sin levantar la voz, pues tenía miedo de hablar muy recio. "*Excuse me*".
    Pero nadie me respondió. Volví a tocar la puerta y grité, "¿Hay alguien ahí? Es que hace mucho frío aquí".
    Fui de vuelta a juntarme con Elías y Miguelito. No quería estar lejos de ellos y su calorcito por mucho tiempo. Nos quedamos así otros diez minutos, pero Miguelito seguía llorando. Elías, por otro lado, estaba ahí quietecito, no más, intentando concentrarse para conservar el calor entre nosotros. Cada cierto tiempo iba a tocar la puerta para pedir ayuda, y cada vez gritaba con más fuerza. Me daba miedo ver qué eran capaces de hacer los agentes si atendían mi llamado, pero para esas alturas tenía

más miedo de quedarme ahí en esa celda. Toqué tres veces y luego me rendí. Preferí guardar mi calor y energía.

Me la pasé todo el tiempo rezando en mi cabeza, pidiéndole a Dios que me diera la fuerza necesaria para superar esa prueba.

Fue en ese momento que le empecé a hablar. ¿Se acuerda, tía? ¿Me escuchó? Mientras sentía que mi cerebro iba más lento a causa del frío, deseé que siguiera con vida y que estuviera al lado nuestro. O mejor aún, deseé estar de vuelta en la casa con usted, tía. Empecé a pedirle que me diera calorcito. Dije, apenas moviendo los labios, "Por favor, tía, ayúdeme igual que antes".

Y, bueno, debería darle las gracias, porque llegó a ayudarnos. Justo cuando empecé a cerrar los ojos, escuchamos el ruido del seguro metálico y alguien abrió la puerta. El aire exterior entró con rapidez y le bastó unos segundos para calentar el ambiente dentro. Mis primos y yo nos pusimos de pie. No puedo hablar por Elías y Miguelito, pero mi mente iba tan despacio y sentía como nublado dentro de mi cabeza que se me olvidó tener miedo de quien estaba a punto de entrar a nuestra celda. Apenas logré caminar hacia la puerta para acercarme lo más posible a la fuente de calor.

Esa vez otro agente fue el que abrió la puerta. Me vio con ojos de asco y dijo algo en inglés. "N... No... No entiendo", dije. Apenas podía mover los labios.

Hizo una mueca, se pasó el brazo por la cara como si estuviera limpiándose la nariz y me señaló. Hice lo mismo que él, y sentí que tenía algo mojado en la mano. Se me había entumecido la cara. Entonces ni me di cuenta de que tenía un gran moco frío saliéndome de la nariz y deslizándose por mi labio superior hasta la barbilla.

* * *

Acaba de regresar el guardia ese que me mira raro cuando me ve escribiendo. Voy a pararle un rato, tía. Le juro que ya falta poco para ponerla al día con todo lo que nos pasó.

Con amor,
D.

ESTOY SEGURO DE QUE TODAVÍA ES EL 10 DE MAYO
Todavía en La Perrera

Querida tía:

Lo que pasa es que he estado escribiendo mucho, y creo que le estoy metiendo más detalles de lo que debería. Pero igual acá estoy todo el día, todos los días, y creo que esta última semana ha sido la más memorable de mi vida... Y, pues, mejor le cuento todo, ¿no? No tiene prisa, ¿o sí?

* * *

El agente nos llevó a un cuarto donde había una mesa y algunas sillas, y ahí estaba otro hombre esperando hablar con nosotros. Contrario al hombre aquel que nos agarró en la frontera, este sí hablaba español. Eso sí, hablaba con un acento muy fuerte, como de gringo, y me costó entenderle.

"¿Quiénes son ustedes? *What are you here for?*".

"Me llamo D. Esperanza y ellos son mis primos, Miguelito y Elías. Yo tengo catorce años...".

"¿Quién los envió?".

"¿Mande? ¿Cómo así?".

"¿Son de alguna mara?", dijo, y de repente empezó a gritarnos. "¿Traen drogas? ¿Sí? ¿Son MS Trece o qué son? ¿A qué mara pertenecen?".

Estaba muy confundido y no le pude responder. Apenas le dije que no con la cabeza. Mi cuerpo empezaba a entrar en calor luego de salir de La Hielera y sentía como que mi cerebro no se había descongelado del todo, como que necesitaba un momento para entender lo que estaba pasando.

"¿Qué? ¿No sabes hablar? *Talk!*", dijo, y le dio un somatón a la mesa y se me llenaron los ojos de lágrimas. "*Oh*, mi niña pequeña, *don't cry!*", dijo con tono sarcástico.

A Elías le hizo más o menos las mismas preguntas, pero Elías estaba mejor preparado que yo. Él vio que me había abrumado mientras intentaba responder a las preguntas que me hizo ese hombre, entonces tuvo más tiempo para preparar sus respuestas. "No, señor. No somos mareros. No traemos drogas ni nada. Vinimos a reunirnos con nuestras familias. No quisimos hacer nada malo. ¿Cuándo podemos ver a nuestros familiares?".

"*Always the same shit*", dijo, abrió la puerta y le dijo a alguien que se llevara a Elías y Miguelito, pero me obligó a quedarme ahí con él. Elías me sostuvo la mirada, y sé que quería pedirme perdón por dejarme a solas con ese hombre, pero él y yo sabíamos que no había otra opción.

Cuando Miguelito y Elías salieron del cuartito ese me sentí igual que cuando no logré subirme a La Bestia hace unas semanas y los vi alejándose de mí mientras yo estaba llorando a un lado de las vías del tren. Tan pronto se fueron me sentí súper perdido. Al no tenerlos a mi lado para darme fuerzas, y por tener que enfrentarme a ese hombre enojado que no dejaba de gritarme y hacerme preguntas que ni siquiera entendía, sentí como que todo era parte de un sueño o una pesadilla.

"Bueno, mi niña pequeña, *what's really going on?* ¿Qué está pasando en verdad? ¿Cuántas veces cruzaste la frontera? Dime, si no quieres volver a La Hielera".

Ahí fue cuando me enteré cómo le dicen a esa celda tan fría: La Hielera. También ahí me di cuenta de que ponen el aire acondicionado así de frío a propósito.

Yo seguía llorando y estaba cada vez más confundido. Intenté explicarle al hombre que yo no era mala gente. "Perdón. *Sorry*. Yo no... Esta es la primera vez que cruzo la frontera. No traemos drogas ni nada, se lo juro. Puede revisar nuestras cosas".

"Nunca confíes en un bravucón, niño. ¿Crees que puedes venir hasta acá y dejar apestoso el auto de mi amigo?". Luego dijo algo que me asustó mucho. "Si no te gusta vivir en México, pues ese no es mi problema. Pero si dependiera de mí, ya estarías de vuelta".

En ese momento no entendí, y a la fecha sigo sin entender, cómo alguien como él puede mandarme de vuelta a mi país así no más. Yo vine a Estados Unidos para estar con mis papás. Quería decirle que todo había sido un gran error, que mi papá tendría que haber llegado ya para recogernos. Ojalá no haya mandado a Elías y Miguelito de vuelta a México, pensé. A estas alturas ya llevamos meses juntos. Ellos cuidaron de mí. Nos cuidamos los unos a los otros. Ya cuando estaba solo yo con el agente me sentí expuesto. ¿Será que de verdad me va a mandar de vuelta a México sin mis primos?, pensé. Empecé a llorar con más fuerzas. El hombre hizo una mueca y se fue.

* * *

Esa vez que me separaron de Elías y Miguelito, al rato ya estaba otra vez con ellos. Así que me aferro a la esperanza de reunirme con ellos cuando me dejen salir de La Perrera, muy pronto. Si es que me dejan salir.

Con amor,
D.

TODAVÍA ES 10 DE MAYO
La Perrera

Querida tía:

Creo que pasar tanto tiempo aquí ya empezó a afectarme. Me cuesta procesar lo que está pasando. Estoy todo desubicado y las figuras que veo parecen mezclarse unas con otras. No puedo concentrarme en el rostro de las personas a mi alrededor. Desde que nos agarraron de este lado de la frontera siento como que tengo una gran nube en mi cerebro. Siento cosas que no tienen sentido. Me alivia estar en Estados Unidos. Sé que aquí voy a estar a salvo. Pero también estoy nervioso porque desde que estoy en este país no me he sentido a salvo ni un ratito. Me emociona estar con mis papás, pero me da miedo quedarme aquí encerrado toda la vida y que no pueda reunirme con ellos. Todos esos pensamientos se acumulan en mi cabeza y me cuesta verlos con claridad. Es como si mi cerebro fuera a mil por hora y no pudiera absorber nueva información.

Siento como que lo único que me ayuda es seguir escribiendo, entonces le sigo contando lo que nos pasó, tía:

* * *

Unos minutos después de terminar de hablar con el gringo enojado, llegó a buscarme la mujer aquella que habló por teléfono con mi papá, y me pidió que la siguiera. Me llevó a un lugar donde había otras ocho o nueve personas y algunos de los niños que estaban conmigo en La Hielera. Le eché un vistazo al salón y vi que Elías y Miguelito estaban ahí también.

A pesar de que no había estado con ellos por unos minutos no más, sentí como cuando nos comimos aquellas empanadas de piña después de haber pasado hambre por cinco días, igual que cuando me reuní con ellos en la Casa del Migrante después de no lograr subirme al tren. Mis primos son como un par de linternas que atraviesan la neblina que tengo acumulada en el cerebro. Corrí a donde estaban ellos. Elías parecía un poco aturdido, pero me sostuvo la mirada y con eso supe que él estaba bien. Miguelito parecía estar un poquito más pálido y mantuvo la mirada en el suelo. Me preocupé por él, pero al verme dibujó una pequeña sonrisa en su rostro y eso me hizo sentir mejor. Todos estábamos demasiado nerviosos como para hablar. Me imaginé que si decíamos algo malo los adultos se iban a enojar con nosotros y podían hasta deportarnos o enviarnos de vuelta a La Hielera. Pero incluso sin decir una sola palabra supe que mis primos también sintieron un gran alivio al verme.

La mujer nos pidió que la siguiéramos. No era grosera con nosotros, pero es obvio que tampoco intentaba hacernos sentir cómodos. Dijo que íbamos a ir a "otro lado", y no tuve el valor de preguntarle a dónde nos iba a llevar o cuándo íbamos a poder ver a mis papás.

Caminamos al lado de unas ventanas y me di cuenta de que era media tarde. El sol empezaba a ponerse, pero todavía irradiaba luz y sentí su calor a través del cristal. Después de haber pasado tanto tiempo congelándome en La Hielera, fue increíble volver a sentir aire tibio en mi piel. Tomé nota de siempre dar gracias por el calor. Nunca más voy a quejarme de que hay mucho calor, pensé.

La mujer nos llevó a Miguelito, Elías y a mí a un cuartito, y nos sentamos juntos en el piso. Luego nos dio a cada uno una galleta envuelta en plástico y un juguito de caja, de los chiquitos que traen pajillas y que a veces no podés abrir a la primera. Para entonces ya habían pasado unas doce horas desde que el gringo enojado nos metió en su carro, pero esa fue la primera vez que nos dieron algo de comer. Después de darnos las galletas y los juguitos, la mujer salió del cuartito y nos dejó con el mismo agente de La Migra que parecía estar como aburrido.

El agente de La Migra hizo ruido, dijo algo en inglés e hizo señas para que todos nos pusiéramos de pie. Miguelito estaba dormido, y Elías y yo nos dimos cuenta de que teníamos que despertarlo. No sabíamos si nos iban a regañar por algo o no. Si Miguelito estaba durmiendo y el tipo de La Migra tenía que despertarlo, me imaginé que iba a enojarse mucho. Esos tipos se enojan por cualquier cosa. No entiendo bien cuáles son las reglas aquí, tía. Pero lo mejor es no llamar mucho la atención.

Pero me dio tristeza despertar a Miguelito porque se miraba tan en paz. Estaba bien dormido, con la espalda contra la pared y la boca abierta. Hasta babeaba un poquito, y si no hubiéramos estado tan preocupados Elías y yo, nos hubiéramos burlado de él, pero con cariño. Le toqué el hombro y lo moví un poquito. "Miguelito", dije. "Mirá, te tenés que levantar. Hay que ir a otro lado".

Mi primo apenas abrió los ojos. Todavía estaba medio dormido y luego a su cara le pasó algo que nunca antes había visto. Al principio se miraba muy tranquilo, pero después la carita se le puso algo oscura. No sé cómo describirlo. No frunció el ceño ni se puso a llorar, pero parecía como que si alguien le hubiera estirado los cachetes, así como cuando le ponés plástico a un tazón, pero se lo ponés bien apretado. Vi que Miguelito se dio cuenta dónde estaba, y rápido se recordó de todo lo que nos ocurrió hoy. Fue como si hubiera recibido los últimos cinco meses de una.

Elías también vio cómo le cambió la cara a Miguelito, y me di cuenta de que él vio lo mismo que yo. Después de tanto tiempo juntos hemos aprendido a interpretar las reacciones de los otros. Nunca me había sentido tan cerca de alguien más. Es obvio que los quise a usted y a tío Felipe más que a nadie en el mundo, pero nunca había tenido que ponerle atención a lo que necesitaban ustedes. Sé que quería que yo sintiera que podía confiar y apoyarme en usted, tía. Sé también que usted no necesitaba de mí de la manera que yo sí necesitaba de ustedes dos. Yo sé, tía, que le echó ganas para ser como una madre para mí. El tío Felipe igual fue como un padre para mí. Yo apenas me daba cuenta de cosas muy básicas, como cuando quería un abrazo o cuando quería estar a solas o cuando estaba molesta conmigo por ser desordenado o por quedarme hasta tarde jugando pelota en la calle. Pero con mis primos siempre estoy pendiente de sus necesidades. Me doy cuenta cuando Miguelito está nervioso por algo antes de que él mismo se dé cuenta de que está nervioso, y sé cuándo Elías tiene miedo pero se está haciendo el rudo. Es como si yo tuviera superpoderes. Ellos también pueden interpretar mis gestos. Nunca antes había experimentado algo así.

Nos formaron en tres o cuatro grupos y llevaron a cada grupo a un pasillo diferente. No quedé con Miguelito y Elías, pero ocurrió de todo y tan de repente que ni siquiera se me ocurrió preguntar por qué nos estaban separando. Querían que fuéramos a prisa. El agente que nos dividió en grupos dijo, "Vamos. *Hurry up. Over there.* Vámonos". Fui a donde me dijo que fuera. De alguna manera pensé que no podían separarnos por mucho tiempo. A esas alturas ya había estado lejos de mis primos varias veces y me esforcé por no pensar cosas malas. Pero tal vez debí haberlo hecho.

Los agentes llevaron al grupo donde estaba yo por una puerta azul y luego la cerraron. He estado aquí desde entonces.

Le cuento cómo me va aquí la próxima vez. Creo que voy a intentar dormir un rato.

Con amor,
D.

TAL VEZ HOY ES 11 DE MAYO DE 2018, PERO LA VERDAD NO SÉ
La Perrera

Querida tía:

Lo primero de que me di cuenta en este lugar es la cantidad de gente que está metida aquí dentro. El cuarto tiene unos ocho pies de largo y entre quince o dieciocho pies de ancho, y no hay ventanas. Acá los de La Migra metieron a unas veinte o veinticinco personas, y todos intentamos ocupar el mayor espacio posible. Pero la verdad es que hay muy poquito espacio y casi no podemos movernos. Caminar de un lado del cuarto al otro es como ir del frente de un bus lleno de gente a la parte de atrás. Técnicamente es posible. Pero tenés que hacer maniobras para esquivar a la gente y pasar apenas rozando la espalda de todos con tu torso y tratar de no tocar a nadie con las nalgas. Pero a pesar de que hay un montón de gente aquí dentro, nadie habla. Todos están tan callados que hasta me da miedo.

Le dije, tía, que acá no hay ventanas, pero no es del todo cierto. No hay ventanas que den a la calle, pero sí hay una que tiene rejas en vez de cristales y da a una oficina donde está otro agente de La Migra viendo una computadora.

En un lugar así, tan lleno de gente, no sé cómo acomodarme para no quitarle lugar a nadie. No hay suficiente espacio en el suelo para que todos se sienten, entonces un tercio del grupo siempre está de pie. Algunos se apoyan en un pie y luego en el otro, y otros están hombro con hombro recostados en la pared. De los que están de pie, la mayoría parecen ser tan grandes como la maestra que yo tenía en Naranjito, que creo que tenía unos veintitantos años. Hay personas mayores que creo que tienen la misma edad que mis papás y también algunos adolescentes que parecen ser más grandes que yo. La mayoría de los que están de pie son hombres y casi todos tienen la mirada perdida, como si usaran todas sus fuerzas para no pensar en nada. Como nadie habla con nadie, ni se voltean a ver entre sí, creo que la mayoría de las personas aquí viajan solas. Me pregunto si cruzaron la frontera por si solas o si cruzaron con familiares y después los separaron, como me pasó a mí. A lo mejor tienen sus propios Miguelitos y Elías en otros cuartos llenos de gente en este mismo edificio.

Lo más difícil para mí es ver que aquí también hay niños chiquitos. A unos pies de distancia hay una mujer que parece ser apenas cuatro o cinco años mayor que yo y tiene en sus brazos a un nene que ha de tener unos tres años. Y hay otros seis o siete niños regados por ahí. Unos parecen tener entre siete u ocho años y están junto a sus madres. La mayoría de las mamás están sentadas contra la pared, tienen sus pies frente a ellas y un niño sobre sus piernas. Supongo que han de haber maneras para ahorrar espacio aquí, tipo apilar niños sobre los adultos, igual que yo apilaba cajas en la tiendita de mi barrio.

La mayoría de los niños parece que andan solos, sin sus papás. No hay ningún adulto que los acompañe. Apenas están sentados en el suelo con las piernas cruzadas o abrazándose las rodillas.

Acá hay cinco camas, pero no sé si debería llamarles "camas", porque están hechas de cemento y no tienen ni colchones encima. Sí hay unas sabanas muy delgaditas y algunas almohadas, y la gente se duerme encima de ellas, entonces digamos que sí son camas. En cada una de ellas hay como dos o tres personas. Eso incluye a mamás y sus hijos. Ya sé por qué ellas pueden usar las camas, a pesar de que todos aquí dentro están llenos de sudor y parecen estar recansados, como yo. Yo no me he bañado o cambiado de ropa desde que salimos de la última Casa del Migrante. La mayoría de esas madres y sus hijos parece como que, aunque quisieran, no serían capaces de permanecer de pie.

Ahorita que estoy escribiendo en mi cuaderno vi que hay un señor anciano sentado en la cama y que comparte el espacio con una mujer y su hija. A él le dieron una almohada. Creo que es más grande que usted, tía. Ya casi está calvo y en la barbilla tiene varias canas colochas. Parece como que lleva años en la misma posición. Verlo hace que sienta un dolor en el pecho. Me recuerda a los abuelitos de Naranjito. Ya sabe de quiénes hablo, tía. Usted siempre me decía que después de pasar una vida trabajando y criando a sus hijos y nietos, se habían ganado el derecho de estar ahí sentados, hablando con sus amigos, riéndose, leyendo el periódico y escuchando la radio. Está cabrón que un señor de esa edad esté en un lugar como este, sin amigos, familiares o conocidos cerca, y que no tenga ni un periódico que leer. Trato de reconciliar lo que veo aquí con lo que mis papás me contaron que es la vida en Estados Unidos. Si alguna vez estuvieron en un lugar tan deprimente como este, nunca dijeron nada.

Con amor,
D.

---

11 DE MAYO DEL 2018, MÁS O MENOS
La Perrera

Querida tía:

Cada cierto tiempo, unas dos o tres veces al día, nos sacan de la celda para ir a comer. Hacemos fila y nos llevan a una mesa donde hay servilletas, tazones de papel, cucharas de plástico y a veces hay una gran olla llena de comida. La vez pasada vi que venía gente de otro lado a hacer fila para sentarse en la misma mesa que nosotros. Me imaginé que venían de otro cuarto que es más o menos igual al nuestro, y mientras me acercaba a la mesa se me ocurrió que tal vez Miguelito y Elías venían por ahí. Vi a la distancia y casi de inmediato los encontré. Estaban uno al lado del otro, y para cuando los vi ellos ya me habían visto y ambos tenían una gran sonrisa de oreja a oreja. A pesar de que mis primos se veían muy pálidos a causa de las luces blancas, no me había emocionado tanto desde la vez que nos robamos aquella gallina y la cocinamos usando la olla de Miguelito. Estaba tan feliz de verlos que casi me subo a la espalda del tipo que estaba enfrente de mí. Nunca antes me había sentido así y hasta casi salgo volando de la emoción. Están bien y siguen aquí, en el mismo edificio que yo, gracias a Dios. Verlos fue como recibir una respuesta a mis plegarias.

Me di cuenta de que mis primos estaban muy intranquilos, y cuando llegaron al lado opuesto de la mesa vi que les costaba quedarse quietos, igual que yo. Había un montón de agentes de La Migra parados por ahí, y por eso no podíamos hablar, pero desde lejos y muy calladito les dije, "¿Están bien?", articulando bien las palabras, y ambos asintieron con mucho entusiasmo. Me señalaron como para devolverme la pregunta, y yo asentí con la cabeza y con una gran sonrisa en el rostro.

Es curioso, porque no sé si realmente estoy bien. Tal vez estoy muy mal. Si me hubieran preguntado cómo estaba antes de comer, hubiera dicho que necesitaba con desesperación saber qué horas eran, bañarme y cambiarme de ropa. Hubiera dicho que necesitaba una venda para mi pie o al menos la oportunidad de lavar la herida. Que necesitaba a alguien que me explicara qué está pasando y por qué estoy aquí y por qué estos gringos que andan con pistolas se la pasan gritándome. Que necesitaba saber por qué no me dejan hablar con mi papá por teléfono. Hubiera dicho que necesitaba que, por favor, por el amor de Dios, apagaran la luz. Pero más que nada, hubiera dicho que necesitaba saber si mis primos estaban bien. Y se aparecieron frente a mí y estaban bien. Saber que ellos están bien me hace sentir como que yo también estoy bien.

Lo que *no* está bien es la comida que nos dan aquí. Nos dan un tipo de avena muy húmeda y pastosa, pero ni sabe a avena. Es más bien amarga; nunca antes había comido una avena así de fea. A lo mejor así sabe la avena acá en Estados Unidos. Guácala.

Siempre que volvemos de la mesa, después de comer, regresamos a la celda y parece como que somos parte de un juego de Tetris. Al volver no regresamos donde estábamos antes de salir, simplemente nos ubicamos en el espacio que está disponible. Creo que las familias con niños tienen un tipo de sistema para decidir a quién le toca estar en las "camas". Aparte de eso, uno tiene que hallar un lugar donde estar y quedarse ahí.

De momento los niños chiquitos están dormidos. Antes de comer, los niños estaban haciendo lo que esperaría usted que hicieran (al menos lo que esperaría que hicieran en un lugar como este): hablando y llorando. Me recordaron a mi hermanita que está en este país y que está tan cerca de mí en estos momentos. Los niños que están solos, que no vienen con algún familiar, lloran más, y los guardias solo les dicen que se callen. A veces alguna de las mamás intenta consolarlos, pero están ocupadas atendiendo a sus propios hijos. Los niños acá se ponen más inquietos que los adultos y es porque no tienen juguetes o crayones o algo para mantenerse ocupados. Pero de momento todos están acostados en el suelo.

Todos los demás también ya tienen sueño, igual que yo. Siento una pesadez en el cuerpo, y nunca antes había sentido algo así. Mantenerme de pie requiere mucho esfuerzo, igual que cuando tuve que subirme al lomo de La Bestia.

Ya no puedo mantener los ojos abiertos, tía.

Con amor,
D.

MÁS TARDE ESE MISMO DÍA
La Perrera

Tía:

Han pasado no sé cuántas horas. Una, cinco, quince, quién sabe. Y ahora tengo dolor de cabeza, aunque ya no siento aquella pesadez que le dije. Hay varias personas despiertas y ya casi no hay gente encima de otra.

Me desperté porque tenía que ir al baño. Hay un inodoro aquí, pero trato de usarlo lo menos posible. Está en una esquina, lo rodean tres paredes de concreto muy bajitas y una cortina de plástico, o sea que cualquiera puede asomarse desde arriba y ver hacia dentro. Todos usan el mismo inodoro: hombres, mujeres, niños y niñas. Da asco y es muy humillante. Siempre que alguien va al "baño" tiene que pasar con mucho cuidado para no pisar a la gente que está en el suelo, y luego las otras veinte personas que están en el salón se dan la vuelta y pretenden no escuchar los sonidos que vienen de atrás de esa cortina tan delgadita. Pero como los agentes nos gritan si hablamos muy recio, entonces todos están siempre muy callados y eso hace que cualquier sonido se escuche muy recio y con claridad.

Y, pues, si tenés que ir al baño, tenés que ir. Solo de pensarlo me pongo muy ahuevado.

D.

12 DE MAYO DE 2018 (LE PREGUNTÉ A ALGUIEN LA FECHA DE HOY)
¡Ya no estamos en La Perrera! Vamos en un bus por Texas, Estados Unidos

Querida tía:

¡Ya salí! Gracias, tía. Hoy en la mañana me mandaron a llamar. Me dijeron, "Reúne tus cosas", y me sacaron de La Perrera. No tengo nada más que este cuaderno. Es más, nadie tiene cosas más que la ropa que llevan puesta y no sé ni por qué nos dicen que juntemos nuestras cosas. Ahora estoy en un bus dentro de un parqueo, frente a algún aeropuerto, y ando esperando a que llegue el avión que me va a llevar hasta donde está mi papá. Los de La Migra nos sacaron a mí y otros niños de La Perrera. No mandaron a llamar a ningún adulto, entonces me imagino que estos otros niños también cruzaron la frontera solos, sin sus papás. Nos metieron en este bus, que parece un típico bus escolar, solo que es blanco, en los lados tiene logotipos del gobierno y las ventanas tienen rejas de metal. Supongo que Miguelito y Elías están en otro bus. El conductor está como dentro de una jaula y, para que nadie lo moleste, su asiento está rodeado de una reja de metal. Supongo que no quieren que alguien lo distraiga mientras va manejando y hacen todo eso para evitar un accidente.

Los de La Migra nos dijeron que los niños debían sentarse atrás y las niñas adelante. Acá voy al lado de un niño que dice que es de Guate, y quiero preguntarle si él sabe cómo se siente ir en avión, pero creo que no podemos ni hablar. No podíamos hablar en La Perrera, y acá van con nosotros los mismos agentes de La Migra que estaban vigilándonos en aquella celda llena de gente. Van hasta adelante y llevan pistolas en la faja. No quiero arriesgarme. No quiero meterme en problemas. Capaz hago algo, y ellos cambian de opinión y me llevan de vuelta a La Perrera o de vuelta a Honduras. Dios guarde. Pero todo está bien. Pronto voy a saber qué tal es ir en avión.

De camino al aeropuerto me puse a ver por la ventana para intentar relajarme. Realmente no hay nada interesante afuera, pero sí pasamos por un área muy desarrollada donde había muchas casas y edificios, y cada vez eran más grandes las construcciones a nuestro alrededor. Después de pasar creo que unos tres días en La Perrera, hasta este asiento de bus se me hace muy cómodo. Intenté tomar una siesta de camino al aeropuerto, pero a veces mi cuerpo como que se niega a descansar cuando más lo necesita. Además, nunca he podido dormir bien cuando tengo hambre, y salimos de La Perrera antes de comer aquella avena desabrida.

Creo que el hecho de que no hay ventanas ni relojes en La Perrera me dejó todo desorientado y no sé ni qué horas son ni qué día es. Sé que crucé la frontera hace unos días, no más, pero siento que fue hace más de un mes. De no haber sido que llevaba cuenta de cuántas comidas me daban y qué tan seguido cambiaban de turno los guardias de La Migra, no tendría ni idea de cuánto tiempo estuve ahí dentro.

Dentro de ese bus también sentí como que todo iba muy aprisa. Cuando llegamos al aeropuerto, sentí como que el viaje duró apenas unos minutos, pero no puede ser porque cuando salimos de La Perrera apenas estaba amaneciendo y ahora el sol está en su punto más alto, entonces ha de ser ya el mediodía. Desde acá desde el parqueo puedo ver los aviones despegando y aterrizando, y es algo muy macizo poder ver eso. Antes los veía surcar el cielo y no pensaba mucho en ellos. Nunca me pregunté cómo le hacían para mantenerse en el aire, y ahora igual no tengo ni idea... Son tan pesados, hechos de acero, pero toman vuelo muy facilito. Mejor me pongo a pensar en mi papá.

Hace unos minutos otro agente subió al bus y dijo que íbamos camino al aeropuerto para tomar un vuelo y así reunirnos con nuestros papás. "¿Ya vieron los aviones? Miren cómo despegan y vuelan a todas partes del país", dijo en español. "Allá van otros niños que nosotros mandamos por avión para reunirse con sus familias. Ustedes tienen mucha suerte. ¿Verdad que sí? Son unos suertudos desgraciados. Van a vivir el sueño americano. Fantástico, ¿no?". Luego que dijo eso nos ignoró y empezó a hablar y a reírse con los otros agentes. No sé por qué se andan riendo, pero me pone nervioso verlos así. ¿De qué se ríen?

Desde entonces me la he pasado viendo por la ventana y pensando si Miguelito y Elías van a bordo de alguno de esos aviones. Tal vez los sacaron de La Perrera antes que yo y ya están con mis papás en su casa. La emoción de ver a mi papá y subirme a un avión por primera vez en la vida hizo que me diera más hambre. Espero que nos den de comer en el avión.

Con amor,
D.

12 DE MAYO DE 2018
En otro bus

Querida tía,

Esperamos y esperamos. Vi despegar y aterrizar unos treinta aviones. Pero cuando al fin nos bajaron del bus, no fuimos al aeropuerto. Apenas caminamos unos metros dentro del parqueo y nos dijeron que teníamos que subirnos a otro bus.

Este otro bus es diferente al primero. Los asientos están como que acolchonados, no son todos duros o de plástico y las ventanas no tienen rejas. En general es un bus más bonito. El conductor tampoco está dentro de una jaula. Uno de los otros niños hasta se dio cuenta que atrás hay un baño. No sabía que es posible poner baños dentro de un bus. ¿A dónde se va el agua cuando uno jala la cadena, tía? ¿Será que el bus bota toda esa agua en la carretera? Hasta hay unos televisores en el techo, pero todos están apagados y nadie se atreve a ir a preguntarle al conductor si podemos encenderlos para ver algo. Los agentes de La Migra no se subieron a este bus. A lo mejor ya terminó su labor y ya se van a sus casas. Los únicos adultos dentro son el conductor y una mujer que va hasta adelante, pero ella no viste uniforme. Cuando nos subimos al bus, la mujer nos preguntó si teníamos hambre y todos dijimos que sí. Su español no es muy bueno, pero igual le entendimos. Dijo que íbamos a comer algo como en una hora y luego el conductor arrancó el bus.

Al principio pensé que el bus nos iba a llevar del parqueo a la entrada del aeropuerto, y me sorprendió escuchar que iba a ser un viaje de una hora. Además, vamos en la dirección opuesta del aeropuerto. No sé muy bien qué está pasando y creo que nadie sabe lo que está pasando. Todos estamos muy nerviosos como para hacer preguntas, tan nerviosos que nadie habla con nadie. Algunos por ahí se susurran cosas, pero nada más.

Estar en este bus me hace sentir raro, como que no debería estar aquí. Me preocupa estar en el lugar equivocado, a pesar de que me dijeron a dónde tenía que ir. Cuando salí de La Perrera sentí un gran alivio por haber salido, por tener un poco más de espacio personal y ver de nuevo la luz del sol. Pero ahora voy en este bus, un bus sin rejas en las ventanas y donde no hay hombres con pistolas. Y este bus hasta tiene cinturones de seguridad, y yo me abroché el mío porque después del accidente en el autobús me empieza a doler el estómago siempre que me subo a un bus. Es más, este bus es tan bonito que siento que voy a romper algo o ensuciarlo. En su momento no me di cuenta, pero el otro bus me hizo sentir como que era un preso y me estaban llevando a la cárcel. No me había puesto a pensar en por qué me trababan como a un criminal. No es hasta ahora, en este bus con sus asientos suaves y ventanas que puedo abrir para sentir el aire y el sol, que empiezo a sentirme un poco extraño. Si me pongo a pensar en lo que viví los últimos días, siento algo raro en el pecho y siento vergüenza, aunque no sé bien por qué.

Con amor,
D.

---

12 DE MAYO DE 2018
"El Albergue"

Querida tía:

Le escribo desde un lugar que se llama "El Albergue". Estoy sentado en el suelo y ando esperando a hablar con mi mamá y mi papá por teléfono. El bus no nos llevó al aeropuerto, y me preocupa que tenga que esperar aún más para ir a Nashville. Mejor le cuento lo que pasó.

Al cabo de una hora el conductor parqueó el bus afuera de un gran edificio. De ahí se subieron tres mujeres y nos dijeron que habíamos llegado a El Albergue, y que aquí vamos a estar a salvo. ¿A salvo de qué?, pensé. El agente nos había dicho que íbamos a tomar un vuelo para reunirnos con nuestras familias, y pues no entiendo por qué primero vinimos acá.

El lugar es enorme. Es un complejo donde hay un montón de edificios, algunos más grandes que La Perrera. Dentro también hay un campo rodeado de rejas donde vi a niños jugando pelota y otro grupo de niños caminando en línea recta entre otros dos edificios. Aquí hay cientos de niños. Espero que Miguelito y Elías estén acá, en algún lado. Todavía estoy muy nervioso como para hacer preguntas, pero si me topo con algún adulto que se ve medio amable, voy a decirle que ando buscando a mis primos para que así estemos todos juntos. Las mujeres que se subieron al bus no se miraban muy buena gente, pero sí fueron más atentas y amables que los agentes de La Migra. Si les hago preguntas siento que no me van a gritar.

Una mujer me apartó del grupo y me dijo que la siguiera. Me preocupó porque pensé que había hecho algo malo, pero solo quería verme el pie. Ella lo limpió y después le echó una crema, y me ardió mucho esa crema. No tuvo mucho cuidado. La mujer que me atendió en la Casa del Migrante se tomó el tiempo de explicarme todo lo que hacía. Pero esta gringa no más me agarró el pie y lo meneó de un lado a otro, y ni siquiera le importó mis reacciones. Pero, como necesitaba de su ayuda, no me quejé. Al terminar le echó una pomada a mi pie y me dio unas pastillas.

Después de eso me llevó a la cafetería donde había cientos de sillas y un montón de mesas, pero los niños que iban en el bus y yo éramos los únicos ahí dentro. Nos dieron almuerzo. Comimos arroz calientito con frijoles y un montón de vegetales: zanahorias, chile pimiento, brócoli. Me lo comí todo. No había comido nada desde anoche. Si hubiera comido algo así en Naranjito, no hubiera sido nada especial. Nada se compara a sus baleadas, tía. Pero a pesar de que era comida común y corriente, sentí como que si fuera la comida más sabrosa del mundo.

Mientras estábamos comiendo, una de las mujeres que nos llevó ahí nos dio una presentación. Me costó concentrarme en todo lo que decía, pero más que todo porque yo seguía pensando en la comida. Ella habló despacio y usando frases cortas. De seguro nos habló así porque pensó que como somos unos niños chiquitos no entendemos nada de nada, porque era morena igual que nosotros y hablaba español igual que nosotros. Parecía como que estaba aburrida, como que ya ha dado esa presentación cientos de veces.

"Bienvenidos a El Albergue", dijo. "Acá estarán a salvo".

La mujer en el bus nos dijo lo mismo, pero no entiendo. Tantas personas me han dicho que acá estoy a salvo, pero la verdad es que no me siento muy a salvo. ¿De qué se supone que están protegiéndome? Se supone que Estados Unidos es un país seguro, ¿no? Vine aquí para estar a salvo.

"Estamos trabajando para reunirlos con sus familias. Esto es algo muy difícil y toma tiempo. Mientras las hallamos, van a quedarse aquí".

No entendí eso de "hallar" a nuestras familias. Yo le di el número de teléfono de mi papá a los agentes de La Migra hace unos días y sé exactamente dónde viven ellos, en Nashville. Lo único que tienen que hacer es hablar con él y pedirle la dirección de su casa.

"No sé cuánto tiempo van a estar aquí. Algunos niños están acá por unas dos o tres semanas. Otros tienen que quedarse más tiempo".

Obvio que es muy feo oír eso. Pero de cierto modo no le creí nada de lo que dijo, y sigo sin creerle. ¿Quedarme más tiempo aquí? ¿Más de tres semanas? Hoy mismo en el bus nos dijeron que íbamos a reunirnos con nuestras familias. Dijeron que íbamos a subirnos a un avión. ¿Por qué quieren tenerme aquí por varias semanas si pueden mandarme con mi papá hoy mismo? ¿No sería más fácil para ellos hacer eso y ya? Vi a los otros niños para ver sus reacciones. Pensé que iban a estar confundidos o enojados o tristes, pero la mayoría ni reaccionó.

La mujer siguió hablando. "Agentes del gobierno de Estados Unidos van a manejar sus casos", dijo. "El Albergue no le pertenece al gobierno. Apenas somos contratados por el gobierno". No sé qué significa eso, tía. Dijo que los adultos que trabajan aquí no saben cuándo los niños van a reunirse con sus familias. Me puse retriste al oír eso, pero la verdad es que no muy me la creí. Dijo que pronto íbamos a poder hablar por teléfono con nuestros papás. "Después vamos a ponerlos en grupos y vamos a mostrarles dónde van a dormir hoy. Debieron haber sido asignados a un grupo. Grupo Alpha, grupo Bravo, Charlie, Delta, etc. ¿Todos tienen grupo y ya fueron asignados a alguna cama?".

Nos vio a todos. La mayoría de los niños no mostraron emoción alguna, apenas la vieron con la mirada perdida. Traté de imaginar la emoción que expresaba con mi rostro. Luego ella empezó a hablar de un horario y de que teníamos que siempre seguir ese horario. Habló de lo que se supone debíamos hacer y a qué horas, y las cosas que debíamos aprender en la escuela y cómo debíamos hacer fila para recibir la comida en la cafetería, pero no pude concentrarme. Se refirió a nosotros como los "clientes" de El Albergue, lo que se me hizo muy raro y confuso. Mi mente se obsesionó con las siguientes dos preguntas: "¿Será que sí voy a quedarme aquí varias semanas?" y "¿será que Miguelito y Elías también están aquí?". Apenas escuché lo que dijo la mujer. Espero que no haya dicho nada importante.

Reaccioné cuando ella terminó de hablar y los niños a mi alrededor empezaron a ponerse de pie y a hacer fila. De seguro nos dijo que teníamos que ir a algún lado. Me uní a la fila y salí de la cafetería junto a los otros niños.

Nos trajeron hasta aquí, a otro cuarto, donde vamos a esperar para hablar con nuestros papás. Todo va tan lento que se me ocurrió escribir para pasar el rato.

Tengo muchas ganas de hablar con mi mamá y mi papá. Espero vengan a buscarme pronto.

Con amor,
D.

---

12 DE MAYO DE 2018
El Albergue, en la cafetería

Querida tía:

Llegó la hora de la cena y tenemos permitido hablar con los demás, pero casi todos son muy tímidos, entonces se me ocurrió mejor ponerme a escribir. Ya aprendí que la gente llama a este lugar "El Albergue", así, en español, y que a los adultos les dicen "tícher" en inglés. De momento no me he aprendido los nombres de nadie. Todos son "tícher" y ya. Antes de hablar con nuestros papás, los tíchers nos hicieron unas preguntas. Pensé que no iba a ser la gran cosa responder esas preguntas, y que al terminar iba a poder hablar con mi papá y que él encontraría la manera de venir a buscarme. No quiero pasar seis meses aquí yo solito.

Mientras esperaba y cuando terminé de escribir, me puse a pensar en lo que le iba a decir a mi papá. Todavía tenía miedo de que él estuviera enojado conmigo porque salí de Naranjito sin decirle. Supuse que le diría que estoy bien y si él también tuvo que pasar por todo esto cuando llegó a Estados Unidos y al cuánto tiempo lo dejaron salir y si tenía idea de dónde estaban Miguelito y Elías y qué tan lejos está Tennessee de Texas y si, si él llegaba a buscarme, la gente de El Albergue iba a dejar que me fuera con él.

Unos cuarenta y cinco minutos después, una de los tíchers me mandó a llamar a su escritorio y yo fui a sentarme en la silla a la par de ella. "*So, you're D. Esperanza*", dijo, en inglés, sin levantar la mirada de su computadora. No sabía si era una pregunta o una afirmación, entonces mejor no dije nada.

Un segundo después volteó a verme, y yo asentí con la cabeza.

De ahí ella me empezó a hacerme varias preguntas muy básicas. Habló en un español muy malo y apenas pude entenderle, y también me habló inglés muy rápido y ahí sí no le entendí nada. Al menos las preguntas fueron fáciles de responder. Me preguntó de dónde soy yo, mi fecha de nacimiento, el nombre de mis padres. A veces escribía en su computadora, otras veces simplemente revisaba las hojas que tenía junto a ella. Me tomó una foto con una camarita que tenía conectada a su computadora, pasó unos minutos viendo cosas en la pantalla y al cabo de un rato me dijo que era hora de hablar con mi papá.

"Tienes cinco minutos para hablar con él, ¿sí?", dijo en inglés. Entendí alguna de las palabras que dijo, pero dudé si había recordado bien qué significa la palabra *"five"*. En ese momento creí que *"five"* era "cinco", pero pensé también que no iban a dejar que hablara con mi papá apenitas cinco minutos, entonces me imaginé que la tícher realmente quiso decir que podía hablar con él por quince minutos. Supongo que vio mi cara de confusión porque entonces agregó en español, y casi me gritó en el oído, "Sin-cou mi-nu-tous. ¿En-ti-en-dis?". Entonces sí le entendí mal, pensé. Solo puedo hablar con mi papá por cinco minutos. Luego ella levantó la mano y estiró los dedos, y otra vez empezó a hablarme en inglés. "Cuando tu *english english five english, english*, yo voy a *english english, english english*, así, ¿estamos?".

Asentí con la cabeza, a pesar de no haberle entendido casi nada. Intenté preguntarle si podía hablar más tiempo con mi papá, considerando que no había hablado con él desde que salí de Naranjito, pero me interrumpió antes de que pudiera terminar de hablar. Me respondió en inglés, y parecía un poco molesta, pero habló despacio y con calma, entonces entendí lo que me dijo. "Hay muchos niños aquí. Cinco minutos".

La mujer marcó el teléfono y escuché la voz de mi papá. Ella habló con él en español, un español muy malo, y ellos hablaron quizás unos diez minutos. Ella hablaba muy rápido y casi no entendí nada de lo que dijo, excepto cuando decía mi nombre.

Al terminar me entregó el teléfono y dijo, "*Remember*, sin-cou mi-nu-tous". Pensé que iba a estar pendiente del reloj en su computadora, pero hasta tenía un cronómetro en su escritorio, y el reloj empezó a correr tan pronto agarré el teléfono.

Estaba tan feliz y nervioso y aterrado de hablar con mi papá que esa llamada es ahora un recuerdo borroso. Escuché una mezcla de euforia y preocupación en su voz. Nunca antes lo había escuchado de tal manera.

Me di cuenta de que mi papá había pasado meses muy ansioso pensando en mí, y que estaba aterrado, pero al mismo tiempo sintió un gran alivio cuando lo llamaron de La Migra para decirle que estaba en Estados Unidos. Recuerdo que me hizo un montón de preguntas al mismo tiempo. "¿Estás bien? ¿Estás herido? ¿Ya te vio algún doctor? ¿Por qué te fuiste? ¿Por qué no me dijiste que te ibas a ir de Honduras? ¿Te fuiste solo? ¿Cómo llegaste hasta la frontera? ¿Te subiste a La Bestia? ¿Por qué no me llamaste por teléfono? ¿Cómo le hiciste para comer? ¿De dónde sacaste dinero? ¿Los adultos de ahí ya te dieron de comer? ¿Qué tal te están tratando? ¿Qué te dicen?". Respondí esas preguntas tan rápido como pude, y escuché alivio en su voz cuando le dije que estaba bien, que ya había comido algo y que no estaba herido, excepto por las ampollas en mi pie. Me alegró escuchar que no estaba enojado conmigo. Al menos no tan enojado como para dejar de quererme.

Había planeado hacerle preguntas sobre lo que estaba pasando, pero todas se esfumaron de mi cabeza tan pronto escuché su voz. Había estado muy solo durante tantos días, y en ese momento finalmente escuché una voz conocida, la voz de alguien que me ama. Los últimos amigos que vi fueron Miguelito y Elías, y no había escuchado una voz conocida desde la última vez que los vi en La Hielera.

Papá seguía haciéndome preguntas cuando la tícher levantó la mano y me mostró cinco dedos, igual que antes, y pronunció algunas palabras muy suavecito, pero no le entendí lo que dijo. Intentaba entender lo que la mujer me decía cuando de repente me quitó el teléfono de la mano y colgó.

"Perdón, chico", dijo. "Tengo que hacer otras llamadas".

Y pues así fue la llamada con mi papá.

De ahí me dieron una bolsa llena de artículos de higiene, un poco de ropa, una toalla y unas pantuflas, y luego un señor, un tícher hombre, me llevó a mí y otros siete chicos al dormitorio "Bravo". Era un cuarto vacío, de construcción muy básica y con cuatro puertas que daban a otros cuatro cuartos. "Bueno, pues, vayan a bañarse. Tienen diez minutos. Luego vístanse. Pónganse la ropa nueva que les dimos y a las cinco en punto vengo a buscarlos para ir a cenar", dijo en inglés. Revisó las camas y nos mostró dónde debía dormir cada uno de nosotros. "Chico", dijo y señaló a un niño bajito, más moreno que yo, "él va a ser tu compañero de habitación, tu *roomie*".

Por todo lo que había pasado y que todo es tan extraño para mí, me sentía muy tímido en ese momento. El otro niño no parecía ser mala onda y medio me sonrió. "Hola, Rumi", le dije. "Soy D.". Rumi es un nombre muy raro, pero supongo que viene de un país donde la gente tiene nombres raros.

Rumi sonrió y dijo, "No, me llamo...", y dijo otro nombre. El problema es que no le entendí y todavía no sé qué me dijo. Intenté repetir su nombre y él se rio un poquito. "No, no, me llamo...", y volvió a repetir su nombre, pero igual no le entendí. Rumi habla español, pero un español raro que casi no se entiende, y cuando dice su nombre pronuncia sonidos que no había escuchado antes. Intentamos hablar un rato, pero me costó entenderle; al menos no me cuesta tanto hablar con él como con los gringos que me hablan en inglés. Después de unos minutos, Rumi me dijo que era de Guate, pero que su idioma materno no es el español, sino otro muy diferente. No puedo ni pronunciar el nombre de ese idioma. Intenté decir su nombre varias veces, pero no pude, y él seguía riéndose de mí.

"Está bien", dijo. Tenía un acento muy marcado. "Llamame Rumi, si querés".

Y así le digo a mi compañero de cuarto, tía, Rumi.

Con amor,
D.

---

12 DE MAYO DE 2018
En mi propia habitación

Querida tía:

Dentro de cada cuarto hay una litera y un pequeño baño. Después de lo que me tocó vivir en La Perrera, pensé que iba a parar en otro lugar igual de incómodo y lleno de gente. Pero aquí no hay gente. Nunca he estado en un cuarto de hotel, pero en comparación a La Perrera esto parece un hotel cinco estrellas. Mi cama, que está en la parte de arriba de la litera, tiene sábanas y mantas, y son para mí y nadie más. Y las sábanas son sábanas de verdad, hechas de tela. No rechinan ni son de papel aluminio. Aquí también tengo una repisa con juegos y algunos libros. Este cuarto es para mí y Rumi.

Lo más increíble de todo es que este baño lo usamos solo él y yo. Dentro hay un inodoro y un lavamanos y una ducha, y está todo muy limpio y es para nosotros y nadie más. El baño tiene una puerta que se cierra. No puedo echarle llave, pero eso no importa. El baño tiene una puerta, no solo una cortinita de plástico que deja salir todos los ruidos y olores. Y solo tengo que compartir este baño con Rumi. Acá hay también dos vasos. Si queremos tomar agua, podemos agarrar esos vasos y llenarlos en el lavamanos. Podemos tomar tanta agua como queramos. No tenemos que pedirle nada a un agente de La Migra. Y si tomamos mucha agua y queremos ir a hacer pipí, podemos ir a hacer pipí las veces que queramos. Sé que es algo tonto, pero cuando uno pasa días sin poder hacer cosas así de básicas uno las aprecia más cuando las recupera. Espero nunca olvidar lo bien que se siente tener este baño privado, limpio y sin manchas, que podemos usar solo Rumi y yo.

Y la cama, las sábanas. Creo que podría meterme debajo de las sábanas en este momento y dormir una semana entera. En otra vida no habría ni siquiera volteado a ver esta almohada. No se parece en nada a las almohadas esponjosas y suavecitas que tuve de niño gracias a usted, tía. Es delgadita y parece echa de plástico. Pero no me importa. En La Perrera dormí con la cabeza en el suelo o recostado en la pared. Dormí así por tres días. Igual que el baño privado de acá, siento que esta almohada es un regalo inigualable.

El tícher que nos trajo la cena dijo que va a quedarse despierto toda la noche en el área común que está afuerita de los cuartos. Acabo de ir al baño solo para ver si todavía estaba ahí ese baño y ahora voy a irme a la cama a dormir.

¡Buenas noches!
D.

---

13 DE MAYO DE 2018
El Albergue

Querida tía:

Dormí, dormí, dormí. Santo cielo, dormí como nunca antes había dormido en mi vida. Creo que ya estaba dormido antes de siquiera cerrar los ojos. No soñé nada. Soñé negro. Ha de ser bueno eso porque creo que ahorita no podría soñar cosas bonitas. Las mantas son milagrosas. Nunca antes me había fijado que agarran tu calorcito y lo atrapan dentro, como si fueran otra capa de piel. Mi cabeza cayó sobre la almohada como si la hubieran hecho a la medida, como si el único lugar donde puede descansar mi cabeza es sobre esa almohada. El colchón sostuvo mi cuerpo como si estuviera flotando en el aire. Me encanta dormir. Siempre me ha encantado irme a dormir y nunca antes en mi vida había dormido como anoche.

Nos despertaron a las ocho en punto, pero yo pude haber dormido todo el día. Se lo juro. Con todo y el sol en la cara. Esa es otra cosa que tienen aquí que no quiero nunca más tomar por sentado: las ventanas y poder saber qué horas son. Rumi estaba todavía más dormido que yo, pero igual lograron que se despertara. Refunfuñó y dijo algo en su idioma. Creo que dijo algo tipo, "Por favor, por el amor de Dios, déjenme dormir".

La tícher que nos despertó y nos llevó a desayunar parecía como que sí hablaba español. Tenía la piel morena y rasgos como los nuestros, pero igual no habló mucho con nosotros. Creo que no quiere que sepamos que ella habla español para así no tener que hablar con nosotros. Pero después de una noche de sueño reparador, después de una noche gloriosa, una noche que hizo que me sintiera de nuevo como una persona de verdad, ahora estoy más confiado y cómodo en este lugar, entonces fui a hablarle a la tícher y le pregunté por mis primos.

"Disculpe, ¿sabe si mis primos Miguelito y Elías también están aquí? Crucé la frontera con ellos y después La Migra nos llevó a La Perrera y ahí nos separaron".

"Puede ser que sí estén aquí. ¿Ellos también son menores de edad?", dijo en español, lo cual fue un alivio porque ahora sé que le puedo hablar a esa mujer cuando pueda. "Es posible que estén en otro grupo o tengan horario diferente al tuyo. Acá hay cientos de niños y niñas. Incluso si sí están aquí, puede que nunca los veas. Todos están con sus grupos todo el tiempo".

"¿Y no puedo meterlos a mi grupo? Pues, como somos parientes".

"Son tus primos, ¿no?".

"Sí".

"Perdón, pero solo podemos unificar a hermanos y hermanas. Es muy difícil comprobar los lazos familiares aquí".

"¿Mande? ¿Comprobar qué cosa?".

"No te preocupes. Están a salvo donde quiera que estén".

Empiezo a odiar esa frase de "estar a salvo". ¿Cuál es el punto de estar a salvo si uno no puede ver a sus familiares o hablar con sus papás o irse a casa? Al menos cuando iba en La Bestia iba con mis primos, y me enoja que esa tícher ni siquiera respondió la pregunta que le hice. Quería insistirle, pero me dio miedo que me castigaran. Al menos esa tícher sí habla español. Le pregunté su nombre por si acaso necesito hablar con alguien que sí me entienda.

"Gracias", dije. "¿Y usted cómo se llama?".

"Puedes llamarme '*teacher*'".

Y así empezó mi primer día acá. Fue toda tormenta después. Fuimos a desayunar a la cafetería y todos estaban muy calladitos. Creo que en parte es porque todos estaban enfocados en su comida, en comer comida de verdad. La comida de la cafetería es toda una bendición. Pero más que todo creo que todos estaban muy callados porque somos algo tímidos. Desde que llegamos acá nadie habla mucho que digamos. Platiqué con unos muchachos, les pregunté sus nombres y hablamos un ratito, pero son pláticas raras y como que todo es súper difícil acá. Con el que más hablo es con Rumi y parece que nos llevamos bien. Como que tiene un buen sentido del humor porque se ríe cuando yo o alguien más intenta pronunciar su nombre, pero como realmente no habla bien el español cuesta platicar con él.

Después de desayunar nos llevaron a un salón de clases. La gente de acá siempre nos pide que vayamos en fila a donde sea que vayamos, es como que algo muy importante para ellos. Hasta los tíchers gringos que no hablan español nos dicen "¡Fila, chicos! ¡En fila!" siempre que vamos por el pasillo y entre edificios.

El salón es muy sencillito, como todo lo demás aquí. Dentro hay un pizarrón y una tele sobre una carreta y un montón de escritorios. Los tíchers nos dijeron que, más que nada, vamos a recibir clases de inglés pero que también vamos a aprender sobre historia de Estados Unidos. Supongo que para cuando salga de aquí ya voy a poder hablar inglés, para así ir a la escuela y hablar con la gente de Nashville. El tícher escribió en el pizarrón "*My name is...*", y hablamos de cómo presentarnos. Me da risa porque en mi escuela en Naranjito me enseñaron cosas muy básicas en inglés y también me enseñaron a decir "*My name is*", pero mi maestro era hondureño igual que yo, y cuando la tícher de acá habla su acento es muy diferente al que tenía mi maestro en Naranjito. Supongo que eso explica por qué a los agentes de La Migra les costó tanto entender lo que yo les decía. De seguro que cuando les hablé en inglés les hablé con un acento muy marcado.

Recibimos clase de inglés, pero también aprendimos un poquito de historia. La tícher dijo que íbamos a empezar con la época "prehispánica", o sea, cosas que pasaron antes de 1492, antes de que Cristóbal Colón viniera a América y los españoles empezaran a construir cosas acá. Ya sé que me enseñaron esas cosas en la escuela en Naranjito. Recibí clases de historia, y algunas de las fechas y cosas de las que habla la tícher acá me resultan conocidas. Pero casi no recuerdo nada de nada. De cierta manera siento como que mi vida antes de migrar fue apenas un sueño. O no. Después de eso. Siento que mi vida antes de la primera vez que me subí a La Bestia es como un sueño. Siento que he vivido tantas cosas que mis experiencias pasadas parecen como enterradas debajo de todo lo nuevo. Estoy como un poquito triste por eso. Me cuesta entender y procesar lo que siento y no quiero pensar mucho al respecto.

Después de clase nos llevaron de vuelta a la cafetería para almorzar. "¡Fila, chicos! ¡Siempre en fila!". Y todo fue igual que siempre. Todos nos concentramos en comer y ya. En el Grupo Bravo solo somos ocho niños, pero en la cafería siempre hay otros grupos. A cada rato levantaba la mirada para ver si por ahí estaban Elías y Miguelito, pero creo que no estaban en la cafetería. No sé ni siquiera si están en este albergue. Fui a hablarle a otra tícher y le pregunté si todos los grupos almuerzan a la misma hora, para ver si mis primos simplemente tienen otro horario, pero la tícher hizo como que me entendió.

Después del almuerzo nos llevaron afuera. De ahí un tícher nos dio una pelota, nos dijo que teníamos una hora y que podíamos jugar pelota si queríamos. Pero yo estaba demasiado distraído como para jugar pelota. Varios de los otros niños como que tampoco tenían ganas de jugar y se quedaron ahí parados, viendo a los demás, y corrían no más si un tícher les pedía que corrieran. A mí todavía me duelen mucho los pies como para andar corriendo. Las pastillas y cremas que me dieron acá creo que sí me están ayudando, pero es un proceso lento.

Siempre que miro a otros grupos yendo de edificio a edificio pongo atención para ver si por ahí van mis primos. Al final nos quedamos afuera por un buen rato, tal vez unas cuatro horas. Después de un rato varios niños dijeron que estaban cansados y ya no querían jugar. A los tíchers no les importó lo que hiciéramos, siempre y cuando nos quedáramos en el campo o por ahí cerca. Pero yo sí jugué todo el rato.

Después nos llevaron de vuelta a la cafetería para cenar, y eso que era temprano, como las cuatro y media o cinco. Pero igual no vi ni a Elías ni a Miguelito en la cafetería.

Después nos llevaron de vuelta al salón del Grupo Bravo y nos dijeron que era nuestro "período libre" hasta las nueve de la noche. Dijeron que no teníamos que irnos a dormir a las nueve, pero que sí teníamos que apagar las luces e ir a la cama a esa hora. En el salón había unos juegos de mesa, y Rumi, algunos otros chicos y yo jugamos serpientes y escaleras, damas chinas, ajedrez y otros juegos que nunca antes había visto en mi vida. A la mayoría de los juegos les faltaban piezas, y cada uno tiene reglas diferentes para los juegos. Si hubiera jugado contra mis amigos de Naranjito no nos hubiera importado nada y todo hubiera sido muy competitivo. Pero acá los niños son muy callados. A nadie le importa ganar. Jugamos solo porque los tíchers nos dicen que tenemos que jugar. Y se siente como que tenemos que pasar tiempo con los demás. Los otros muchachos son buena onda, aunque algo calladitos. Rumi es la excepción. Siempre se la pasa contando chistes y riéndose. Cuesta entenderle cuando habla en español, y a veces no le entendemos sus chistes, pero da igual, porque Rumi se ríe y nos contagia a todos con su risota. Me alegra que Rumi sea mi compañero de habitación.

Me fui a la cama antes de que apagaran las luces para así escribirle un rato, tía, pero la cabeza me sigue dando vueltas. No puedo dejar de pensar sobre cuánto tiempo voy a estar aquí o si me van a mandar de vuelta a La Perrera. No dejo de pensar en Miguelito y Elías y Damián. Mi cuerpo está presente, pero tengo demasiadas cosas en la cabeza como para poder dormir tranquilo.

Con amor,
D.

17 DE MAYO DE 2018
El Albergue

Querida tía:

Ya llevó acá cinco días y empiezo a preguntarme cuándo va a cambiar algo. Por eso llevo varios días sin escribirle, porque no hay mucho que decir. Todos los días tenemos la misma rutina, no importa si es entre semana o si es el fin de semana. Desayuno, clases, almuerzo, jugar pelota, cena, período libre, apagan las luces. Doy gracias de tener una cama solo para mí y comida de verdad y un baño privado. Gracias, Dios, por mi baño privado. Pero igual estar aquí es difícil. Siento como que tengo toda una vida entera de sueño rezagado, pero todas las mañanas nos despiertan a las siete y media, y a pesar de que estoy recansado me toma horas quedarme dormido por las noches. A veces me despierto a media madrugada, y como todo está muy oscuro siento que me llevaron de vuelta a La Perrera. O a veces tengo pesadillas y sueño que voy en La Bestia o que alguien les hizo daño a Elías y Miguelito, o que alguien los mató o los deportaron. En la repisa donde están todos los juegos de mesa hay varios libros, pero nadie les hace caso. Anoche agarré un libro con la esperanza de que leerlo me cansara la vista y me ayudara a quedarme dormido. Creo que me ayudó, no porque se me cansaron los ojos, sino porque llené mi cerebro de algo más antes de irme a dormir.

Creo que los otros niños también la pasan muy mal. Es difícil llegar a conocerlos. Creo que todos acá somos amigos. Nadie se pelea con nadie ni nada. Todas las noches jugamos juegos, pero a pesar de que ya llevamos varios días juntos a nadie le importa ganar. Es como que si apenas estamos esperando que pasen los días. Y, no sé, siento como que todos están como rotos. Yo no puedo dormir porque me la paso pensando en La Bestia, mis primos, La Perrera y otro montón de cosas más, y supongo que los otros niños también tienen cosas que los agobian. A mí me separaron de mis primos y de seguro a algunos niños los separaron de sus hermanos o de sus papás u otros familiares. Creo que no puedo preguntarles. Siento como que no es asunto mío saber de su vida, y pues nadie habla al respecto. Apenas hablamos de la comida que nos dan, de jugar pelota y los juegos de mesa que jugamos durante los períodos libres.

He intentado preguntarle a los tíchers sobre Elías y Miguelito, y de cuándo van a dejar que salga yo de aquí. Pero la mayoría no habla español o hacen como que no me entienden. Los que sí hablan español me dan unas respuestas todas escuetas y que no me ayudan en nada. Quisiera hablar de verdad con alguien, no hablar cositas de serpientes y escaleras o las clases de inglés, sino de lo que ocurre aquí o lo que va a pasar conmigo. O al menos de nuestros países de origen o algo así. Es curioso, siento que la única persona que realmente he llegado a conocer es Rumi. Él intenta enseñarme a mí y a los otros niños palabras en su idioma, pero como no podemos ni pronunciarlas él se ríe y se ríe. A veces durante los períodos libres él y yo jugamos juegos de mesa en nuestro cuarto, lejos del área común y los demás.

Con amor,
D.

21 DE MAYO DE 2018
El Albergue

Querida tía:

Desde que me trajeron aquí me he dado cuenta de que hay dos cosas que me gustan mucho. La primera es la historia. En Naranjito las clases de historia eran aburridas, no eran en forma de historias. Eran más sobre hechos y fechas y, como dije, creo que como era más chiquito no fui capaz de retener mucha información que digamos. Siento que el viaje a El Norte me borró la memoria. En las clases de acá pasamos al menos media hora al día aprendiendo sobre la historia de Estados Unidos y es muy emocionante. La tícher nos contó de las civilizaciones que estaban acá en América antes de que llegara Cristóbal Colón, y luego nos contó de las trece colonias y que pelearon una guerra para independizarse de Inglaterra y que Inglaterra los estaba oprimiendo mucho, pero que después simplemente se dieron la vuelta y empezaron a oprimir a los nativos y la gente que secuestraron de África. Me gusta que es como una historia de los buenos contra los malos, solo que a veces los buenos se vuelven malos y los malos se vuelven buenos.

Se supone que en clase solo debemos hablar de la historia de Estados Unidos, pero a veces la tícher intenta explicarnos que algo similar pasó en Centro América. La tícher nos contó que, igual que los gringos hablan inglés porque los británicos conquistaron Estados Unidos, los hispanos como nosotros hablamos español porque España conquistó Honduras y Guatemala y El Salvador y todo México, y también les hicieron cosas malas a los nativos. Me tomó varias clases darme cuenta de que cuando habla de los nativos eso incluye a Rumi. Ojalá hubiera manera de que yo pudiera hablarle al respecto.

También me di cuenta de que me gusta mucho leer. Me di cuenta de que los otros niños no leen, y no me sorprende porque los libros que están en la librera están todos viejos y desgastados. Al principio no me llamaban la atención y solo agarré uno porque quería que me ayudaran a quedarme dormido. Pero me empezaron a interesar las historias y creo que me gustan por la misma razón que me gusta la clase de historia: uno empieza pensando que es una historia del bien contra el mal, pero al final casi siempre es algo más complicado.

También me gusta pensar en los autores que escriben esos libros y me gusta imaginarlos mientras piensan en qué escribir y cómo encuentran las palabras indicadas para contar una historia. Me recuerda a cuando escribía canciones con Cami en Naranjito. O cuando le escribo estas cartas a usted, tía. Ya sé que escribir canciones o cartas no es lo mismo que escribir un libro, pero igual leer esos libros hace que me den ganas de escribir una canción. Siento que podría escribir un rap sobre cómo es cruzar la frontera. A veces se me ocurren canciones cuando me pongo a leer por las noches o cuando me recuerdo de algo interesante que ocurrió en la clase de historia. Intento escribir las letras antes de quedarme dormido. Cuando haya escrito alguna buena canción se la voy a mostrar por acá, tía.

Con amor,
D.

---

25 DE MAYO DE 2018
El Albergue

Querida tía:

Le dejo una notita, rápido, antes de ir a jugar pelota. Buenas noticias. Hoy pude hablar con mis papás y me contaron que una mujer los llamó y les dijo que lo único que tenían que hacer para reunirse conmigo es ir a un lugar a que les tomen las huellas digitales, y después de eso los tíchers de aquí van a dejar que me vaya con ellos de vuelta a Nashville. Mi mamá está un poquito preocupada de que, si van a ese lugar para que les tomen las huellas digitales, después vayan a tener problemas por su situación migratoria. Le preocupa incluso que los deporten. Pero la mujer que habló con ellos les dijo que esa es la única forma de reunirse conmigo. Mi papá dice que van a hablar con otros migrantes que viven en Nashville, pero dice que no me preocupe, que van a hacer todo lo que esté en sus manos para ir a traerme lo más pronto posible. Ojalá no se tarden más de unos días porque ya estoy cansado de estar aquí.

Con amor,
D.

13 DE JUNIO DE 2018
El Albergue

Querida tía:

No tengo mucho que contarle, pero no quería que pasaran muchos días sin escribirle. Solo que no he estado motivado a hacerlo. Muchas veces, durante las últimas semanas, he sentido como que mi mente no está presente. A veces estoy en clase o jugando pelota o comiendo en la cafetería, pero siento como que mi cerebro está en Honduras o en La Bestia o dentro de La Perrera.

Me da risa, pero también me da tristeza porque cuando todavía estaba en Honduras sentía como que mi mente ya iba de camino a Estados Unidos, a reunirse con mis papás. Y luego cuando iba en La Bestia camino a El Norte no dejaba de pensar en que en Honduras yo estaba sano y salvo. Y cuando estaba en La Perrera intenté imaginar que estaba en otro lugar. Es como que nunca puedo estar presente mentalmente en el lugar que estoy físicamente.

Acá estoy a salvo y la mayoría de las veces hasta me siento cómodo. En verdad, y de muchas formas, estoy más cómodo acá en El Albergue que lo que estaba en casa, y acá nunca he tenido que preocuparme de las maras o de no tener dinero o nada que comer. He estado dibujando por las noches. Cuando me pongo a dibujar me gusta hacerlo en hojas aparte, no en este cuaderno, para que este espacio sea solo para las cartas que le escribo a usted. Pero siento que todo es diferente cuando alguien me ve. Cuando nos sacan a jugar pelota puedo respirar aire fresco y correr por todos lados como un niño normal, pero no es igual que cuando podía respirar aire fresco y salir a correr en Naranjito. Realmente no me siento libre porque, pues, no puedo irme de aquí, y los adultos siempre están pendientes de mí y eso me provoca un sentimiento que no sé describir bien. Me siento como triste y solo, y eso me hace sentir como que no importo o no tengo valor, o como si mi existencia es una carga para los demás. Realmente no sé cómo describir lo que siento, solo sé que es todo lo contrario a como me sentía a su lado o con el tío Felipe. Ahora me siento más o menos como me sentía las semanas después de que usted se murió.

De día la paso más o menos bien. Hay suficientes distracciones como para aliviar mis penas. Muchas veces estoy aburrido o me siento muy solo, pero disfruto la clase de historia y me gusta jugar pelota y pasar el rato con Rumi. Pero de noche, sobre todo después de que apagan las luces, empiezo a sentir algo en el estómago, y es porque no tengo libros para distraerme o sigo pensando, una y otra vez, de todo lo que pasó desde que me fui de Naranjito: La Bestia, el haberme separado de mis primos, La Hielera, La Perrera. A veces me pongo a chillar cuando estoy en la cama, antes de dormir. No sé si Rumi puede escuchar cuando lloro. Si sí, hace como que no pasa nada. Y ya vomité un par de veces en el baño. Solo espero que mi papá pueda venir a recogerme pronto. La última vez que hablé con él por teléfono me contó que él y mi mamá ya habían ido a que les tomaran las huellas digitales. Pero igual sigo aquí. Este lugar empieza a enfermarme.

Con amor,
D.

17 DE JUNIO DE 2018
Al borde de la frontera

Tía:

Yyyyyy otra vez voy en un bus. Creo que son como las seis de la mañana. Todavía está oscuro, pero siento como que pronto va a salir el sol. Pero no me voy de camino a casa. Me dijeron que me van a llevar a otro albergue.

Una de las tíchers me despertó retarde anoche, después de haber dormido apenas unas horas. Se puso a repetir el número de mi litera hasta que abrí los ojos. Entonces me pidió que agarrara mi ropa y fuera al gimnasio. "No hagas ruido. Ya te vas", dijo en español. De inmediato pensé, Bueno, mi papá al fin me vino a buscar o me van a deportar. Le pregunté a la tícher que qué iba a pasar conmigo, que a dónde iba, pero dijo que alguien más me iba a dar más detalles en el gimnasio.

"¿Voy a regresar acá? ¿Debería despedirme de Rumi?", dije. Como estaba medio dormido no entendía qué estaba pasando, pero quería que ella me diera más detalles.

"No, no lo despiertes. Ve ya, calladito, pero apúrate. Lávate los dientes y agarra tus cosas. No hay tiempo. Tienes que estar en el gimnasio en cinco minutos".

Como unos días antes me habían quitado mis libros, realmente no tenía nada que juntar, excepto este cuaderno y mi ropa. En ese momento me dio miedo. Las noches son muy duras para mí y muchas veces a esa hora sigo despierto, aguantándome las ganas de llorar. No sé por qué me sacaron a media madrugada. No pasan cosas buenas de madrugada.

Pero había un montón de niños en el gimnasio. Un montononón. Como unos cien. Todos estábamos medio dormidos. Nos sentamos en el suelo y los adultos nos dieron algo de comer, una barra de granola o algo así, y dijeron que otros niños necesitaban nuestras camas y que nos iban a llevar a otro lugar, a un campamento para niños migrantes. "Campamento", dijeron, no dijeron "Albergue".

Desde entonces he estado en este bus. Traté de dormir, pero no pude. Es muy frustrante porque no sé a dónde me llevan. A lo mejor son mentiras que vamos a un campamento o lo que sea. Por un buen rato íbamos a un lado de México, a la par del muro fronterizo, y tengo miedo de que vayan a deportarnos. Capaz y solo nos van a llevar al otro lado de la frontera donde van a abrir la puerta del bus y pedirnos que nos bajemos. Pero si nos van a deportar, ¿por qué no lo hicieron antes?, pensé. Tuvieron semanas para hacerlo. No me he portado mal en todo este tiempo. No creo que me castiguen de tal manera.

No dejo de pensar en que no me pude despedir de mis amigos, ni siquiera de Rumi. ¿Qué irá a pensar cuando se despierte y mire que ya me fui? La tícher me dijo "Vamos, vamos, nos tenemos que ir ya", una y otra vez, y pues le hice caso. Pero me siento mal. Me llevaba bien con Rumi. Los otros niños no hicieron el esfuerzo de pasar tiempo con él y solo porque no habla bien español. No lo tratan mal ni nada por el estilo, pero soy el único que se esforzó por intentar hablar con él. ¿Qué le irá a pasar a él?

Tengo un pensamiento muy triste dentro de mí. Incluso si mi historia tiene un final feliz, incluso si abren las puertas del bus y mi familia está ahí esperándome, nunca más voy a volver a ver a Rumi y no voy a tener forma de encontrarlo ni ponerme en contacto con él. Ni siquiera sé su nombre. Siento igual que cuando me separaron de Miguelito y Elías.

Con amor,
D.

---

17 DE JUNIO DE 2018
Tornillo, Texas, Estados Unidos

Querida tía:

Bueno, al fin, después de no sé cuántas horas en bus, ya llegué.

¿Por qué me habrán traído a un lugar tan... feo? No es como que esperaba una bienvenida con fuegos artificiales o algo así, pero pensé que me iban a llevar a un lugar más o menos igual a El Albergue. Este lugar es diferente. Es... más feo. El Albergue parecía un lugar oficial y estaba todo bien organizado, pero acá parece como que no han terminado de construir el campamento ese que dicen. No hay ni edificios acá, solo un montón de tiendas de campañas muy grandotas y una tienda de campaña todavía más grande que las demás, y también hay unos remolques y baños portátiles. Todo está lleno de polvo y por todos lados hay trabajadores que corren de un lado a otro y levantan tiendas de campaña, andan limpiando por ahí o manejando transporte pesado. Hay áreas llenas de lodo y hoyos en el suelo y herramientas apiladas, y dentro de las tiendas de campaña hay niños y niñas muy aburridos. Verlos me recordó a la gente que vi en La Perrera.

Un tícher nos pidió que bajáramos del bus y nos llevó a la tienda de campaña más grandota. "¡En fila!", dijo, siempre vamos "en fila". Todos nos sentamos en sillas de plástico y nos dieron de tomar un líquido amarillo en vasos de plástico. Ha de haber sido jugo de algo o Gatorade. De ahí un señor llegó a hablarnos en español, pero hablaba con un acento raro.

"Bienvenidos a Tornillo", dijo. "Esta es una nueva instalación temporal donde vamos a mantenerlos a salvo mientras el gobierno intenta reunirlos con sus patrocinadores".

¿"Intenta"? ¿"Patrocinadores"? Mi papá me puede venir a buscar en cualquier momento, pensé. No entiendo qué está pasando.

"A cada uno le será asignada una tienda de campaña y una cama. Dentro de su tienda de campaña habrá tres adultos en todo momento". De ahí explicó cómo iban a ser nuestros días, cuándo vamos a poder hablar por teléfono con nuestros papás, a qué horas es la hora de ir a dormir y a qué horas sirven la comida. "Mientras estén aquí deben comportarse", dijo y después nos dio las reglas del lugar, que son iguales a las de El Albergue, con unas adicionales. "No tienen permitido ir a ningún lugar sin la supervisión de un adulto. Nadie que no seas tú puede sentarse o acostarse en tu cama. No es permitido ningún tipo de contacto físico, ni siquiera *high-fives*, apretones de manos o abrazos. Los choques de puño breves son permitidos. Si rompen alguna de estas reglas los tíchers van a agregar un reporte a sus archivos que enviaremos a la Oficina de Reasentamiento de Refugiados y el Departamento de Salud y Servicios Humanos, los cuales pueden determinar qué ocurre con su estatus migratorio".

A saber qué significa todo eso, pensé.

"Sé que muchos no entienden lo que les estoy diciendo. Entonces voy a hablar claro. Si no siguen las reglas, puede que se queden en este lugar más de lo necesario o que incluso los manden de vuelta a sus países de origen".

Todo es caótico en este lugar, tía. Un tícher me dijo mi número de cama y de tienda de campaña y me llevó a mí y otros cinco chicos por un lugar lleno de obstáculos y materiales de construcción y remolques hasta llegar a nuestra tienda de campaña, la cual es como color arena. Es una tienda muy grande, de unos treinta pies de largo y doce pies de ancho, y tan alta como un adulto. Pensé que iba a ser raro compartir la tienda de campaña con otros cinco muchachos después de haber compartido un cuarto con Rumi por unas semanas, pero me di cuenta de que al menos todos vamos a tener un poquito de espacio. Desde afuera vi que la tienda tenía aire acondicionado y pues, es algo muy macizo, ¿no? No sabía que uno podía instalarles aire acondicionado a las tiendas de campaña.

Tan pronto entramos y vi que había un montón de niños dentro se me ocurrió que con lo desordenado que está todo acá a lo mejor los adultos habían cometido un error. Dentro había al menos quince niños. Pensé que habían querido llevarnos a otra tienda de campaña, que se habían confundido de tienda. Pero luego vi que había dos filas de cinco de literas, o sea, suficientes como para veinte niños. Y dentro había también tres tíchers. Vamos a vivir aquí. De repente, cuando me di cuenta de eso la tienda ya no me pareció tan grande que digamos, sino más bien pequeñita. Apenas y hay espacio para caminar dentro, y nadie tiene espacio personal.

¿Qué hice para merecer esto, tía? Este lugar es horrible. No hay mesas ni sillas, solo niños sentados en el suelo o sobre sus camas con caras de aburrimiento. Cuando entramos, algunos nos saludaron. Me preguntaron mi nombre y de dónde era y si había cruzado la frontera con mis papás. Creo que este campamento está muy cerquita de la frontera.

Después de que aquella tícher me despertara a media madrugada y después de pasar horas en bus, me sentía como desubicado. Entonces me fui a mi cama. Mi cama es la cama superior de una litera y estoy arriba de otro niño de Honduras. Me puse a escribir y ahora creo que voy a cerrar los ojos.

Extraño a Rumi. Extraño a Miguelito y a Elías y a Damián, pero tal vez los puedo encontrar aquí en el campamento. Mañana voy a ver si los encuentro.

También la extraño a usted, tía.

Con amor,
D.

18 DE JUNIO DE 2018
Tornillo, Texas, Estados Unidos

Querida tía:

En Tornillo todo es caos todo el tiempo. Así le dicen a este lugar, Tornillo. A veces le dicen "campamento" y ya. No sé bien qué significa eso, pero me hace pensar en los campos de concentración. Los tíchers nunca saben nada de nada y muchas veces se contradicen entre sí o a sí mismos. Parece que acaban de inaugurar este lugar hace como una semana o dos. Dicen que es una "instalación temporal", no como El Albergue, que es un sitio permanente. Durante las últimas semanas tuvieron que hallarle un lugar a todos los niños que llegamos a Estados Unidos sin nuestros papás, y por eso andan construyendo este lugar. Y sin duda parece como que van a traer más y más niños acá. A cada rato levantan más tiendas de campaña y hay camiones llevando material de un lado a otro, y todo para que los niños tengamos dónde dormir.

No sé cuánto tiempo llevo aquí, porque todos los días son iguales y no me he esforzado por llevar la cuenta. Aunque después de revisar la última carta que escribí creo que ya llevo una semana acá en Tornillo. Todas las mañanas nos dicen qué vamos a hacer durante el día, pero creo que no ha habido ni un solo día que hicimos lo planificado. A veces no hacemos nada de lo que nos dicen. Hay días que ni salimos de la tienda excepto para ir a comer. Acá no hay clases como en El Albergue. A veces nos llevan a otra tienda de campaña para ver una película o cantar canciones. En ocasiones nos llevan al campo a jugar pelota. Se supone que tenemos un horario que dice cuándo podemos ir a jugar pelota, pero no es muy confiable y a cada rato cambian todo. Los tíchers siempre van corriendo de arriba para abajo y se hablan en inglés. A veces vamos al campo de fútbol, pero al llegar ya hay otros muchachos de otra tienda de campaña jugando pelota. O a veces vamos a la tienda donde está la cafetería, pero no hay comida y tenemos que volver más tarde.

Hasta en los días cuando sí hacemos todo lo programado igual pasamos la mayoría del tiempo dentro de la tienda de campaña, y adentro hace calor y huele refeo. Hace un calorón y apesta, más bien. Veinte niños cocinándose en un recinto de plástico. No podemos salir sin ser acompañados por un tícher. Acá no hay libros, entonces la hora de dormir es muy dura para mí. Pasamos casi todo el día en nuestras literas sentados o platicando. Acá sí hay juegos de mesa y sí podemos jugar, pero como le dije, tía, no hay ni mesas ni sillas, entonces para jugar tenemos que sentarnos en el piso y es muy incómodo estar en el piso. A veces intentamos jugar desde nuestras literas, pero va en contra de las reglas que haya dos niños en la misma cama, y si se dan cuenta los tíchers nos amenazan con escribir un reporte. Y cuando dicen eso de inmediato hacemos lo que nos piden al pie de la letra porque sabemos que si escriben un reporte de nosotros puede que hasta seamos deportados.

Como le dije, tía, acá hay mucha gente, pero eso no es lo peor. Lo peor es que a la par de cada tienda de campaña hay baños portátiles y ahí es el único lugar a donde podemos ir al baño. Están hechos de plástico y como estamos en medio del desierto, a mediados de junio, esos baños pasan todo el día bajo el sol y todos nuestros desechos se la pasan ahí, cocinándose y mezclándose con saber ni qué químicos que hay dentro. Acá no hay ventanas ni nada, así que dentro hace más de cuarenta grados Celsius. Y para empeorar las cosas no podemos ir a ningún lado solos, entonces cada vez que queremos salir tenemos que pedirle a algún tícher que nos acompañe y casi siempre dicen que no. Solo he ido al baño de día una vez y casi vomito. Tan pronto entré, empecé a sentir que me sudaba la frente como si hubiera estado dentro de un baño lleno de vapor por más de una hora, y además me empezó a arder la nariz. Sentí como que no podía ni respirar. El olor dentro se me metió en la garganta y lo sentí hasta en la barriga y casi vomito. Me sentí igual que esos niños chiquitos que se meten el dedo a la boca para provocarse arcadas. Mi cuerpo respondió de forma automática. Les pregunté a los otros niños, los que llevan más tiempo aquí, que cómo le hacen para ir al baño. Pensé que a lo mejor había un baño secreto por ahí o que iban a escondidas al baño de los tíchers. Los tíchers tienen un remolque con aire acondicionado a donde pueden ir las veces que quieran, y a cada rato vemos cuando entran ahí. Pero los otros niños me dijeron que no hay trucos para ir al baño, que ellos se aguantan las ganas todo el día y van en la noche, cuando ya no hace tanto calor.

Y pues eso he estado haciendo los últimos días. Me aguanto y aguanto las ganas hasta que el ambiente está más fresco y así puedo ir al baño sin sentir ganas de vomitar. De noche en los baños todavía hace calor e igual apesta, pero ya no tanto. Sí hace calor dentro de los baños, pero ya no parecen hornos. Lo más difícil es aguantarse las ganas durante todo el día. Es igual a cuando estaba en La Perrera. Lo único que puedo hacer es no pensar en ir al baño durante el día, pensar en algo más. Ya decidí que mañana voy a comer y beber lo menos posible para así no estar tan incómodo.

Los tíchers acá todo el tiempo están súper estresados. Siempre que nos llevan a algún lado nos dicen, "¡Rápido, rápido!", una y otra vez. Creo que es lo único que saben decir en español. O bueno, saben decir dos cosas. Aquí en Tornillo, igual que en El Albergue, todos los tíchers dicen, "Fila". No saben nada más. Cuando trato de hablar con ellos no me entienden nada. No son groseros, pero solo se quedan ahí meneando la cabeza hasta que yo me aburro de hablarles y mejor me voy. Un par de veces como que sí me entendieron lo que estaba diciéndoles y hasta intentaron responderme, pero hacen como que me están haciendo un graaaan favor. Es muy molesto tener la necesidad de ir a hablarles o pedirles algo o preguntarles que cuándo voy a poder hablar con mi papá. Siempre van corriendo de arriba para abajo con sus *walkie-talkies* y tratando de coordinar a quién le toca ir a jugar pelota en el campo de fútbol. De día hay tres tíchers con nosotros y de noche otros tres. Pero nunca son los mismos. Todos los días son diferentes tíchers. Tengo la esperanza de que un día nos toque un tícher que hable español, pero la verdad es que, aunque sepa hablar español, de seguro va a hacer como que no me entiende, igual que los tíchers que conocí en El Albergue.

Acá hay niños de todas partes del mundo. La mayoría son de Honduras, Guatemala, Nicaragua y El Salvador, pero hay niños que vienen de lugares que no conozco. Dicen los nombres de algo, y no sé si es una ciudad o un país. Durante mis primeros días acá casi que solo hablé con los niños de Honduras, porque tenemos mucho en común. Hay algunos niños que no hablan español. Así como Rumi, hablan otro idioma. Hablar con ellos me recuerda a él y eso me pone triste. Me preocupa que piense que me fui sin despedirme a propósito, que no me tomé la molestia de decirle adiós. Debí haberlo despertado, pero es que no quería que la tícher se enojara conmigo.

Me llevo bien con todos los niños de acá, pero lo que pasa es que todos los días me llevan a una tienda de campaña diferente donde hay niños y tíchers que no he visto en la vida. No sé por qué hacen eso, pero significa que todos los días conozco a gente nueva.

Espero no tener que estar aquí por mucho tiempo. Ya a estas alturas me ha tocado vivir tantas cosas y ya aprendí que tengo que tomar control de las cosas que están bajo mi control, y las demás tengo que dejárselas a Dios. Los tíchers acá tampoco son amables, pero son mucho más amables que los mareros y la gente de los cárteles y los gringos que están en la frontera. A cada rato les pregunto a los tíchers que cuándo voy a poder hablar con mi papá y cuando me responden apenas dicen que pronto. Estoy seguro de que cuando finalmente logre hablar con mi papá él me va a ayudar a salir de aquí.

Con amor,
D.

PD. No he encontrado a Miguelito o Elías aquí. Ojalá al menos estén juntos ellos dos.

---

20 DE JUNIO DE 2018
Tornillo

Querida tía:

Hoy pude hablar por teléfono con mis papás durante diez minutos. Hablé con mi mamá y mi papá juntos, y eso sí es un golpe de suerte. Siempre uno de ellos está trabajando o a veces los dos al mismo tiempo, y no es como que tengamos un horario establecido para hacer llamadas.

Pero, tía, hablar con ellos me hace sentir peor que si no hablo con ellos. Me pongo a pensar en las conversaciones tan largas que solía tener con ellos cuando estaba en Naranjito, cuando podía ver aquella foto de ellos cargándome cuando yo era apenas un bebé. Esas conversaciones me hacían tan feliz. Hablábamos de la familia y de mis primos y me contaban historias de su vida en El Norte y sus trabajos y cómo es vivir en Nashville. Incluso cuando estábamos tristes, como cuando hablé con ellos después de que murió el tío Felipe o usted, sentía que eran conversaciones cálidas y llenas de vida. Ahora siento que todo es muy robótico y como que nadie puede hablar de verdad. Todos sabemos que nos andan controlando. Cuando hablo con mis papás la tícher se sienta por ahí cerca con un cuaderno en la mano. Casi nunca escribe nada, y no siempre sé si los tíchers que me andan viendo mientras hablo por teléfono hablan español, pero igual me da miedo decir algo malo mientras estoy en esta prisión, y a mis papás les da miedo decir algo que los meta en problemas, porque también son indocumentados y sé que les preocupa mucho su situación. Hemos estado hablando por teléfono casi por catorce años y nunca antes los había escuchado hablar como me hablan ahora.

Cuando hablamos por teléfono siento que es una conversación muerta, monótona.

Les pregunté si ya podían venirme a recoger y de inmediato mi papá me dijo que estaban intentándolo, que estaban haciendo todo lo posible para poder venirme a buscar pronto. No quiero presionarlos más. No quiero decir nada que me meta en problemas y no quiero presionar a mis papás que no he conocido nunca en la vida. Pero me duele. A pesar de que por primera vez en la historia mis papás y yo estamos en el mismo país, nunca antes me había sentido más un huérfano como ahora mismo.

Con amor,
D.

21 DE JUNIO DE 2018
Tornillo

Querida tía:

Acá las cosas son muy normales... o más bien no normales, porque acá nada es normal, pero siempre es lo mismo. He estado intentando no comer mucho para así no tener que ir al baño. La buena noticia es que eso significa que puedo no comer la comida que nos dan acá. Para el desayuno nos dan huevos que sacan de una caja, fruta (casi siempre una banana, pero a mí me dan alergia las bananas) y leche con confleis. Lo único bueno es el confleis. Viene en esas cajitas muy bonitas, pero lo malo es que solo traen una porción esas cajitas, y los más ricos son unos que se llaman Frosted Flakes. Esos vienen en una cajita azul y para la hora del almuerzo ya casi no hay de esos, pero está bien porque los demás son muy ricos también.

Como me esfuerzo para no ir al baño, solo me como la única porción de confleis que tengo permitido comer y le echo muy poquita leche porque tampoco quiero tener que ir a hacer pipí. Varios niños hacen lo mismo. Es muy fácil no comer la otra comida porque es refea, pero no le regalaría mi confleis a nadie. La verdad, esa es mi parte favorita de la mayoría de los días.

Los almuerzos y cenas son mejores, pero la comida igual es algo fea. Nos dan algo que dicen que es pollo, pero no parece pollo, no huele ni sabe a pollo. Nunca he comido algo así y es color café. O a veces nos dan unos panes con una rodaja de carne húmeda, y la mayoría de las veces nos dan también una porción de vegetales hervidos, pero más bien son como una masa de vegetales. A veces nos dan pizza y es la comida favorita de todos, pero son porciones muy pequeñas. Pero igual no importa porque he estado comiendo lo menos posible. De momento me va bien. Lo difícil es no tomar mucha agua porque estamos en medio del desierto. Pero no he dejado de tomar agua por completo. Si dejo de tomar agua se me seca la boca, y se me ocurrió que como hay tanto calor de seguro sudo toda el agua que me tomo. Me tomo unos cuantos sorbos con cada comida, o si mucho medio vaso, y así puedo aguatarme las ganas de ir al baño y voy hasta en la noche, cuando el baño portátil ya no es un sauna que me provoca ganas de vomitar.

Sé que no es bueno para mí hacer eso y quizás me estoy deshidratando. Cuando corremos en el campo a veces me mareo, pero no me he desmayado como otros niños. Cuando eso pasa se los llevan a la enfermería, pero vuelven a las tiendas de campaña como a la hora. No les pasa nada malo, y creo que los tíchers le echan la culpa al calor.

¡Le escribo otro día cuando pase algo interesante! ¡Si es que pasa algo interesante!

Con amor,
D.

---

25 DE JUNIO DE 2018
Tornillo

Querida tía:

Estoy preocupado por Miguelito y Elías, y también preocupado por Damián, aunque espero que él ya esté de vuelta en casa, pero no hay forma de saberlo.

Estoy aburrido y tengo hambre y estoy solo y quería saber si podía hablar con usted. Sé que no me puede responder, pero hablar con usted me hace sentir como que no estoy tan solo.

Le voy a contar cómo son las rutinas por acá. Durante el día más que todo hablamos o nos dormimos. Los otros niños son amables, pero la verdad es que nunca hemos tenido una verdadera conversación por dos razones. Primero, porque los tíchers siempre nos dicen que tenemos que guardar silencio, incluso si no estamos haciendo mucho ruido. Sí podemos platicar de día, aunque a veces igual nos regañan. Pero de noche no podemos hablar para nada, tenemos que estar muy calladitos todo el tiempo. Y segundo porque todos son meros tímidos. O están como aturdidos, supongo. Ya llevo dos meses en Estados Unidos, pero muchos de los niños acá en el campamento vienen directo de la frontera, van con la misma ropa con la que hicieron todo el viaje y no saben bien por qué están aquí. Están tan confundidos como yo a causa de todo el caos, y a estas alturas ya nadie nos dice nada. Entonces cuando platicamos entre nosotros nos hacemos preguntas muy básicas. "¿Cómo te llamás?". "¿De dónde sos?". Ese tipo de cosas. Seguro podríamos conocer bien a los demás si no nos cambiaran de tienda de campaña a cada rato.

Durante el día intentamos jugar juegos. Para pasar el tiempo jugamos cartas y damas chinas. No soy muy bueno para jugar póker, pero soy igual de bueno en las damas chinas que los otros niños. Cuando el tío Felipe tenía días libres, lo cual era muy raro, jugábamos damas chinas. Tarde o temprano tenemos que dejar de jugar porque, como le conté, tía, acá no hay mesas donde poner el tablero o sillas para sentarse, y a todo mundo le empiezan a doler las piernas o la espalda o empiezan a tener calambres por pasar tanto tiempo sentados en el piso.

No estamos toooodo el día en la tienda de campaña. Tres veces al día nos sacan para ir a comer y cuando no hay nadie en el campo nos llevan a jugar pelota o algo más. Pero siento como que cada vez vamos menos y menos al campo de fútbol, vamos solo cuando no hay tanto calor, de seguro porque los niños que casi no toman agua siguen desmayándose. A veces nos llevan a una tienda de campaña donde hay un señor, el tícher Raúl, de los pocos tíchers que sé cómo se llaman. El tícher Raúl nos canta canciones con su guitarra e intenta que cantemos con él. Es muy buena gente y sé que intenta levantarnos el ánimo.

De vez en cuando nos llevan a una tienda donde hay una tele y una tícher nos pone una película reloca de un perro que es muy bueno para jugar basquetbol, mejor que los seres humanos y hasta mejor que los basquetbolistas profesionales que salen en la película. No tenía ni idea de que había perros que podían jugar así de bien. Tampoco había escuchado de esa raza de perros antes. Todos los chuchos de Naranjito que son iguales que Caramelo son perritos desaliñados y son los perritos más lindos y amorosos del mundo, pero no se parecen al chucho que sale en esa película. Al menos la película es en español y todos los personajes dicen que el protagonista es un "Golden". Cuando ya esté con mis papás les voy a preguntar si podemos conseguirnos un golden y así jugar pelota con él.

La película esta empieza con el perro, que se llama Buddy, y un payaso, y juntos van a una fiesta de cumpleaños, pero el payaso se confunde y hace que su show sea un desastre, se resbala en la cáscara de una banana y acaba yéndose de boca sobre el pastel de cumpleaños. La mamá que contrató al payaso se pone rebrava y lo echa de la casa, y él remata con Buddy y lo encierra en una jaula y le dice a gritos, "Te di una oportunidad, perro pulgoso. Te llevaré a la perrera. ¿Me entendiste? ¡Te vas a la perrera! ¡Odio las fiestas de cumpleaños! ¡Odio a los niños! ¡Odio ser un payasoooooooooo!". Es una película chistosa, pero escuchar a ese payaso adulto que odia a los niños decir que va a llevar al golden a la perrera me hace sentir extraño porque así le dicen al lugar donde nos encerraron a mí y a mis primos después de cruzar la frontera. O sea, me hace pensar que nos han tratado como si fuéramos perros. Como si hubiéramos hecho algo para merecer haber sido encerrados como unos animales.

No hemos terminado de ver la película. Solo nos dejan ver media hora de televisión a la vez, y a veces a la tícher se le olvida dónde nos quedamos y pone la película desde el principio. Por eso me sé de memoria la primera escena. Pero incluso si solo nos dejan ver tele por media hora, durante esa media hora puedo escapar de mis pensamientos. Es mejor que estar dentro de la tienda de campaña y no hacer nada más que revivir mis días en La Bestia, La Hielera o La Perrera. Y además la tícher que nos pone las películas tiene las pompis más grandes que yo haya visto en mi vida, y a veces hablamos de ella cuando vamos en fila de vuelta a nuestra tienda de campaña. Al menos nos da de qué hablar.

Es algo chiquito, pero caminar entre tienda y tienda es una de mis cosas favoritas aquí. Estoy acostumbrado a pasar tiempo fuera, y cuando íbamos de camino a El Norte con Miguelito, Elías y Damián apenas y estuvimos dentro de alguna casa o edificio. Pero ahora sé que no tengo que dar por sentado ese tipo de cosas. Sentir el sol en la cara y el aire fresco en tu piel es algo muy especial cuando llevás todo el día encerrado en una tienda de campaña.

Con amor,
D.

PD. ¿Caramelo está con usted, tía? Creo que no sé cómo es el cielo de los perritos. Me sorprende no haber pensado en eso antes. Si sí está con usted, tía, ¿podría darle un aguacate de mi parte?

27 DE JUNIO DE 2018
Tornillo

Querida tía:

No logro escribirle tan seguido como quisiera porque es que no tengo nada de privacidad y siempre estoy preocupado de que otro niño me mire y quiera ver lo que estoy escribiendo, y eso me da vergüenza. O peor aún, que un tícher me vea y por alguna razón me quite el cuaderno. Y no le puedo escribir de noche, mientras estoy en mi cama, porque no hay luz.
 Eso es algo muy malo y no puedo sobrellevar las noches aquí. Los días me dan igual. Me la paso aburrido y con hambre, pero al menos tengo maneras de distraerme, me pongo a platicar con los demás, están aquellas cajitas de confleis, las damas chinas, la tícher de las grandes pompis, las películas de perros. Pero las noches son otra cosa. Sufro mucho de noche. Incluso cuando el sol empieza a ocultarse siento como que hay algo malo dentro de mí. Es como que mi cuerpo sabe que va a ser una noche dura. No sé cómo explicarlo bien. Es como que no puedo quedarme quieto porque hay algo dentro de mí que está mal. Me dan ganas como de salirme de mí mismo. Sé que no tiene sentido esto que le digo, tía, pero no encuentro otra forma de explicarlo.
 No sé por qué me siento así. De noche siempre hay tres tíchers viéndonos, y eso es muy raro. No me gusta que me miren mientras duermo. En El Albergue siempre había un tícher en el pasillo, pero al menos Rumi y yo teníamos un poco de privacidad ahí.
 Pensar en Rumi es una de las cosas más difíciles a las que me tengo

que enfrentar cada noche. Siempre pienso en él cuando estoy acostado en la cama. Cuando pasás, no sé, un 75% de tu tiempo con alguien y de la nada ya no estás con esa persona y ni siquiera te dio tiempo de despedirte de esa persona, no sé, es algo redifícil. A pesar de que no hablábamos el mismo idioma sentí como que compartí muchísimo con él, tanto como con Miguelito. Después de haber vivido tantas cosas difíciles con alguien, separarte de esa persona se siente horrible, es como que si alguien empezara a darte golpes en la garganta. Es como si tuvieras una soga atada al cuello y esa misma soga está atada al cuello de la otra persona, y conforme se alejan más y más el nudo aprieta más y más. Siento como que una parte de mí sigue con él, en nuestro cuarto, y esa parte de mí va a seguir ahí hasta que lo vuelva a ver. Pero no tengo idea de cómo puede pasar algo así. Siento como que alguien me separó de algún pariente que nunca más voy a volver a ver. Quiero decir que paso la noche en vela pensando y preocupándome por él, pero no creo que esa sea la palabra correcta. No me preocupo por él. Más bien siento como cuando usted se murió, tía. Estoy como en duelo.

De noche también pienso en Miguelito y Elías y Damián, y siento miedo por ellos. Quiero saber si está bien Damián, y si ya está en Quetzaltenango con mi tía Gloria, y si Miguelito y Elías están encerrados en algún lugar. O sea, a lo mejor ya los liberaron, o puede que estén en una prisión como en la que estoy yo. ¿Qué pasa si siguen en La Perrera? ¿Qué pasa si estuvieron encerrados ahí varias semanas? Creo que se volverían locos si tuvieran que pasar tanto tiempo ahí. Intento rezar por ellos, le pido a Dios que estén bien y a salvo, y espero que Dios escuche mis plegarias. Pero siento que he rezado mucho desde que salimos de Naranjito y, no sé, ojalá rezar aliviara mis penas.

A veces por las noches me pongo a pensar cuánto tiempo llevo encerrado en estos lugares igual que un prisionero, y pienso en que nadie me ha dicho cuándo voy a poder salir de aquí. Y aunque me digan algo, no les creo porque otras veces me han dicho puras mentiras. Siento que podrían pasar años aquí sin que yo pueda ver a mi familia, mis amigos y sin recibir noticias de mis primos, sin saber si ellos están bien. Esto me llena de un sentimiento de soledad tan fuerte que me dan ganas de caer al suelo, atravesarlo y desaparecer. Me gustaría simplemente cortar esta época de mi vida, saltármela, aunque eso implique saltarme diez años. No puedo soportar sentirme así por mucho más tiempo. Me hace sentir un gran vacío dentro.

Siento que casi todas las noches las paso en vela pensando cosas así e intentando no llorar, o al menos llorar en silencio para que nadie me escuche. De vez en cuando los tíchers que están vigilándonos de noche tienen que decirles a los otros niños que guarden silencio, ya sea porque hay alguien que está llorando o porque alguien se despertó después de tener pesadillas.

Yo también tengo pesadillas. Sueño que algo pasa y no me puedo ni mover. A veces sueño que estoy con Damián y unos mareros están pegándole y yo estoy ahí a un lado y siento que no me puedo mover y que no puedo hacer nada para ayudarlo. O sueño que voy sobre La Bestia y está lloviendo y Miguelito y Elías me dicen que es hora de bajarnos, pero mi cuerpo está como pegado al vagón, y de ahí unas culebras se me meten en el pantalón. Otras veces casi no recuerdo lo que soñé, pero me despierto sudando, con la sábana echa un nudo y con náuseas, como con ganas de vomitar.

No sé qué pasaría si vomito en la cama. Los tíchers de seguro harían un reporte y me tendría que quedar más tiempo aquí. Así que siempre que me despierto con náuseas me cubro la boca con las manos y aprieto muy duro hasta que ya no siento náuseas.

Con amor,
D.

30 DE JUNIO DE 2018
Tornillo

Querida tía:

Acaban de izar más tiendas de campaña. El campamento cada vez es más y más grande, y cada vez traen más y más niños, y todos se ven tan confundidos como yo durante mi primer día aquí. Pasan los días y modifican las tiendas de campaña, pero además de eso es increíble lo poco que ha ocurrido aquí durante las últimas tres o cuatro semanas desde que vine. No sabía que podía estar tan aburrido y ansioso al mismo tiempo.

La comida todos los días es igual o casi que igual. Creo que como nos hemos quejado de los baños, los tíchers ya empezaron a darse cuenta de que hay relación entre los niños que no comen y los que se desmayan de la nada. Cada vez pasa más seguido. Algunos niños casi no comen ni beben nada. No son como yo. Yo soy inteligente y como y bebo un poquito, lo suficiente como para no enfermarme, pero no mucho para no tener que ir al baño de día. Cada vez me mareo más, pero no sé si es porque no estoy comiendo lo suficiente o porque casi no duermo. Los tíchers ya empezaron a vernos más de cerca a la hora de comer, y a veces intentan que comamos más. Pero como acá hay tantos niños, no pueden seguirles el paso a todos, no pueden ver qué tanto comen todos y la verdad es que no creo que les importe lo suficiente como para estar pendientes de quién come y quién no.

La tícher de las grandes pompis sigue poniéndonos las películas de Buddy. Resulta que Buddy no solo juega basquetbol, Buddy también juega fútbol y fútbol americano, y hasta pelota y voleibol. Pero ya me aburrí de ver las mismas películas una y otra vez, y de todas formas esas películas son para niños chiquitos. Le preguntamos a la tícher si podíamos ver películas más emocionantes, como la del Hombre Araña o algo así, pero dice que solo le permiten ponernos las películas de Buddy porque las otras películas puede que sean inapropiadas para nosotros.

Ayer hablé con mi mamá y mi papá. Antes esperaba con ansias hablar con ellos, pero ahora eso me pone retriste. A pesar de que hicieron lo que aquella mujer les pidió que hicieran, a pesar de que fueron a que les tomaran las huellas digitales hace semanas, todavía no me dejan salir de aquí. Dicen que ya hablaron con esa mujer un millón de veces preguntándole por qué todavía no puedo salir de acá, y ella les dijo que están "procesando" sus huellas digitales. Los tíchers acá básicamente me dicen lo mismo. Siempre que hablamos, mis papás intentan mantener la frente en alto y dicen que no me preocupe, pero sé que se sienten indefensos. Escucho tensión en su voz y antes no era así.

Bueno, ya nos llevan a almorzar, tía.
Le escribo más tarde.

Con amor,
D.

4 DE JULIO DE 2018
Tornillo

Querida tía:

En El Albergue lo único que me ayudaba a sobrellevar las cosas malas era leer. Me ayudaba a no pensar cosas tristes cuando apagaban las luces. A veces también me ayudaba a redirigir mi cerebro para así soñar cosas bonitas. Pero acá no hay libros. A cada rato les pido a los tíchers que me den un libro, y solo me dicen "Ahorita, ahorita", pero es igual que con los baños portátiles, todo se mantiene igual. A esas alturas les acepto hasta un libro en inglés, hasta un libro en japonés me serviría.

Entonces lo que he estado haciendo cuando me siento solo, en vez de leer, es escribir aquí en mi cuaderno. Sé que usted sabe que he estado escribiendo cartas, pero también dibujando, escribiendo historias y poemas y canciones y raps. No es lo mismo que ponerme a leer, pero mantiene mi cerebro ocupado y, para ser honesto, creo que soy un buen escritor. Se siente bien ser bueno en algo. Cuando volvemos de cenar voy a mi litera y de inmediato empiezo a escribir para que así a los pensamientos malos no les dé tiempo de tomar forma dentro de mí antes de que apaguen las luces. Ahorita mismo estoy en la litera superior, entonces supongo que nadie puede ver que estoy escribiendo, y así no tengo que preocuparme por sentir vergüenza si alguien quiere ver lo que estoy haciendo o que me quiten el cuaderno. Y luego, si tengo suerte, me puedo ir a dormir sin que mi cabeza ande dando tantas vueltas.

Últimamente me he puesto a pensar que en aquellas películas siempre hay unos personajes que amenazan con mandar a Buddy a la perrera, pero sin dudarlo La Migra me metió a mí, un ser humano, a La Perrera. Incluso desde que salí de ese lugar, todavía me tratan como si fuera un criminal, a pesar de que no he hecho nada malo. Quería escribir al respecto y entonces me puse a escribir una canción de rap en español. Empieza así:

Soy un inmigrante indocumentado, no un ladrón.

Me gusta la idea, pero siento que no está del todo bien. No quiero escribir desde mi propia perspectiva o al menos no solo desde mi perspectiva.

Quiero incluir la perspectiva de otros. Desde que era pequeño, usted y el tío Felipe me enseñaron que, sobre todo cuando uno no tiene muchas cosas, es importante incluir a otra gente. Sé que no se referían a escribir canciones de rap, pero no quería que esa canción fuera solo sobre mí, quería incluir a Damián, Miguelito, Elías, Rumi y, de alguna manera, a todos los que están en la misma situación que yo. O sea, es obvio que muchos niños están en una peor situación que la que estoy yo. Escribir solo desde mi perspectiva me parece equivocado, entonces decidí cambiar el "Soy" a "Somos":

Somos inmigrantes indocumentados, no ladrones.

Me gustó más así, porque siento que expresa que somos como una familia y que todos estamos sufriendo y viviendo lo mismo. Entonces seguí usando esa perspectiva colectiva. Pero luego empecé a pensar que necesitaba incluir más rimas, como hacen los raperos, y me puse a reescribir un verso y así quedo:

Somos inmigrantes indocumentados
ni siquiera Donal Tron nos ha encontrado
unidos somos muchos y en todos los estados
estamos.
Algunos rezan
otros rimamos.

Escribirlo así me obliga a quitar la parte que dice que no somos ladrones, pero creo que voy a agregar esa idea después. Quiero que sea un rap muy largo y quiero algún día cantarlo en vivo. He escrito más frases, pero sigo reescribiéndolas. Me parece divertido reorganizar las líneas o cambiar palabras para que rimen o todo suene mejor. Me emociona seguir escribiendo este rap. Le muestro más cuando lo termine.

Con amor,
D.

5 DE JULIO DE 2018
Tornillo

Querida tía:

Hoy es un gran día. Un día maravilloso. No quiero exagerar, pero creo que puede ser uno de los mejores días de mi vida.
 ¿Es porque me van a dejar salir de aquí? No.
 ¿Es porque me trajeron libros para leer? No.
 ¿Es porque empezaron a servir baleadas y helado en la cafetería? No.
 ¿Es porque al fin hay un tícher que habla español? No, eso tampoco es.
 Pero es algo casi igual de bueno.
 Es porque quitaron los baños portátiles. Después de tres semanas muriéndome de hambre y aguantándome las ganas de ir al baño todo el día, construyeron baños para nosotros los niños y son iguales a los baños que usan los tíchers acá.
 Me tomó unos días darme cuenta de que los estaban armando porque hay construcciones a medias por todos lados. Es más, todos los días izan nuevas tiendas de campaña y todos los días también entran camiones que traen equipos y materiales de construcciones y salen camiones con montañas de basura. Tiene sentido que haya mucha basura en este lugar, porque dicen que este campamento es un "refugio temporal" y supongo que "temporal" significa que las cosas son desechables. Todo lo que usamos lo tiramos a la basura. Por ejemplo, toda la comida de la cafetería nos la entregan en platos y tazones desechables, y comemos usando tenedores y cucharas de plástico. A la hora de tirar los platos a la basura me doy cuenta de que los botes de basura están llenos de sobras y cosas de plástico. Nunca antes había visto tanto material desechable en mi vida. Siento que sería más fácil lavar platos a que venga un camión todos los días acá al desierto para llevarse la basura, pero a lo mejor lo hacen para no gastar tanta agua.
 Supongo que al fin decidieron tirar los baños portátiles a la basura, igual que hacen con todo lo demás por acá. No sé bien por qué decidieron deshacerse de ellos. A cada rato les decíamos a los tíchers que los baños eran un asco, y siento que sí nos creyeron, pero creo que a los encargados de este lugar simplemente no les importan ese tipo de cosas. No han cambiado nada más, y nos hemos quejado por muchas otras cosas.

Tal vez al fin decidieron construir baños porque cada vez traen más y más niños, y parece como que este refugio temporal ya no va a ser muy temporal que digamos.

O tal vez ya se dieron cuenta de que hay relación entre los baños portátiles y los niños que se desmayan. Cada vez pasa más y más, y hay niños que se desmayan no solo por no comer. Muchos niños que sí se comen la comida que nos dan aquí se están enfermando por otras razones. Acá la comida no es muy buena, pero el problema más grande es que nos dan comida extraña. Los niños de Honduras, Nicaragua, El Salvador y Guatemala estamos acostumbrados a comer baleadas, tamales, arroz y papaya. Pero acá al menos la mitad de la comida que nos dan viene en bolsas y cajas, y la mayoría trae pan o es comida muy aceitosa. Muchos niños se están enfermando del estómago e intentan todo el día aguantarse las ganas de ir al baño, pero sus cuerpos... se quieren deshacer de esa comida extraña. No sé mucho sobre salud ni cosas por el estilo, pero creo que la comida ha enfermado a muchos niños. A lo mejor tampoco hay suficientes enfermeras para atender a los niños enfermos y entonces al fin decidieron hacer algo al respecto.

A veces todavía vamos a tener que aguantarnos las ganas de ir al baño porque solo tenemos permitido ir a los remolques después de las horas de comida y en períodos asignados para usar el baño. Cada tienda de campaña tiene horas estipuladas para ir al baño, y los niños de tres o cuatro tiendas de campaña van al baño al mismo tiempo, entonces se forma una fila de unos sesenta u ochenta niños, todos esperando entrar al remolque para ir al baño. Y como siempre, los maestros nos apuran. "Rápido, rápido, rápido", dicen.

Me alegra que nos hayan dado baños de verdad, pero el hecho que solo podamos usarlos a ciertas horas me parece algo muy negativo. He estado pensando al respecto y creo que todos, en cualquier parte del mundo, hasta las personas muy malas e incluso los monstruos comegente como el Shuu Tsukiyama de *Tokyo Ghoul*, deberían de tener la libertad de ir al baño siempre que lo necesiten y nadie debería apresurarlos. Está rejodido que no tengamos la libertad ni siquiera de ir al baño en paz. Además, un tícher siempre se queda ahí sosteniendo la puerta en lo que vamos al baño, y eso me hace sentir muy raro. Pero desde que vine acá he intentado no enojarme por cómo nos tratan. Creo que no está bien que nos traten así de mal, pero estoy acá atrapado y no hay forma de salir. No hay nada que pueda hacer para apresurar mi salida, pero si me porto mal los tíchers tienen la autoridad de escribir un reporte y eso puede provocar que me quede aquí más tiempo. Entonces he intentado aceptar que así son las cosas acá. Intento recordar que fue mucho peor en La Perrera, e intento no pensar mucho en lo bonito que fue compartir un cuarto y un baño privado con Rumi.

Pero, bueno, me gustó mucho poder ir al baño hoy sin sentir náuseas ni el ardor que me provoca en la nariz y la garganta el respirar esos químicos calientes. Y me alegra que ahora puedo volver a comer y beber como antes. Va a ser muy bonito irme a dormir con el estómago lleno. Va a ser que me sea más fácil enfocarme en escribir mi canción de rap. Cada vez va mejor, tía, y creo que ya casi termino. Le aviso cuando ya esté lista.

Con amor,
D.

8 DE JULIO DE 2018
Tornillo

Querida tía:

A pesar de que acabamos de cenar y ya casi es hora de irme a dormir, me acaban de enviar a otra tienda de campaña, la Alpha 13. Ya llevo casi un mes acá en Tornillo y he pasado por un montón de tiendas de campaña: Alpha 8, Alpha 4, Alpha 11... no me acuerdo de todas.

Casi siempre cuando me mandan a otra tienda de campaña hablo con los muchachos que están ahí. Algunos los mandan aquí a Tornillo justo después de cruzar la frontera y otros han tenido que pasar de cárcel en cárcel, igual que yo. Es muy fácil distinguirlos si uno les pone atención a la ropa que llevan puesta. Los niños que vienen acá después de cruzar la frontera traen puesta la ropa que llevaban cuando cruzaron la frontera, pero los niños que han estado en otros albergues vienen con ropa nueva. Cuando vine a Tornillo conocí a unos muchachos, Gabriel, Gustavo, Raphael, René y Enrique. Les pregunté si habían visto a Miguelito o Elías en alguno de los albergues donde habían estado ellos, pero todos me dijeron que no. Estaba a punto de preguntarles si podía jugar con ellos, pero antes de siquiera hablar el tícher llegó a decirnos que ya era hora de dormir.

Con amor,
D.

---

10 DE JULIO DE 2018
Tornillo

Querida tía:

Todo es igual. Estoy en una nueva tienda de campaña, pero todo es casi igual. La tienda es igual que las otras y huele igual también. Pero estoy muy aburrido, y cuando estoy aburrido empiezo a pensar en Elías y Miguelito y me preocupo por ellos. En todo el tiempo que estuve en El Albergue no los vi ahí, y acá tampoco los he visto. Supongo que eso no significa nada. A lo mejor se los llevaron a otros centros de detención. Sea lo que sea, solo espero que sigan juntos, que no los hayan separado. Elías aguanta de todo, pero me siento mal por estar lejos de Miguelito y por saber que está atrapado y solo en un lugar como este donde estoy yo...

No quiero pensar al respecto. Por eso me siento a escribirle, tía, pero esta vez no se me ocurrió nada que contarle.

Mi pie va mejor, creo. Por un buen tiempo se veía horrible. Era de todos colores, negro y azul y rojo y morado, y de las heridas salía un líquido rosado que no era sangre sino saber ni qué era. Me sigue doliendo cuando camino, pero ahora me duele menos. Todavía cojeo un poco, pero ya muy poquito. Me tomé todas las pastillas que me dieron en El Albergue hace ya varias semanas, pero nadie me ha dado más pastillas ni me han echado ungüentos en las heridas. Supongo que en Tornillo nadie se enteró que estoy malo del pie. Todavía se mira mal, pero ya ha mejorado mucho.

Bueno, contarle de mi pie no me sirve para distraerme. Creo que mejor me voy a dormir. Al menos cuando estoy dormido no ando preocupado por Miguelito y Elías.

Con amor,
D.

13 DE JULIO DE 2018 (¡HOY ES VIERNES 13!)
Tornillo

Querida tía:

Tengo un ratito para escribir en lo que nos llevan a jugar pelota al campo de fútbol, y pues le quiero contar lo que pasó. No escribo durante el día, pero me siento... es que estoy reemocionado y feliz, y pues acá voy.

Esta mañana vinieron tíchers nuevos al campamento. Al despertarme escuché a alguien, un adulto, hablando en español. Era un tícher. Un tícher hombre. Desde que vine creo que no he conocido a tíchers hombres que hablen español y que el español sea su idioma materno. Lo escuché decir "Buenos días, buenos días" mientras empezábamos a despertarnos todos. Odio despertarme y ver que sigo aquí (cuando estoy dormido al menos puedo soñar que estoy en otro lugar más bonito) pero tenía que ir a hacer pipí y me levanté de inmediato. Pero antes de que pudiera pedir permiso para ir al baño quería saber quiénes eran nuestros tíchers de la mañana. Pensé que, si al menos uno de ellos hablaba español, lo iba a considerar como una victoria.

Vi a mi alrededor y vi dos tíchers mujeres, pero en un inicio no vi al tícher que nos despertó. Luego, casi de inmediato me di cuenta de que estaba frente a mí, al otro lado de la tienda de campaña. Estaba junto a otros niños y como era chaparrito parecía uno de ellos. Creo que es más bajito que yo, más chaparrito que muchos de los niños que están acá en Tornillo, y es moreno como nosotros, y cuando lo vi estaba sonriendo.

Entonces empezó a hablar.

"Hola, chicos, ¡buenos días! Mi nombre es Iván, me acaban de asignar a su tienda de campaña", dijo en español. "Soy mexicano y por eso hablo español. Soy un inmigrante como ustedes. Vine aquí porque quiero ayudarlos. Sé que les ha tocado vivir cosas duras. Sea lo que sea que necesiten, hablen conmigo. Y allá están sus otras dos maestras nuevas, Nancy y Yuli".

Al principio pensé que Iván se parecía mucho a Elías, pero luego de acercarme a él me di cuenta de que no se parecía en lo absoluto. Elías es mucho más alto y sus caras son diferentes. Pero Iván tiene algo que me hace pensar en Elías.

Nancy y Yuli se presentaron. Ellas también hablan muy bien el español. Tres tíchers que hablan español. Es algo por lo que debo estar agradecido con este lugar.

Todos empezaron a alistarse para ir a desayunar. Como quería ir a hacer pipí, fui a hablarle a ese nuevo tícher, al hombre, y le pregunté si podía ir al baño a pesar de que todavía no era nuestro turno de ir al baño. Parecía ser más amable que los otros tíchers y tenía la esperanza de que me diera permiso para ir.

"Tícher, ¿será que puedo ir al baño? Es una emergencia", dije.

"Claro. Vamos, yo te llevo", dijo. "¿Cómo te llamas?".

Le dije mi nombre.

"Mucho gusto", dijo. Empezamos a caminar a donde están los baños. Parecía estar un poco distraído. Entonces dijo, "Una cosa, D. No tienes que llamarme 'Tícher'. Mi nombre es Iván".

No lo podía creer. Después de tantas semanas de no saber los nombres de los adultos que están a mi alrededor, este vino y así no más compartió su nombre conmigo.

Al rato de regresar de ir al baño nos llevaron a desayunar. La comida que nos dan cada vez es peor, pero el verdadero problema es que últimamente nos sirven menos que antes, nos dan menos nuggets, menos huevos y nos vigilan siempre para asegurarse de que agarremos solo una caja de confleis. Siempre nos ven muy de cerca, y eso que los adultos pueden agarrar las cajas de confleis que ellos quieran. Nunca nos dijeron por qué ahora nos dan menos comida, pero igual no es como que espere que nos digan por qué. Uno de los niños con los que estaba jugando conquián hoy en la mañana, Gabriel, el que tiene la litera superior a la par de mí, me dijo que cree que es porque construyeron esos baños para nosotros y eso provoca que los niños ahora coman como antes, por lo tanto, en promedio estamos consumiendo más comida.

Hoy en la mañana en la mesa uno de los niños con los que estaba jugando cartas, Chato, parecía estar un poco enfermo. Fue a buscar a Iván y le dijo, "Iván, los huevos me hicieron mal. ¿Será que puedo comer más cereal?".

Los tíchers no nos dejan comer más confleis porque va en contra de las reglas. Iván es diferente a los demás, pero igual pensé que iba a seguir las reglas como los otros tíchers.

Pero no fue así. Le dijo a Chato, "Claro que sí, Chato. ¿De cuál quieres?".

Chato dijo que quería Frosted Flakes. Obvio que pidió de esos porque son los más ricos.

Entonces Gabriel también le pidió si podía comerse otro confleis, igual que otro niño del cual no me sé su nombre. Pensé que Iván iba a decirles que no, que no todos podían pedir otro confleis, que no puede darles más a todos. Pero en vez de eso sonrió y dijo, "Okey, ¡levanten la mano los que quieren otro cereal!".

Ocho o nueve niños levantaron la mano, incluyéndome.

"¿Y todos quieren Frosted Flakes?".

Ocho o nueve niños asintieron con la cabeza, incluyéndome.

Iván fue a donde estaban las cajas de confleis, le sonrió a la encargada y trajo confleis para todos. Agarramos las cajitas como si fueran de oro. En verdad que comer confleis es la mejor parte del día, pero comer dos porciones de confleis... eso hizo que hoy sea el mejor día de la historia. O el mejor desde que terminaron de construir los baños.

Unos minutos después, un hombre blanco con camisa de botones llegó a nuestra mesa y pidió hablar con Iván. Se alejaron de nuestra mesa. Los escuchaba hablar, pero igual no les entendí nada. Luego me di cuenta de que el hombre le dijo "Gerardo" a Iván y le dijo algo de nosotros y los confleis. Hablaron un rato hasta que Iván dijo, "*¿English english english, un cereal? English english boys, english english y tú, ¿english english? English english! ¡English english Frosted Flakes!*".

Iván no le estaba gritando al otro hombre, pero era obvio que estaba enojado y le estaba reclamando por algo. El hombre parecía sorprendido de lo que estaba pasando y creo que estaba a punto de decir algo, pero antes de que pudiera hablar Iván se dio la vuelta y volvió con nosotros, y de camino agarró más cajas de confleis.

El hombre se quedó ahí parado un momento, como tratando de entender qué había pasado y al cabo de un rato se dio la vuelta y se fue.

Quiero seguir escribiéndole, tía, ¡pero ya vamos a ir a jugar pelota! Pero no he terminado de contarle lo que pasó hoy. Sigo más tarde.

D.

13 DE JULIO DE 2018 (IGUAL QUE LA CARTA ANTERIOR SOLO QUE MÁS TARDE)
Tornillo

Querida tía:

Vaya, ya estoy en la cama y puedo escribir un rato antes de que apaguen las luces. ¿En dónde me quedé?

No puedo describir lo bien que se sintió que Iván nos diera más confleis. Yo me quedé con una sonrisa en el rostro tan grande que hasta me costaba masticar la comida. Ningún adulto me había defendido desde que llegué a Tornillo o más bien desde que crucé la frontera, o más bien desde que salí de Naranjito, o más bien desde que se murió usted, tía.

Desde la mañana me la he pasado pensando en una historia de la Biblia que el padre Juan nos contó un día en misa. Era la historia de un hombre que es vapuleado por una pandilla y que lo dejan en una cuneta, igual que le pasó a Damián. El hombre está herido y dentro de una cuneta, y un padre pasa a un lado de la cuneta, pero no le ayuda porque implica mucho esfuerzo y piensa que puede ser una trampa o porque no quiere que la sangre del hombre ensucie su ropa o algo así. El hombre se queda ahí en la cuneta, agonizando, hasta que un buen samaritano llega a ayudarlo. De alguna manera, a pesar de que el padre no hizo nada para ayudar al hombre, el padre es tan malo o casi tan malo como los que vapulearon al hombre. El padre Juan dijo que el padre de la historia es un hombre malo porque no hizo nada. Se me hizo muy interesante que el padre Juan dijera eso a pesar de que el hombre malo de la historia es un padre igual que él.

El punto es que uno es capaz de herir a las personas de dos maneras. Primero, de forma activa y con intención, es decir, golpeándolos o robándoles algo, o algo así. Pero también podés llegar a herir a alguien de forma pasiva si te negás a ayudar a alguien cuando más lo necesita o si los ignorás o hacés como que no existe.

Desde que salí de Naranjito me he encontrado con algunos adultos que han querido hacerme daño con toda la intención, como los hombres del cártel que nos dispararon mientras íbamos sobre La Bestia o los agentes de La Migra que nos metieron a mis primos y a mí dentro de una refri para medio matarnos del frío. Y todo eso es algo muy horrible. Pero también cuando alguien te hace daño de forma intencional la mayoría de las veces el daño es físico y nada más. En Honduras ya damos por sentado que existen las maras y a pesar de que tuve mucha suerte porque nunca fui el objetivo de nadie hasta que me topé con la gente del cártel cuando íbamos sobre La Bestia, siempre existe el riesgo de que alguien quiera hacerte daño de forma intencional. Pero eso no me hace sentir como que no valgo nada. En Naranjito nunca vi a nadie haciéndole daño a alguien más de forma pasiva. Estoy seguro de que a algunos niños los trataban mal sus papás u otros familiares, pero de alguna manera en Naranjito los niños son responsabilidad de todo el pueblo. Si un niño tiene hambre es obvio que los papás deben darle de comer, pero si los papás estaban ausentes por alguna razón, el pueblo no iba a permitir que ese niño pasara hambre.

Pero desde que crucé la frontera y hasta hoy en la mañana durante el desayuno, no creo que me haya topado con algún adulto que le importara si yo había comido o no. Estando en Estados Unidos me han hecho daño de forma pasiva y es de lo peor. Me cuesta explicar la diferencia entre el dolor pasivo y el dolor activo, pero acá voy:

Primero, son dolores diferentes y duelen de manera diferente. Los adultos que han intentado hacerme daño con toda la intención no son tan malos como los adultos que se quedan ahí parados, sin hacer nada y apenas viendo lo que me está pasando con una expresión de aburrimiento en las caras. He visto esto en todas partes desde que llegué a El Norte. Se me ocurren un millón de ejemplos, como la mujer de la oficina de La Migra sentada en su escritorio, la que llamó a mi papá y creó un archivo con mi nombre antes de que sus amiguitos vestidos de verde me metieran dentro de La Hielera. Los conductores de los buses que me llevaron a mí y otro montón de niños inocentes de una cárcel a otra y que ni siquiera se tomaron el tiempo para preguntar qué habíamos hecho para merecer eso, por qué no estábamos en la escuela, por qué no estábamos con nuestros papás, por qué estábamos llorando, por qué estábamos todos chucos, por qué le salía sangre y pus a mi pie y por qué olía tan mal que parecía como que había un animal muerto dentro del bus. Los encargados de la cafetería que se dan cuenta de que esta comida nos hace mal pero no hacen nada al respecto y no nos dejan comer más Frosted Flakes. Los peores son los tíchers. Son unos inútiles y cuando se dirigen a nosotros nos mandan a llamar por el número de nuestra cama. Son unos adultos que hablan inglés y podrían hacer algo para ayudarnos, pero se quedan ahí parados como con cara de sueño o molestos mientras niños como yo permanecen lejos de sus papás. Estos tíchers no reaccionan cuando niños de nueve o diez años se desmayan en un campo de fútbol porque no quieren tomar agua porque no quieren ir al baño.

A veces me dan ganas de agarrar un pedazo de cartón y escribir "Soy un niño, haz algo al respecto". Me dan ganas de agarrar un megáfono y ponerme a gritar, "¡Soy una persona! ¡Se supone que importo!". Pero muchas veces me hace pensar que tal vez no importo, me dan ganas de derrumbarme, me dan ganas de rendirme, me dan ganas de derretirme en mi litera, me dan ganas de meterme a un baño portátil y que me disuelvan los químicos. Me dan ganas de no ver a nadie a los ojos nunca más. Me da vergüenza pensar lo que usted o el tío Felipe dirían si me vieran ahora mismo. Cuando pienso en ver a mis papás y cuando pienso en unirme a sus vidas me da una picazón en el pecho. ¿Qué pasa si no les importo a ellos tampoco?

Me ayudó mucho estar con mis primos y con Rumi. Fue como tener a alguien a mi lado recordándome todos los días que soy una persona real y que importo. Y eso como que rechazó el dolor que provocaron esos adultos que no les importan los niños como yo. Ha sido difícil obtener este apoyo de otros niños, pero también me hace sentir como que soy muy maduro, como un adulto. Me hace sentir como que Miguelito, Elías, Damián, Rumi y yo tenemos lo necesario para cuidarnos entre sí. Pero desde que estoy solo estos sentimientos se han intensificado dentro de mí.

Y por eso es que no pude dejar de sonreír cuando el tícher Iván nos habló en español y nos regaló las cajitas de confleis. Fue como que, por primera vez en mucho tiempo, de nuevo yo era un niño y podía apoyarme en un adulto que estaba pendiente de mí.

Con amor,
D.

16 DE JULIO DE 2018
Tornillo

Querida tía:

No lo esperaba, pero últimamente me he sentido muy agradecido. Quisiera poder quedarme en Alpha 13 toda la vida. O, bueno, no toda la vida, pero hasta que me permitan irme con mis papás.

De día siempre hay tres tíchers y de noche hay otros tres, ¡y los tres tíchers que están con nosotros durante el día hablan español! No puedo describir lo liberador que es poder hablar con un adulto que habla el mismo idioma que yo y que está dispuesto a hablar con nosotros.

Iván es el tícher que nos dio confleis aquel día. Él es más divertido que todos los otros tíchers juntos, y según lo que nos dice parece que esto es más que un trabajo para él. No creo que él piense que esto es un trabajo nada más. Las tíchers Nancy y Yuli también son reamables. Nancy es un poco más organizada. Siempre le pone atención al horario del campamento. Y Yuli se comporta más como una mamá. Es muy relajante estar a su lado.

Eso sí, tener tíchers a quienes les importa hablar con nosotros es incluso mejor que tener tíchers que hablan español y ya. Iván nos pregunta sobre nuestras familias y si estamos bien, y si somos buenos jugando a la pelota. De hecho, esos tres tíchers se aprendieron nuestros nombres, no nos llaman por nuestros números de cama y nos motivan a también hablarles por sus nombres, nos piden que no les digamos "tíchers". Y a veces también juegan a las cartas con nosotros. Nos gusta jugar conquián, y aunque no tengamos nada que apostar o premios que darle al ganador, hemos encontrado la manera de jugar para que se sienta como que sí estamos apostando algo: después de cada ronda, los perdedores tienen que acabarse una botella de agua de un solo. Son de esas botellas tamaño normal, entonces no es tan difícil. Pero es muy chistoso. Como estamos en el desierto, los tíchers siempre se aseguran de que haya agua disponible para todos, y esto a pesar de que nadie empezó a tomar agua hasta que terminaron de construir los baños. A veces Iván, Nancy y Yuli juegan con nosotros y cuando pierden, y casi siempre pierden, Gabriel les dice que tienen que tomarse toda el agua igual que los demás. Nancy y Yuli siempre dicen que no, y se ríen con nosotros, pero Iván sí se toma el agua. Cada vez que pierde se empina una botella de agua, y pues ha de ir al baño a cada rato porque siempre pierde.

Parece que Iván, Nancy y Yuli también se llevan bien entre sí. Siempre están platicando y riéndose. Antes de que llegaran a Alpha 13 creo que no había visto a nadie riéndose acá en Tornillo, excepto cuando veíamos las escenas chistosas de alguna de las películas de Buddy.

Si tuviera que escoger entre tener tíchers que hablan español y tíchers que realmente tienen un interés en nosotros y nuestro bienestar, escogería a los tíchers a los que les interesa nuestro bienestar. Por suerte tenemos tíchers que hablan español *y* les interesa nuestro bienestar.

Con amor,
D.

---

23 DE JULIO DE 2018
Tornillo

Querida tía:

Desde que vine acá nunca había pasado tanto tiempo en una sola tienda de campaña. Me hace pensar que tal vez ya no nos van a cambiar de tiendas de campaña. Siempre que le preguntamos a Iván al respecto, dice que no tenemos que preocuparnos de nada, que ya no van a haber más cambios y que nos vamos a quedar todos juntos a partir de ahora. He estado aquí en esta tienda con los mismos niños y con Iván, Nancy y Yuli desde aquella mañana que comimos confleis, y eso fue hace ya más de una semana. Los tíchers de la noche no son muy amables que digamos. Siempre amenazan con redactar informes y no nos dejan ir al baño a menos que sea la hora oficial para ir al baño, y eso incluso si tenemos muchas ganas de ir. Pero pasamos casi toda la noche dormidos, e Iván, Nancy y Yuli siempre vuelven en la mañana.

Iván es muy chistoso. Siempre se la pasa bromeando o cantando o bailando o motivándonos y diciéndonos que tenemos que estar preparados para nuestra vida en Estados Unidos. También nos motiva a hablar entre nosotros, hablar de nuestras casas, nuestras familias y a dónde vamos a ir al no más salir de Tornillo. "Puede que sea muy difícil para ustedes estar aquí", dice a cada rato, "pero juntos somos más fuertes".

Así son las cosas en el Alpha 13. En las otras tiendas de campaña, si mucho nos hablábamos entre nosotros con timidez de nimiedades y jugábamos a las cartas. Pero aquí tengo un mejor amigo, su nombre es Juan Manuel (después le cuento más de él), e Iván es como mi hermano mayor, además estoy junto a un montón de niños que vienen de otros países. Muchos son todos unos personajes.

Hay un grupo de tres niños que se llaman a sí mismos "Los Compadres", ellos son Gabriel, Raphael y Gustavo. Antes de llegar a Alpha 13 estaban en otra tienda de campaña y habían convivido juntos como por una semana. Pero por cómo se comportan uno pensaría que ellos tres son hermanos y que llevan conociéndose toda la vida. Son muy sarcásticos y siempre andan contando chistes. Verlos como bromean entre sí me hace extrañar un poco a Miguelito. A pesar de que las cosas han mejorado desde que llegaron Iván, Nancy y Yuli, no dejo de preocuparme por él.

Pero, bueno, Los Compadres contagian a todos de su vibra, tal vez porque Gabriel es el más alto de todos y el mayor, además. Tiene diecisiete años y mide casi dos metros, y es mucho más alto que Iván. Gabriel es como el líder, no solo de Los Compadres, sino de todos los niños de Alpha 13. Es un chiste ese Gabriel. Le encanta bailar. Al menos una vez al día le pide a Yuli que encienda la radio para que así pueda bailar y escuchar su música favorita. A Gabriel le gusta la banda y el rap. Casi siempre convence a otros de que bailen con él, pero si nadie le hace caso, pues se pone a bailar él solo igual que un pollo sin cabeza, y siempre anda haciendo bromas.

El Compadre número dos, Raphael, también tiene una gran personalidad, pero no es tan gritón ni bobo como Gabriel. Tiene dieciséis años y es de Honduras, igual que yo. Es todo un fanático del fútbol. A Raphael le gusta el fútbol tanto como a Gabriel le gusta la banda y bailar. Y cuando le pregunté a Raphael cuál era su nombre, no me lo dijo como una persona normal, dijo, "Soy Raphael, pero se escribe con ph, igual que Raphael Tessaro Schettino, aquel portero brasileño". Todos los días pregunta si podemos jugar fútbol, y obvio que él es el mejor jugador de todo Alpha 13.

El Compadre número tres es diferente a los otros dos. Gustavo no es tímido, pero sí es más callado que Gabriel y Raphael, y mucho más serio. Es como el cerebro de la operación. Antes de que uno de ellos haga una de sus bromas a veces veo que les habla al oído a Gabriel y a

Raphael. Gustavo también es de Honduras, pero es más moreno que yo, es el más moreno de todos los niños de Alpha 13. No le da pena ser así. Dice que es así porque es garífuna, o sea gente indígena que no habla español, algo así como Rumi, pero es algo confuso porque Gustavo habla español mejor que Rumi. Gustavo está muy orgulloso de ser garífuna. Siempre que nos llevan a jugar pelota, todos nos ponemos camisas de manga larga para que el sol no nos queme, pero Gustavo no. Supongo que ha de pensar que como ya tiene la piel muy oscura entonces no le hace falta cubrirse.

Los Compadres son el grupo más chistoso de todos, pero en mi tienda de campaña hay otros niños muy interesantes. Está René y Enrique, que son los más pequeños de todos y también los más bajitos. A veces Gabriel se burla de Enrique por ser tan bajito y le dice que es un "chaparrito", y Enrique se pone muy enojado por eso. Me da risa porque como Enrique es tan nene no ha aprendido a ignorar las bromas. Apenas tiene doce años, la edad de Miguelito. Pero no es tímido, siempre quiere hacer amigos.

También hay un niño de nombre Chapín, pero nos pidió que lo llamemos "McQueen". "Como el de *Cars*", dijo. Nunca he visto esa película, pero si quiere que le digamos McQueen, por mí no hay problema. Es muy considerado. Siempre les pregunta a todos sobre su familia e intenta hablarles a todos. Creo que él es muy sensible. Su litera está cerquita a la mía y una noche lo escuché llorando, y cuando me di cuenta él tenía la cabeza debajo de una almohada para así no hacer mucho ruido. Los tíchers de la noche se enojan y amenazan con hacer un informe si uno está llorando muy fuerte, y a McQueen le dan más miedo los tíchers de la noche que todos los demás. Esa vez no pude hablar con él sin que me regañaran, pero al día siguiente lo vi todo deprimido y le pregunté que cómo estaba. Me dijo que extrañaba a su mamá. Me contó que salieron de Guate y que luego se subieron a La Bestia y cruzaron la frontera juntos, pero luego los separaron cuando estaban en La Perrera, igual que a mí me separaron de Miguelito y Elías. Cuando lo dejaron salir de La Perrera lo trajeron acá a Tornillo. Pensó que su mamá iba a estar aquí, pero acá solo hay niños, no hay migrantes adultos. Y pues no tiene ni idea dónde está ella y tiene miedo por sí mismo y tiene miedo por ella. Me hace pensar en el miedo que siento por mis primos y que seguramente ellos también han de tener miedo por mí. Cuando nos dan permiso de hablar por teléfono, McQueen llama a sus tíos, pero ni ellos han logrado hablar con su mamá. Entonces McQueen se puso a llorar y lo abracé y le dije que todo iba a estar bien hasta que dejó de llorar.

Todo el rato que estábamos abrazados pensaba en cuando usted nos abrazó a mí y a Miguelito la vez que nos contó que estaba enferma. A veces pensamos que los abrazos son cositas lindas y sencillas que compartimos con otras personas, pero creo que no les damos la importancia que merecen. Empiezo a darme cuenta de que los abrazos son las únicas herramientas de supervivencia que nadie puede arrebatarnos.

Con amor,
D.

---

24 DE JULIO DE 2018
Tornillo

Querida tía:

Ahora quiero contarle de Juan Manuel.

Juan Manuel es el niño que duerme en la cama 13, la cama que está debajo de la mía. Durante los primeros días que estuve aquí en Alpha 13 no habló conmigo y pues la verdad es que no habló con nadie. Estaba muy pálido y en un principio no me sabía ni su nombre. Siempre que los demás estábamos jugando algún juego o algo, él estaba bien dormido. A veces llegaba a vernos, pero no se metía a jugar con nosotros. Como he conocido tantos niños, llegué a darme cuenta de que está bien si alguien prefiere no hablar con nadie.

Pero un día en la cafetería empezamos a platicar. Yo estaba comiendo un panquecito de arándanos. Esos panquecitos son muy ricos y tienen como una capa de azúcar dura arriba que me gusta masticar, pero no siempre hay. Si mucho, una vez a la semana nos dan de esos panquecitos. Pero, cabal, un día estaba comiendo un panquecito mientras dibujaba un personaje de *Naruto* cuando Iván llegó a hablarme.

"D., te gusta mucho el ánime, ¿no?", dijo mientras miraba mi cuaderno.

"Sí, me encanta. ¿A ti te gusta?".

"Ja. No. A veces juego un poquito de *Pokémon Go*, pero no conozco mucho de ánime o manga o ese tipo de cosas. Pero ¿sabes a quién también le gusta? A Juan Manuel", dijo y volteó a ver la banca donde estaba Juan Manuel comiendo él solo. Asentí con la cabeza. Iván me explicó que Juan Manuel había estado muy triste y me preguntó si quería ser su amigo, y como soy muy amigable y extrovertido me dijo si podía darle palabras de ánimo. "Además, a los dos les encanta el ánime", dijo.

Me dio un golpe de puños y se fue.

Nunca antes me había considerado a mí mismo como un niño extrovertido, pero el tío Felipe y usted también me decían lo mismo. Sentí raro acercarme a alguien así de la nada, y no estaba seguro qué quiso decir Iván con eso de "darle palabras de ánimo". Pero desde que me asignaron a Alpha 13 e Iván ha hecho que mi experiencia en Tornillo sea completamente diferente, pues confío en él. Si él cree que algo es una buena idea, pues le hago caso.

Me fui a sentar a la banca donde estaba Juan Manuel. Él levantó la mirada y sentí que se me aceleraba el corazón. No sabía qué decirle, entonces escupí lo primero que se me vino a la mente:

"¿A vos te gusta *Naruto*?", dije y medio le enseñé el dibujo que estaba haciendo de Sasuke Uchiha.

Juan Manuel abrió los ojos y sonrió, pero parecía sospechar de mí.

"Me encanta *Naruto*. ¿Vos cómo te llamás?".

"D. Vos sos Juan Manuel, ¿verdad?".

"Sí. ¿Y cuál es tu arco favorito?".

Pensé en todos los episodios que había visto en Naranjito. "¿Ya viste el arco donde Jiraiya trata de obtener información sobre Akatsuki, donde salen los recuerdos de Orochimaru y Tsunade?".

Pasamos el resto del período hablando sobre ánime, y no solo *Naruto* sino también de otros. Juan Manuel sabe de todo sobre ánimes y manga, y me sugirió otro montón de series. Voy a tratar de recordarlas cuando llegue a Nashville.

Desde entonces, desde la semana pasada, hemos pasado mucho tiempo juntos. Ambos hemos visto casi todo *Naruto* y *Tokyo Ghoul*, y podemos pasar horas hablando de nuestros arcos y personajes favoritos. Ahora siempre que nos llevan a ver las películas de Buddy, Juan Manuel y yo nos sentamos siempre juntos para hablar de ánimes. Me da risa porque cuando recién llegué aquí me alegró tanto ver media hora de una película para así huir de mis pensamientos. Pero ahora que tengo un amigo de verdad con quien platicar, ya no me importan tanto las películas. Es muy macizo poder ver una película y escapar de nuestra realidad por unas horas, pero me gustaría que nos pusieran algún ánime, alguna película de superhéroes o algo así, pero ya sé que la tícher de las grandes pompis nos diría que no son apropiadas para nosotros.

A pesar de que Juan Manuel es mayor que yo y es de El Salvador, un lugar con una cultura muy diferente a la Honduras, nos hemos vuelto amigos súper rápido. Somos como Los Compadres, solo que somos dos. Esto ha empezado a ocurrir más y más ahora. Los niños se ponen en parejas o a veces en grupos de tres. Todos los de Alpha 13 somos como una gran familia, somos como hermanos. Pero todos pasan mucho tiempo con sus mejores amigos.

Juan Manuel me recuerda a Miguelito. Ambos son muy sensibles y son tímidos con gente desconocida, pero tan pronto empiezan a hablar se les salen los chistes y las ideas que quieren compartir con uno. En cierto modo eso me hace extrañar más a Miguelito, y me hace pensar más en dónde estará él y qué estará haciendo. Pero también es un alivio tener a alguien con quien platicar parecido a como platicaba con Miguelito, así todo es más fácil.

También Juan Manuel me ha estado contando lo que hacen los fanáticos del ánime en Estados Unidos. Dice que Iván le contó de algo que se llama *"cosplay"*, y Juan Manuel me dijo que él ya lo había visto en el internet usando la computadora de un vecino en El Salvador. Parece que hay gente que organiza convenciones para que los niños lleguen disfrazados de sus personajes favoritos. No me queda claro qué hacen una vez llegan a esas convenciones. A lo mejor hablan de ánimes o tal vez recrean sus escenas favoritas. Pero Juan Manuel me dijo que, según Iván, los fanáticos del ánime en Estados Unidos pasan horas de horas preparando sus disfraces. Me dijo que tan pronto salga de aquí va a ir a su primera convención disfrazado de Kaneki Ken, y que se va a pintar las uñas de negro y se va a vestir de negro y usar una peluca blanca. Le dije que yo quería ir con él y solo tenía que decidir de qué iba a disfrazarme. Tal vez de Hideyoshi Nagachika.

Nunca antes había pensado en disfrazarme. Ni siquiera sabía que la gente hace eso. Pero si alguien en Naranjito se disfrazara de tal manera, especialmente si un niño hace algo así, la gente diría que es uno de esos góticos.

Bueno, le sigo contando de Juan Manuel... Creo que él no empezó a ser así de introvertido acá en Tornillo. Casi no hemos hablado de cómo eran nuestras vidas antes de venir a El Norte, pero sospecho que él no ha conocido a muchos otros niños como él. Cuando Juan Manuel está conmigo, siempre habla con entusiasmo sobre ánime, pero me doy cuenta de que antes le daba vergüenza ser tan apasionado al respecto. Es algo curioso, sos capaz de sentir vergüenza en secreto porque te gusta mucho algo si creés que sos la única persona en el mundo que le gusta esa cosa, pero tan pronto encontrás a alguien que también le gusta esa cosa y es como que tu entusiasmo se multiplica y te sentís cercano a esa persona. Es como que si hubieras compartido esa pasión secreta el uno con el otro durante toda tu vida y ahora al fin podés hablar al respecto.

Así es como son las cosas con Juan Manuel, es como que tenemos que compensar por el tiempo perdido.

Con amor,
D.

26 DE JULIO DE 2018
Tornillo

Querida tía:

Perdón que llevo ratos de no escribirle. Los días se pasan volando y he pasado mucho tiempo platicando con los otros niños, y al final del día a veces siento como que no necesito ponerme a escribir. Acá somos unos veinte y todos los días me pongo a jugar cartas o a platicar con algún niño con el que no había interactuado mucho antes. Hoy me pasó algo similar y paré jugando Uno con un niño llamado Mano. Él es de Nicaragua, tiene el cabello corto, colocho y negro, y frenos en los dientes. Mano dice que no le gusta tener frenos porque le hacen cortaditas en la boca. Dice que cuando salga de acá espera que lo primero que hagan sus papás es llevarlo al dentista para que le quiten los frenos.

Iván se esfuerza para que todos hablemos con todos y seamos amigos, pero todavía hay unos cuantos niños que no hablan con nadie. No sé si es porque son tímidos o por qué. Hay un niño que le decimos Yarn Máster, que es de Guate y es uno o dos años mayor que yo. Se la pasa casi todo el día sentado en el piso jugando con un hilo que ata a su cama, y también hace brazaletes con esa bola de hilo. Parece un proceso muy lento, pero nada distrae a Yarn Máster. Incluso si los demás estamos jugando cartas o damas o algo así, él se queda sentado en el piso trabajando en silencio. Lo más loco de todo es que a pesar de que se la pasa trabajando por horas y horas, le toma dos días terminar un solo brazalete. Pero son brazaletes muy hermosos.

Como no nos han cambiado de tiendas en mucho tiempo, espero que ya nunca nos cambien. Todo el tiempo que estuve en El Albergue, y después cuando vine acá a Tornillo, y antes de que me transfirieran a Alpha 13, olvidé por completo lo que es ser parte de una familia. Pero es raro, ahora acá me siento como un niño otra vez y no había sentido algo así en mucho tiempo, no desde que empecé este viaje a El Norte, sino desde que murió el tío Felipe y usted, tía. Han pasado muchos años desde que he sentido como que me puedo relajar y solo hacer chistes tontos. En definitiva, me reí mucho con Miguelito y Elías y Damián, pero durante el viaje, a pesar de que Miguelito y Damián hacían bromas a cada rato, nuestra prioridad siempre fue la supervivencia. Fue como si estuviéramos en un programa de tele y nos tocara interpretar a los adultos. Tuvimos que ser muy serios todo el tiempo porque cuando tratás de subirte a un tren en movimiento o escapar de un grupo de hombres armados no siempre querés andar contando chistes. Y le agarré cariño a Rumi en El Albergue, y él tenía un excelente sentido del humor, pero como no hablábamos el mismo idioma me fue difícil crear un vínculo con él.

Acá en Alpha 13 por primera vez en mucho tiempo siento como que puedo relajarme, como que puedo ser un niño y pasar el rato con otros niños. Se siente muy bien y todos los días le pido a Dios que nadie nos quite lo que tenemos acá en Alpha 13. He intentado entender qué hace que Alpha 13 sea tan diferente y creo que sobre todo es por dos cosas. Lo primero es Juan Manuel. Él es como el hermano que nunca tuve, y estoy tan agradecido que por la gracia de Dios lo conocí dentro de este lugar. Y lo segundo es Iván. Creo que gracias a él todos los que estamos acá dentro nos sentimos menos... rotos que antes. Es como que podemos comportarnos como lo que somos, un grupo de niños. Pero llevo un rato con una gran duda. ¿Por qué será que él no es como los tíchers que están en las otras tiendas de campaña? Estaba dispuesto a hacerle esa pregunta a él. Hoy lo intenté a pesar de que estaba nervioso.

"Iván, ¿por qué es que...?", dije, pero no sabía bien qué decirle. Pero Iván me entendió. Creo que tenía un discurso ya preparado. Como que ya le han preguntado eso otras veces.

"¿Por qué soy tan diferente a los otros tíchers que están acá?".
Asentí con la cabeza.
"Pues, D., es muy difícil ser hispano acá en Estados Unidos. Pero la comunidad hispana que está en este país es una comunidad muy fuerte, resiliente y valiente, y yo veo esas cualidades en cada uno de ustedes. Todos ustedes son unos superhéroes para mí. Es algo terrible que los tengan acá encerrados". Iván dijo muchas cosas de que nosotros, los niños que estamos acá, no hemos hecho nada malo. ¡Me alegra escuchar que alguien diga eso! Se siente como todo lo contrario a lo que estamos viviendo en este campamento. También dijo cómo deberíamos comportarnos con nuestras familias. Dijo que, aunque viene a trabajar acá a Tornillo, esto no es solo un trabajo para él y que se ve a sí mismo dentro de todos nosotros. Iván también es un inmigrante. Él viene de México y apoyarnos es muy importante para él. En algún momento dijo, "Estoy aquí para ti, para pelear por tus derechos y defenderte de los pendejos que están encargados de esta prisión", y eso me dio mucha risa y me hizo sonreír, porque los adultos acá nunca dicen palabras como "pendejo".

Pero lo que más recuerdo de nuestra conversación no es que Iván haya dicho una mala palabra, sino eso que dijo que "acá" somos parte de "una comunidad". *Acá* es Estados Unidos y con *comunidad* supongo que se refiere a los hispanos o tal vez a los migrantes que están acá en Estados Unidos. Cuando estaba en Naranjito realmente nunca pensé que los hispanos eran parte de una comunidad. En Naranjito prácticamente todos son hondureños y, pues, no tenía mucho sentido pensar en nosotros como una comunidad diferente de cualquier otra. Es obvio que todo el pueblo es su propia comunidad, pero no de la misma manera. Supongo que aquí en Estados Unidos los hispanos forman una comunidad porque hay gente de todas partes del mundo a su alrededor, e Iván nos trata bien porque él también es parte de nuestra comunidad. Si otros gringos adultos acá en Estados Unidos tratan a nuestra comunidad de la misma manera que la mayoría de los gringos nos tratan a nosotros los niños acá en Tornillo, entonces me preocupa que cuando salga de acá mi futuro en Nashville no vaya a ser tan brillante como lo había imaginado. Pero, bueno, si nuestra comunidad es tan divertida como la de Alpha 13 y los adultos de nuestra comunidad son tan amables y amorosos y solidarios como Iván, Nancy y Yuli, entonces creo que tengo mucho que añorar.

Pero quiero hablar más al respecto con Iván porque quiero asegu-

rarme de que entendí su mensaje. Puede que lo haya malinterpretado.
Le cuento después qué tal me va, tía.

Con amor,
D.

29 DE JULIO DE 2018
Tornillo

Querida tía:

Ya llevo más de cuatro semanas acá en Alpha 13. Es un millón de veces mejor que cualquier otra de las tiendas de campaña donde he estado, pero eso no significa que los días acá no sean aburridos y repetitivos. Incluso si tenemos suerte de que haya adultos amables en Alpha 13, adultos que nos tratan como seres humanos, este lugar es una prisión, tal y como lo llamó Iván en la plática que tuvimos que mencioné en mi última carta. Todos los días son iguales. Pero hay algunas excepciones. A veces hacemos algo fuera de lo ordinario y a veces el mundo externo llega hasta Tornillo. Hay dos cosas especiales que hacemos una vez a la semana, y también hay una cosa extraña que ocurre de forma inesperada de vez en cuando.

La primera cosa especial es algo muy *nice*. Los domingos tenemos misa y siempre viene gente de alguna iglesia de Texas, incluyendo un padre que es el encargado de dirigir la misa. Bueno, la verdad es que creo que el que viene no es padre. No se viste como el padre Juan o como cualquier otro padre que yo haya visto en Honduras, y no hay comunión ni nada por el estilo, pero igual cantamos canciones sobre Jesús y la Virgen, y los religiosos nos leen pasajes de la Biblia. Al menos escucho historias cuando leen pasajes de la Biblia, y cantar canciones con todos nos hace sentir muy cercanos a los demás. Todas las semanas cantamos una canción que se llama "Sumérgeme", y se trata de cómo Jesús nos puede sanar luego de atravesar mucho sufrimiento. Los versos se repiten una y otra vez, y todos se saben la letra de la canción y muchos niños le ponen corazón a la hora de cantar la canción. Ir a misa es opcional, pero todo el mundo va. Los domingos por la mañana nuestra tienda de campaña está vacía. Para muchos niños como Gustavo ir a misa es muy importante. Los mirás muy sentimentales rezando y llorando y cantando las canciones. Para mí la fe es algo mucho más personal. Me gusta estar con todos y en comunidad durante la misa, y yo rezo todo el tiempo, pero rezo para mí. No rezo el Padre Nuestro o el Ave María. Más bien tengo una conversación con Jesús. O más bien es como estar en constante conversación con Él. Siento como que siempre estoy hablando con Él, aunque a veces la conversación ocurra en mis pensamientos.

Para ser honesto, mi parte favorita de la misa del domingo es cuando termina y podemos comer pan dulce y conchas y donas. Probablemente es el único momento durante la semana en que siento como que tengo una vida normal, como que es un domingo cualquiera y estoy en Honduras, Guatemala, Estados Unidos, Japón, Francia o donde sea que se reúne la gente en comunidad para ir a misa y comer pan dulce.

La segunda cosa especial que ocurre es que dos veces a la semana nos dan la oportunidad de hablar con nuestros papás por teléfono. Usted pensaría, tía, que eso nos hace felices a todos, pero la verdad es que para muchos niños esas llamadas son motivo de tristeza. Para mí también lo son. A ver, le explico. Una vez a la semana nos llevan a una tienda de campaña donde podemos hacer una llamada de diez minutos. Ahí siempre hay otro montón de niños, y siempre que miro a mi alrededor, la mitad de ellos están llorando. Algunos lloran lágrimas de alegría porque están tan felices de hablar con sus familiares, pero otros niños se la pasan llorando y jadeando y viendo al suelo, y es obvio que esas llamadas les causan mucha tristeza. Es casi como que prefirieran no hablar con sus familiares.

El tícher que marca el número de teléfono no es uno de los tíchers a cargo de nuestra tienda de campaña, es siempre un adulto que nunca he visto y se queda ahí a la par mientras uno habla con sus papás. Sé que no importa mucho porque la mayoría de las veces esos adultos ni siquiera hablan español, y aunque hablaran español no les importa tanto como para ponerle atención a lo que uno dice, pero igual tenerlos ahí me hace sentir como que no puedo hablar con libertad. Al menos así me siento yo, como que no puedo ser yo mismo cuando hablo con mis papás. Siempre acabamos teniendo unas pláticas muy formales. Me preguntan si estoy bien, yo les digo que sí y les digo que no tienen que preocuparse por mí. Ellos siguen preguntándole al gobierno que por qué se están tardando tanto en "procesar" sus huellas digitales, pero nadie les da respuesta. Nadie les dice cuánto tiempo más hace falta para que terminen de "procesar" sus huellas. De una manera es refrustrante hablar con mis papás, porque me parece algo retonto que estemos en el mismo país y no podamos ni vernos. Me parece tan estúpido que tenga que quedarme en esta extraña prisión para niños en medio del desierto y me parece tan estúpido que ellos no puedan reunirse con su hijo. El tícher siempre nos hace señas cuando quedan diez segundos disponibles y luego cuelga la llamada incluso si uno se anda despidiendo de sus papás. Es algo muy duro.

    Durante mis primeras dos semanas en este campamento siempre me ponía muy triste luego de hablar por teléfono con mis papás y hasta se me quitaban las ganas de escribir. Solo quería irme a dormir y quedarme dormido hasta que llegara la hora de ir a casa. Todavía me siento raro y muy solo después de cada llamada, pero ahora que estoy en Alpha 13, cuando vuelvo a la tienda de campaña casi siempre hay algo más en qué enfocarme. Todos en mi tienda de campaña nos ayudamos entre sí para evitar que alguien se ponga muy triste. Una de las cosas más importantes que un amigo puede hacer por vos es lograr que dejés de pensar en cosas tristes. Iván también nos ayuda mucho, es algo así como Dory en *Buscando a Nemo*, siempre anda muy positivo. Siempre que alguien se pone muy triste después de hablar por teléfono con sus papás, Iván le da una plática motivadora y le recuerda lo fuerte que somos todos. Dice que la historia de la comunidad hispana en Estados Unidos está llena de "fuerza y resiliencia". No siempre le entendemos a Iván, pero siempre nos hace sentir mejor.

    La tercera cosa que pasa en Tornillo que es réqueteextraordinaria es también una cosa muy extraña, y es la única que está en el calendario del campamento. Sabemos que es algo que no debería pasar, porque todos los tíchers siempre pierden la calma cuando pasa. Un par de veces por semana... aparecen en el cielo unas cosas voladoras. A pesar de que vuelan y tienen hélices, no son ni aviones ni helicópteros. Vuelan muy cerca del suelo, apenas a unos metros sobre las tiendas de campaña y miden como medio metro de largo y medio metro de ancho. A veces aparece una de esas cosas voladoras no más, pero a veces aparecen dos o tres, y todas sobrevuelan el campamento. Empezaron a aparecer como unas dos o tres semanas después de que llegara a Tornillo, pero conforme vienen más niños aparecen con más frecuencia. Si alguien ve que una aparece en el cielo mientras vamos caminando por el campamento, o sea, si vamos del campo de fútbol a la cafetería, por ejemplo, los tíchers de inmediato se hablan entre sí con sus *walkie-talkies* y les piden a los niños que entren a la tienda de campaña más cercana, no importa si es una tienda a la cual nunca antes hemos ido. Solo dicen que no podemos permitir que esas cosas "nos miren". Da miedo, porque los adultos parece que se sienten amenazados por esas cosas voladoras, pero no entiendo cómo podrían hacernos daño.

Una vez, René y Enrique le preguntaron a Nancy e Iván qué eran esas cosas. Iván dijo que como estamos viviendo un momento importante en la historia, hay gente que manda esas cosas a Tornillo para tomar fotos del lugar. Dijo que todo el mundo está pendiente de nosotros y viéndonos y peleando para que pronto podamos salir de aquí. Parece que, por culpa de Donal Tron, mucha gente desconfía y violenta a los migrantes, pero también hay muchos hispanos y gente que quiere defender a los migrantes como yo. Nunca dudaría de lo que nos dice Iván, pero después de ver cómo me han tratado tantos gringos adultos desde que crucé la frontera, me cuesta creerle que "todo el mundo" está peleando por nosotros. Desde que llegué a Estados Unidos parece como que nadie se fija en el sufrimiento de los demás a menos que ellos también estén sufriendo.

Tal vez estoy equivocado. Pero si he aprendido algo de Iván es que siempre hay excepciones.

Pronto le cuento más.

Con amor,
D.

---

30 DE JULIO DE 2018
Tornillo

Querida tía:

Anoche por primera vez desde que vine a Tornillo un niño de mi tienda de campaña se reunió con sus papás.

Fue Mano, el niño nicaragüense con frenos. Hace unos días, después de hablar con sus papás por teléfono, nos dijo que él creía que iba a salir pronto, así que todos estábamos a la expectativa de ese momento. Pero igual, como todos en nuestra tienda de campaña nos hemos vuelto muy

DETENIDO

amigos, nos pusimos tristes cuando se fue. Ahora acá somos un grupo de trece niños y hay una cama vacía. Mano fue el primer niño de Alpha 13 en salir de acá, pero no el primero en todo el campamento. Hay niños de otras tiendas de campaña que ya salieron, y ahora la cafetería no está tan llena como antes y eso significa que hay más comida para los demás. Después de que durante semanas llegaran más y más niños a este lugar, de repente el número de niños ha empezado a disminuir. Y nunca ha llegado a balancearse la población de Tornillo. La semana pasada llegaron un montón de niños en bus y esta semana hay un montón de niños yéndose. Iván dice que es porque Tornillo es un refugio temporal. No se supone que estemos acá de forma permanente. Él siempre trata de darnos noticias de lo que se entera de nuestros casos o de lo que está pasando con el campamento.

Pero, bueno, regresando a lo de Mano. Vinieron a buscarlo de madrugada. Por casualidad yo estaba despierto. Todo estaba oscuro y yo intentaba quedarme dormido, pero cuando escuché que venían unos tíchers entonces me senté en la cama. Los tíchers le dijeron que tenía diez minutos para juntar sus cosas y que lo iban a estar esperando afuera de la tienda. Preguntó si podía despedirse de nosotros y le dijeron que no, que era mejor no despertar a nadie. Eso me hizo sentir muy enojado. ¿Por qué siempre tienen que hacer todo de madrugada? ¿Por qué nunca dejan que uno se despida de sus amigos?

Mano vio que yo estaba despierto, me entregó una carta de despedida y me dijo que le pidiera a Iván que se la leyera a todos los niños de Alpha 13. Mano estaba como que muy raro, y supongo que es comprensible. Le dijeron que se iba a reunir con su familia, lo cual es algo bueno, pero no le dieron permiso de despedirse de nosotros, lo cual se me hizo como una última cachetada después de todas las cosas que hemos tenido que soportar estando aquí. Sin mencionar que nunca sabemos si nos están diciendo la verdad o no. Hace semanas, cuando salí de La Perrera, me dijeron que iba tomar un avión para reunirme con mi familia, pero en vez de eso me trajeron a ese albergue. Creo que Mano también está un poco de nervioso por eso. Parecía estar feliz y somnoliento y nervioso y triste, todo a la vez. Pero escribió una carta lo más rápido que pudo, la dobló y me la entregó. Casi no tuvo chance de dármela porque Bertha, una de las tíchers de la noche, nos dijo que guardáramos silencio y casi evita que yo recibiera esa carta. Quería darle un abrazo y despedirme de Mano, pero me hubiera metido en problemas y puede que incluso Bertha hubiera escrito un informe acusándome, lo cual podría afectar mi caso. Puede que incluso hubiera bloqueado la salida de Mano.

No leí la carta cuando me la dio Mano. Quería dársela a Iván para que él nos la leyera a todos a mismo tiempo. En la mañana los otros niños y yo le contamos a él, a Nancy y a Yuli que Mano ya se había ido. A los tres les caía bien Mano, y también estaban molestos porque nadie se pudo despedir de él. A Yuli se le llenaron los ojos de lágrimas. Los otros niños también se deprimieron un poco. Pero Yuli nos dijo que no nos preocupáramos. Dijo que Mano ya estaba con su familia, que pronto todos íbamos a estar con nuestras familias y que mientras teníamos que ser muy fuertes.

Creo que todos estamos un poquito celosos de él. Nadie quiere pasar mucho más tiempo aquí.

Le entregué la carta de Mano a Iván, y a él le sorprendió verla. "¿La leo ahora mismo?", dijo. Todos asintieron con la cabeza. En la carta Mano le dio gracias a Dios, nos agradeció a nosotros y dijo que estaba seguro de que pronto todos íbamos a salir de Tornillo.

* * *

Cuando Iván terminó de leer la carta de Mano, todos nos quedamos sentados un rato sin decir nada. Al fin Catracho dijo, "Cuando el resto se vaya, si no tenemos chance de despedirnos de los demás, ¿podemos asegurarnos de dejar cartas como hizo el Mano? No quiero pensar que alguien de nosotros despareció y ya".

Todos asentimos con la cabeza y yo le pregunté a Iván si podía ver la carta de Mano para así copiarla en mi cuaderno. Creo que también se la pedí para compartirla con usted, tía... pero, para ser honesto, creo que es porque me preocupa que nunca más voy a volver a ver a Mano y quiero tener su carta, preservarla, transcribirla para siempre tenerla cerca de mí.

Con amor,
D.

2 DE AGOSTO DE 2018
Tornillo

Querida tía:

Llevo ya mucho tiempo acá en Tornillo y no me han enviado a otro lugar, y no han reemplazado a Nancy, Yuli e Iván. Se me partiría el corazón si me llevan a otra tienda de campaña. Me sentiría como cuando me separaron de Miguelito y Elías. Juan Manuel y yo hemos estado intercambiando prendas, casi solo entre él y yo, pero también con los otros niños. Lo hacemos mucho, acá en Alpha 13. Tenemos ropa de tantos lugares diferentes. Algunos de nosotros tenemos ropa que obtuvimos de los albergues donde estuvimos antes de venir a Tornillo o tenemos ropa que nos dieron acá. Todos tenemos ropa resencillita, nada muy lujoso. Varios tienen ropa que trajeron desde Honduras o Guatemala o de dónde sea que vienen. A veces alguien tiene un pantalón o una gorra o algo muy macizo y quiere dártelo a cambio de algo tuyo. O a veces te lo da y ya. Es como una señal de amistad. Después de irnos a bañar, nos vestimos y algunos nos ponemos nuestras mejores prendas, las más nuevecitas, y todos los días le hacemos cambios a nuestros atuendos para vernos bien. Al principio pensé que era algo que hacíamos para no estar tan aburridos, pero pronto me empezó a gustar eso de encontrar la mejor combinación de las prendas que tengo para verme bien, y los otros niños me dan comentarios y me dicen cuál combinación me queda bien y cuál no. Incluso nos ayudamos ya a escoger la ropa que vamos a usar el día que nos reunamos con nuestras familias, el día que finalmente salgamos de aquí. Yo hice un intercambio con Raphael para obtener una faja azul que quiero ponerme cuando al fin llegue a Nashville a la casa de mis papás.

La mayoría de los niños han empezado a creer en (y a tener esperanzas de) que no nos toque tener que cambiar de tienda de campaña otra vez. Yo también espero lo mismo. Da miedo acomodarse tanto como nos hemos acomodado nosotros. Nuestra realidad puede cambiar en cualquier momento, y si eso pasa vamos a arrepentirnos tanto por haber creado un vínculo con los demás acá en Alpha 13. Creo que sería mejor esperar a que de nuevo nos quiten todo. Pero uno no puede vivir así. Me caen bien los otros niños que están acá conmigo y me caen bien Iván,

Nancy y Yuli, y quiero creer que me voy a quedar aquí con todos ellos hasta que sea la hora de salir de este lugar

Para ayudarnos a sentirnos como en casa, Yuli nos sugirió decorar las paredes con dibujos. Acá hay un niño de Guate a quien le decimos Flaco y se la ha pasado dibujando sin parar para cubrir las paredes de la tienda de campaña, y realmente nos ha ayudado a ver Alpha 13 como nuestro hogar. Catracho y Chato terminaron de armar un rompecabezas, e Iván pegó las piezas y de ahí pegó todo el rompecabezas en la pared. Juan Manuel y yo hemos estado dibujando escenas de *Naruto* y *Tokyo Ghoul*, y a los dibujos les agregamos diálogos de las series como "¡Es el método del ninja!" o "¡Créelo!" o "¡Voy a ser Hokage!". Nadie más lo entiende, pero no nos importa. Queríamos asegurarnos de haber pegado algo en la pared antes de que Flaco se adueñara de todo el espacio disponible.

Le cuento pronto, tía, si hay noticias de algo.

Con amor,
D.

8 DE AGOSTO DE 2018
Tornillo

Tía:

Anoche se fue otro niño. René. Él era el mejor amigo de Enrique y ahora Enrique está muy triste. Pero todos nos alegramos por René porque (y ojalá sea cierto) ahora está con su familia. Espero yo ser el próximo, pero es algo raro, porque al ver lo triste que está Enrique me hace pensar que Juan Manuel se va a poner retriste cuando yo me vaya, y yo me voy a poner triste también si Juan Manuel se va antes que yo.

* * *

René también dejó una carta muy hermosa. Tal vez ahora pienso que las cartas son hermosas porque me importa mucho la escritura, pero cartas así me parece que son motivos de alegría y tristeza. Son como una manera de dejar atrás una parte de vos mismo. Pero no son solo para que uno pueda despedirse de alguien. Sirven para decir cosas tipo, "Oye, ahora estoy bien y todos ustedes pronto también van a estar bien".

Con amor,
D.

---

11 DE AGOSTO DE 2018
Tornillo

Querida tía:

La mayoría de los días los tíchers nos sacan de las tiendas de campaña para hacer diferentes actividades, pero hay veces que nos tenemos que quedar dentro todo el día, excepto cuando vamos a comer, y todo porque hace mucho calor afuera o porque hay una gran tormenta. Cuando eso ocurre, el suelo que está afuera de las tiendas de campaña se pone todo húmedo y, pues, no quieren que dejemos huellas de lodo por todos lados. Pero igual el lodo siempre acaba por todas partes.
    Esos días los pasamos adentro haciendo brazaletes.
    Yarn Máster, el niño tímido que tiene más o menos mi edad y que viene de Guate, hace brazaletes usando muchos colores y se ven remacizos. No se los enseña a nadie, pero los lleva puestos y todos estamos fascinados con ellos. Después de un tiempo, Juan Manuel, McQueen, otros niños y yo le pedimos que nos enseñara a hacer brazaletes.
    Nos enseñó con gusto. Creo que estaba agradecido con haber encontrado una manera de formar parte del grupo sin tener que hablar mucho.
    Así es como el Yarn Máster hace los brazaletes: toma once piezas de lana y las corta usando la parte de abajo de los mini desodorantes que los tíchers nos dieron para que no oliéramos tan mal. Luego pone el desodorante debajo del colchón de una de las literas superiores y deja que los hilos cuelguen de las barras de metal que sostienen la cama, luego se sienta en el piso y empieza a entrelazar los hilos en algún patrón en específico.
    Toma tiempo aprender bien el proceso de hacer brazaletes, pero el Yarn Máster ha sido muy paciente con todos nosotros. A estas alturas ya podemos hacer brazaletes con diseños básicos sin su ayuda. El primero

que hice fue uno muy sencillito, pero igual me tomó dos días hacerlo, y eso que pasaba al menos tres horas al día trabajando en él. Es bueno tener algo que hacer. Casi todos en la tienda de campaña dedican tiempo todos los días para hacer sus brazaletes. Intentamos que los diseños tengan letras o palabras o emojis o algún diseño. A Nancy, Yuli e Iván les alegra que hayamos encontrado con qué ocupar nuestro tiempo, y dicen que les han pedido a los encargados del campamento si pueden comprarnos más lana, de otros colores, para que así podamos hacer diseños más complicados. Dicen que siempre nos traen la lana que compran los encargados del campamento, pero creo que ellos la compran con su propio pisto porque siempre nos traen lana de nuestros colores favoritos.

Intercambiamos los brazaletes entre nosotros y siempre los llevamos puestos. Cuando vamos a la cafetería, los demás siempre pueden darse cuenta quiénes son de Alpha 13 porque todos llevamos unos cuatro o cinco brazaletes de colores atados a nuestras muñecas. Juan Manuel y yo tenemos unos brazaletes verdes que hacen juego. Queremos hacer brazaletes con los colores de alguno de nuestros ánimes favoritos, pero todavía no sabemos bien cómo hacerlo y, para ser honesto, todavía no somos muy buenos haciendo brazaletes. No es una competencia. Para nada. Pero todos intentamos hacer brazaletes con diseños muy macizos.

Pero el mejor es Yarn Máster. Él es todo un máster. Sabe hacer trucos como enmarcar las letras con otros colores y añadir capas de hilo en los bordes de los brazaletes. También trabaja más rápido que los demás y a veces usa más de once hilos al mismo tiempo. Hace unos días creo que estaba haciendo un brazalete de veinte hilos.

Hace poco Iván me preguntó sobre mi brazalete. Estaba muy interesado al respecto y entonces me ofrecí a enseñarle a hacer uno, igual que el Yarn Máster me enseñó a mí. He estado dándole clases. Él se para a la par mía mientras hago un brazalete de conejito al mismo tiempo que él hace su primer brazalete. La verdad parece como que no sabe qué hacer. Es algo muy lindo que yo le dé clases a un tícher. Un día le dije que los brazaletes que hacemos acá me recuerdan a los que usted llevaba puestos antes de morir. Iván me preguntó por usted, tía, me preguntó cómo había muerto y casi sin darme cuenta le empecé a contar la historia de mi vida y le conté del tío Felipe y de cuando usted se murió y así, todo, hasta el día que llegué a Tornillo. Ahora siempre que estamos haciendo los brazaletes Iván me hace muchas preguntas sobre Naranjito y cómo fue mi viaje en La Bestia y de cuando estuve en La Hielera con mis primos y de cuando estuve en La Perrera ya sin ellos, y así. Genuinamente le interesa mi historia de vida y él también me cuenta de su vida. Me contó que viene de México y que sus papás los trajeron para acá, a El Norte, cuando tenía apenas cinco años, y a pesar de que Estados Unidos le ha permitido quedarse aquí toda su vida, no es ciudadano americano, y me dijo que en algún punto podrían también deportarlo. Me dijo que siempre ha tenido una vida incierta, pero que últimamente todo ha empeorado por culpa de ese Donal Tron y porque mucha gente en Estados Unidos no quiere que vengan más migrantes o que se queden aquí en El Norte los migrantes que ya están acá y que han vivido toda su vida acá. Iván es una muy buena persona. Siempre ha sido bien amable con nosotros y me pregunto si es porque está como en medio de dos cosas, igual que nosotros.

Yo soy replaticador, pero nunca le cuento a nadie de cómo se murió usted, tía, o el tío Felipe. Pero cuando estoy haciendo los brazaletes, de alguna manera las palabras me salen sin mucho esfuerzo. Es como que ni tengo que esforzarme para hablar. Es como que hacer un brazalete ocupa esa parte de mi cerebro que evita que yo hable de mi vida, y así puedo hablar de cualquier cosa. Y, además, hablar de esas cosas con Iván se me da de forma muy natural. Es como si él fuera mi hermano mayor. Y, pues, esa es otra cosa muy maciza de andar haciendo brazaletes.

Con amor,
D.

Acá hay una foto de algunos de los brazaletes favoritos que aprendí a hacer. P. D. Me tardé una eternidad en hacer el que tiene unos emojis.
Foto tomada por Iván Morales.

15 DE AGOSTO 2018
Tornillo

Querida tía:

Hoy jugamos pelota. Siempre nos avisan cuando en el calendario dice que vamos a jugar pelota, pero el calendario no sirve para nada. Todas las mañanas Nancy nos cuenta qué hay en el calendario, pero siempre dice que no nos emocionemos mucho. Hay días que se supone vamos a jugar pelota, pero al final nos mandan a hablar con nuestros papás por teléfono. Hay días que se supone que tenemos que llamar a nuestros papás, pero acabamos viendo las películas de Buddy. Intento empezar los días como una página en blanco, sin expectativas de nada.

Intento enfocarme en sentirme agradecido que estoy acá con mi familia de Alpha 13 en vez de estar en La Perrera o alguna de las otras tiendas de campaña acá en Tornillo, que son muy tristes. Ahora siempre que veo niños de otras tiendas en la cafetería o durante misa, los veo y no encuentro vida en sus ojos. Seguro que hace unas semanas yo estaba igual. Siempre que me siento desmotivado porque nos cambiaron las actividades en el calendario a última hora y no puedo hablar con mis papás o ir a jugar pelota, me pongo a platicar con Iván o Juan Manuel y me recuerdo lo suertudo que soy de estar en Alpha 13. Estar aquí con mis hermanos es mil veces mejor que estar solo en cualquier otro lugar. Solo porque los otros niños que están en las otras tiendas de campaña están rodeados de gente no significa que no se sienten solos.

Los niños siguen yéndose, y la buena noticia es que ahora el campo de fútbol está más disponible porque no tenemos que compartirlo tanto con otros niños. Me gusta mucho jugar pelota. Cuando jugamos pelota puedo correr un buen rato y así. Mi parte favorita de cuando jugamos pelota es que, al terminar, nos dan unos Gatorade súper fríos que los tíchers sacan de una hielera. Para empezar, hace mucho calor en Tornillo, pero al terminar de jugar y correr por media hora o cuarenta y cinco minutos, todos estamos resudados.

Hoy en el campo de fútbol, cuando Juan Manuel y yo fuimos a agarrar nuestros Gatorades (Iván siempre nos guarda de los rojos, nuestros favoritos), Iván le preguntó a Juan Manuel por qué todos estábamos vestidos "así".

"Así ¿cómo?", le preguntamos.

"Con sudaderas de manga larga. No los entiendo. Estamos en el desierto y de por sí ya hace mucho calor. ¿Por qué no juegan en playera?".

"¡Porque no queremos que la piel se nos ponga más oscura!", dijo Juan Manuel.

"Todos nos ponemos sudaderos o chumpas cuando vamos a jugar pelota", dije y volteé a ver a los otros niños de Alpha 13.

Iván se quedó pensando un rato en lo que le dijimos. Me di cuenta de que quería decirnos algo. Siempre que decimos algo que a Iván le parece perturbador, él es cuidadoso con sus facciones e intenta tener una expresión neutral, lo cual es un claro indicador de que él es réqueteexpresivo. El único momento cuando Iván no expresa cosas con su rostro es cuando intenta no reaccionar de forma negativa.

Empecé a sentirme extraño cuando vi que no dijo nada, entonces agregué, "Pero Gustavo no anda con sudadero. A él no le importa tostarse". Es cierto, y eso le da ventaja cuando andamos jugando porque no siente tanto calor como los demás.

A Yuli le cuesta más mantener una expresión neutral. Siempre que jugamos póker con ella nos damos cuenta cuando está alardeando. Tan pronto nos escuchó hablando de que nos cubrimos con mangas largas para no broncearnos más la piel, ella de inmediato hizo una cara como de tristeza o más bien parecía que la habíamos decepcionado. Le sostuvo la mirada a Iván por unos segundos y luego volteó a verme a mí y dijo, "D., debes tenerle cariño a tu tono de piel. No importa si tienes un tono de piel más oscuro que el resto. De hecho, la gente en este país paga mucho dinero para broncearse y tener una piel tan linda como la tuya. Si sigues poniéndote suéteres a la hora de jugar, te va a dar insolación. Cuando estabas en Honduras ¿también te ponías ropa de manga larga a la hora de jugar fútbol? Por favor, quítate ese suéter, por Dios".

Por fin Iván habló. No recuerdo exactamente lo que nos dijo, pero fue algo tipo, "Siempre les digo que juntos somos más fuertes, ¿no? ¿Saben cómo podemos ser más fuertes? Tenemos que estar orgullosos de las cosas que compartimos. Tú tienes el mismo tono de piel que tu abuela y tu tío y tu mamá y tu papá, ¿cierto? El tono de tu piel es algo que compartes con ellos y eso es algo muy bello". Hizo una pausa. "Sé que yo estoy orgulloso de tener el mismo tono de piel que todos ustedes".

Juan Manuel se dejó el sudadero, pero yo me quité el mío. Lo dejé en el suelo y regresé al campo de fútbol a jugar pelota. Es obvio que tienen razón. Después de quitarme el sudadero me sentí más fresco y ligero, y eso hizo que fuera más divertido andar corriendo y jugando pelota. Pero sentí raro tener esa plática con Iván y Yuli. Nunca antes había pensado de esa manera sobre mi tono de piel. Desde que vine a Estados Unidos, mientras estuve en aquel refugio permanente y luego acá en Tornillo, y cada vez que me toca estar un buen rato bajo el sol, siempre ando con ropa de manga larga. Empecé a hacerlo de forma automática, igual que los demás. Todos menos Gustavo. La única otra vez que pensé al respecto, antes de haber tenido esa conversación con Iván y Yuli, fue cuando me di cuenta de que Gustavo siembre tenía ropa de manga corta y me imaginé que como ya tiene la piel bien oscura entonces no le importa estar bajo el sol. Pero Yuli tiene razón. Cuando jugaba pelota en Naranjito, nunca andaba con ropa de manga larga.

Más tarde, de vuelta en la tienda de campaña, Juan Manuel me preguntó qué pensaba sobre lo que Iván y Yuli nos habían dicho. Él me dijo que no le creía a Yuli, que le parece tonto que haya gente que pague por tener el tono de piel como el nuestro. Me dijo que sí cree que los tíchers tengan nuestro tono de piel, pero la piel de la gente pistuda es más clara.

Creo que Juan Manuel tiene razón. A pesar de que hemos visto muchos adultos acá en El Norte y que sus tonos de piel son de todos los colores, casi todas las personas que tienen poder, como los agentes de La Migra y los tíchers superiores acá en Tornillo, tienen la piel muy blanca. "Y además", dijo Juan Manuel, "¿por qué alguien pagaría para tener un tono de piel más oscuro? ¿Cómo le hacen para cambiarse el tono de piel?".

No sé si eso que dijo nos hizo entender todo mejor, pero al menos nos causó mucha risa.

Con amor,
D.

17 DE AGOSTO DE 2018
Tornillo

Querida tía:

Últimamente he estado trabajando en mi rap. Se me ocurren ideas que agregar a la canción siempre que ando haciendo un brazalete o cuando le cuento a Iván de mi viaje a El Norte. Hablar de mi viaje me ha recordado de varias cosas. Desde la primera vez que me subí a La Bestia he estado intentando sobrevivir, y por lo tanto no he tenido tiempo de pensar en todo lo que me pasa. Pero tan pronto empecé a hablar al respecto, me di cuenta de que he vivido mucho para apenas tener catorce años. Entonces he intentado incorporar algunas de esas experiencias a mi rap.

También he pensado mucho en lo que dijo Yuli sobre que solemos llevar camisas de manga larga para jugar pelota y así no broncearnos más. Tiene razón. Está cabrón, pero creo que no es del todo culpa nuestra que pensemos así. Desde que crucé la frontera la gente me empezó a tratar de tal manera que me hace pensar como que mi vida no vale tanto como la de las personas de piel más clara que la mía. Si me cubro a mí mismo para que mi piel no se ponga más oscura es porque no quiero que las cosas sean aún más difíciles para mí. Cuando convertís a un niño en un prisionero y lo alejás de sus primos y lo metés en un cuarto por tres días, un cuarto donde no hay sillas ni ventanas, y no lo dejás ir al baño cuando más lo necesita, y todo lo demás... ¿cómo esperás que se comporte? No he desarrollado bien estos pensamientos, pero como le dije, tía, he intentado agregar estas ideas a mi canción de rap. A lo mejor escribirlas me sirve para entender qué significan.

Y también he estado pensando en los niños de acá, sobre todo en Juan Manuel y McQueen. Juan Manuel me habla todo el tiempo, pero siempre que hablamos de cómo era su vida en El Salvador no más me dice que se fue por culpa de "las maras" y luego cambia de tema. No sé qué le pasó a mi amigo, pero me imagino que fue algo muy malo. Y también he pensado mucho en McQueen. A él lo separaron de su mamá y todas las noches llora un rato antes de irse a dormir. Pienso en los otros niños y papás que estuvieron conmigo por días en La Perrera, donde nadie habla y donde todos se sientan en el piso duro en silencio.

Escribir este rap me ha permitido alejarme de todo el estrés. No soy una persona claustrofóbica, pero desde que empezaron a sacar más y más niños de acá, siento que esta tienda de campaña empieza a encogerse. Es lo contrario a lo que uno esperaría que pasara. Mientras menos niños hay acá, más encerrado me siento. Pero escribir siempre ha sido como un refugio para mí, incluso antes de venir a Alpha 13. Es un lugar donde me siento a gusto. Es una manera de expresarme a pesar de que nadie va a leer lo que escribo, nadie más que usted, tía.

Pronto le voy a enseñar mi rap.

Con amor,
D.

---

20 DE AGOSTO DE 2018
Tornillo

Querida tía:

Okey, creo que por fin me siento bien con cómo quedó el rap que escribí y se lo quiero mostrar. Pero tengo que ser honesto, ya se lo mostré a alguien más. Hoy estaba en mi litera escribiendo cuando Iván pasó por ahí y me preguntó qué estaba dibujando. Sí dibujo mucho, igual que los otros niños de Alpha 13, pero en ese momento no estaba dibujando, sino corrigiendo mi rap. Le conté lo que estaba haciendo y a pesar de que soy muy tímido al respecto le pregunté si quería verlo. Estaba nervioso de mostrar algo en lo que llevo tanto tiempo trabajando (ni siquiera le había enseñado mi rap a Juan Manuel), pero siempre es muy fácil hablar con Iván y sé que no sería capaz de juzgarme o burlarse de mí. Y, para ser honesto, quería que alguien más me diera su opinión. Entonces le entregué mi cuaderno e Iván empezó a leer. Ahora esta es la letra de mi rap.

Somos hemigrantes

Somos hemigrantes idocumentados ni
Donal Tromp nos a encontrado

*unidos somos muchos y estamos
en todos los estados unos horando
y llo rimando somos fuertes somos
idependientes subiendo en todos los
trenes viendo como los carteles
secuestran a la gente sintiendo
brisa y llubia fría y se cienten
los días sol sin agua te
reseca la garganta y en algunos
casos ala tumba te manda en
algunos casos la vida se ariesga
y hay beses qe te lleva la bestia
chiguagua y Guadalajara son las
ciudades malas donde todo hemigrante
muere por las balas en ese camino
hay traición y mas la son la
emigración por eso canto esta
canción tienes correr por emigración
somos fuertes y unidos y nuestro
plan es llegar alos estados
unidos sueño americano todos lo vivimos
pero muy pocos llegamos a
nuestro destino muriendo
en el camino ancianos y
niños todos vivimos lo mismo
balemos lo mismo su bida y
organismo como sufrimos en el
camino qe con Hambre asi seguimos
con hambre subimos a los trenes*

*hay pobres somos los hemigrantes
pero todos los qe llegan aquí
lla nada nos para
reportando con la paz de
oro
Calandra*

1) Somos hemigrantes

CALAVRA

Somos hemigrantes idocumentados ni Donal Tromp nos a emcontrado unidos somos muchos y estamos en todos los estados unos llorando y llo pimando somos fuertes somos idependientes subiendo en todos los trenes ciendo como los carteles secuestran a la jente sentiendo brisa y llubia fria y se cienten los dias sol sin agua te reseca la gargarnta y en algunos casos ala tumba te manda en algunos casos la vida se ariesga y hay beses ge te lleva la bestia Chiguagua y guadalajara son las siudades males donde todo hemigrante muere por las balas en ese camino hay traicion y mas la son la emigracion por eso canto esta cancion tienes correr por emigracion somos fuertes y unidos y nuestro plan es llegar a los estados unidos sueño americano todos lo vivimos

DETENIDO

ALADA

Pero muy pocos llegamos a
nuestro destino muriendo
en el camino ancianos y
niños todos vivimos lo mismo
batemos lo mismo su bida y
organismo como sufrimos en el
camino que con Hambre así seguimos
con hambre subimos a los trenes.

hay pobres somos los hemigrantes
pero todos los que llegan aqui
lla nada nos Para
rePartiendo con la paz de
oro
                Calandra

"Somos hemigrantes", un poema/rap escrito por D. Esperanza
en 2018 y dedicado a todos los migrantes.
Foto por Iván Morales.

Iván tardó mucho tiempo en leer mi rap. No estaba seguro de si debía verlo a él o no, entonces me quedé ahí en mi cama haciendo como que estaba muy interesado en la funda de mi almohada. Enseñarle a alguien lo que había escrito me hizo sentir una mezcla entre ansiedad y entusiasmo. Estoy orgulloso de mi rap. Creo que es muy bueno, y cuando se lo mostré a Iván, quería que le gustara a él también. Pero también, no sé, apenas tengo catorce años, ¿qué tan buen escritor puedo ser a esta edad? Estaba preocupado por su reacción. Si no le gusta, no va a ser muy crítico para no hacerme sentir mal, pensé. Pero, en ese caso, si dice que le gusta, ¿será que le creo? ¿Qué hago si dice que le gustó, pero son mentiras y no más me dice que le gustó para no herir mis sentimientos?

El rap tiene dos páginas y al terminar de leerlo Iván regresó a la primera página y leyó todo otra vez desde el principio. Cuando levantó la mirada vi que tenía los ojos llenos de lágrimas.

"D., esto es muy hermoso. Es incluso más hermoso porque sé por lo que has pasado", dijo. "Realmente tienes talento para escribir. ¿Alguien ya te lo dijo? Expresas tus ideas con claridad. Este rap tiene la capacidad de resonar con tantos migrantes. Yo también soy un inmigrante y realmente me conmovió. ¿Qué te motivó a escribir esto? ¿Cuándo empezaste a escribirlo?".

Pues, bueno, en definitiva, sé que Iván no me estaba dando pajas. Sé que no puede llorar así de la nada. Mi rap lo conmovió y eso me hizo sentir muy bien. Pasé semanas corrigiendo mi rap y ese es el efecto que quiero provocar en los demás. Vi a mi alrededor para asegurarme que nadie más podía ver que Iván estaba con los ojos llorosos, porque si se daban cuenta seguramente querrían ir a ver qué estaba pasando y todavía no estaba listo para mostrarle mi rap a alguien más.

Le di las gracias a Iván y le conté un poco de cómo escribir, sobre todo escribirle a usted, tía, me ha ayudado a procesar mis pensamientos. Le dije que la escritura me ayuda a entender todo de mejor manera.

De nuevo me dio las gracias y dijo que él sabía que la vida en Tornillo es muy difícil y que no puede ni imaginarse lo difícil que fue para mí perderla a usted, tía, y al tío Felipe, y cómo fue haber sido separado de Miguelito, Elías y Damián. Cuando dijo eso, a mí se me empezaron a llenar los ojos de lágrimas. A veces escuchar que alguien reconoce que uno la está pasando mal puede hacer que uno se ponga a llorar.

Me dijo que yo era muy valiente por escribir sobre mi experiencia y que debería seguir haciéndolo. "Todos van a querer escuchar tu historia.

Espero que algún día puedas compartirla con todo el mundo. Algún día vas a cambiar el mundo, D., lo prometo".

Y, pues, tuvo una gran reacción. Es muy macizo cuando un adulto te aprecia de esa manera. Todo lo que Iván dijo me motivó. No sé si tiene razón con eso que dijo de que voy a cambiar el mundo, pero sé que él lo cree y eso hace que quiera intentarlo.

Todo este tiempo me la he pasado escribiéndole cartas, tía, porque la extraño y porque me ayuda a procesar las cosas y a mantener mi mente ocupada. Nunca pensé hacer algo con estas cartas. Pero ahora que tengo todo este archivo de lo que he vivido, me imagino que podría usarlo para escribir algo más largo, como los libros que leí en El Albergue. Iván se entusiasmó tanto con lo que había escrito que siento como que debería al menos intentarlo. ¿Usted qué cree, tía?

Con amor,
D.

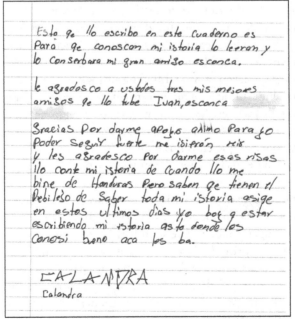

"Esto qe llo escribo en este cuaderno es para qe conozcan mi historia... llo conte mi historia de cuando llo me bine de Honduras, Pero saben qe tienen el prebilegio de saber toda mi historia".

Texto por D. Esperanza, foto por Iván Morales

22 DE AGOSTO DE 2018
Tornillo

Querida tía:

Esta mañana Nancy, Yuli e Iván nos pidieron que nos sentáramos en círculo porque dijeron que tenían que contarnos algo. Tornillo va a cerrar. Parece que hay muchas personas en Estados Unidos que están muy bravas de que el gobierno construyó este lugar y metió a un montón de niños acá sin sus papás. Todo eso tiene algo que ver con esas cosas que van volando por ahí y aparecen sobre nuestras tiendas de campaña. No entiendo por qué exactamente, pero por eso es que han empezado a sacar a niños de aquí. Yuli dijo que nos van a transferir a todos durante las próximas semanas. Dijo que o nos mandan con nuestros papás o lo más seguro es que nos manden a otro centro de detención en algún lugar de este país. Nos dijeron que todo el sistema de migración es un caos porque, a pesar de que un montón de niños cruzaron la frontera con sus papás, el gobierno los separó y ahora no pueden encontrar a nadie. Y en este momento hay muchísimos niños como nosotros en otros albergues, y que para el gobierno es muy difícil reunirlos con sus familias. Eso en verdad no tiene sentido para mí. No entiendo qué pasa. Dijeron también algo sobre políticas y ese Donal Tron, pero, para ser honesto, no entendí nada. No entiendo cómo yo tengo algo que ver con todas esas cosas. Yuli e Iván dijeron que ellos nos estaban transmitiendo la información que recibieron de sus jefes, pero también que no pueden garantizar que todo eso sea verdad o no.

No quiero irme de Alpha 13. Durante meses los adultos de acá, los gringos, me han dicho que acá estoy a salvo, pero esta tienda de campaña es el primer lugar donde me he sentido a salvo. Antes de venir a Alpha 13 estaba muy deprimido. No tenía apetito y sentía como que una parte de mí empezaba a esfumarse, como que una parte importante de mí empezaba a morir, y todo porque este lugar es como una prisión. Me cuesta describirlo, pero acá yo soy un prisionero. No puedo ni comer ni dormir ni cagar sin que alguien lo autorice antes. Me tratan como un criminal a pesar de que soy un niño de catorce años. Si me sacan de aquí, no sé ni qué voy a hacer.

Juan Manuel volteó a verme y estaba retriste. Otros niños empezaron a llorar y todos parecían estar muy tristes. Nadie dijo nada. Yo en ese momento ni lloré porque no parecía ser algo real. Supongo que estaba en shock. Pero ahora que ya han pasado unas horas he podido procesar lo que nos dijeron y tengo el corazón roto. No es justo. Somos personas de verdad. No pueden llevarnos de un lugar a otro cuando se les da la gana. No pueden esperan a que lo aceptemos así no más. Pero y ¿qué podemos hacer nosotros? Apenas somos un grupo de niños, ellos son adultos. Ellos tienen a todo el gobierno y La Migra de su lado, además de un montón de dinero y camiones, ¿y nosotros qué tenemos? Nada. Lo único que tenemos es la ropa que llevamos puesta. Siento como que si nos sacan de aquí y nos llevan a otro centro de detención como que nos van a quitar algo importante. Siento como que, si me separan de mis hermanos de Alpha 13, se va a derrumbar todo el mundo. A todos nosotros nos ha tocado vivir de todo, y todos extrañamos a nuestras familias. Se siente como que las huellas de nuestros papás van a estar toda la vida "siendo procesadas". Seguramente a muchos niños acá les tocó vivir cosas peores que yo. La Migra se llevó a la mamá de McQueen sin darle una advertencia ni nada, y todavía no sabe ni dónde está ella. Seguro no es el único que no sabe dónde están sus papás, y llora todas las noches y llora durante el día igual que un montón de otros niños acá, y no todos son capaces de hablar de sus problemas. No tienen que hacerlo. Pero hacemos lo posible para consolarnos entre nosotros. Nos decimos, "Todo va a estar bien" y "Ánimo, ya queda poco". Sabemos que no podemos hacer más. Estamos presos y no podemos hacer nada al respecto. Podemos apoyarnos y podemos rezar y podemos sentarnos cerquita el uno del otro porque, como siempre decimos, "Juntos somos más fuertes".

De hecho, hay algo más que podemos hacer para sentirnos mejor. Cuando Iván, Nancy y Yuli nos dieron las noticias, todos nos quedamos ahí sentados sin decir nada. Por un momento el único sonido que escuchaba era que alguien estaba moqueando. Entonces Gabriel dijo, "Iván, ¿puedo encender la radio?".

Iván le dijo que sí.

Gabriel buscó una estación que estuviera pasando música y al rato encontró una. Empezó a sonar *Te boté* de Bad Bunny, la canción favorita de Gabriel. Le subió todo el volumen a la radio y empezó a bailar.

Unos segundos más tarde, Los Compadres empezaron a bailar con él, y al rato todos ya estábamos haciendo relajo. Nadie dijo nada. No más empezamos a bailar todos y así la pasamos hasta que llegó la hora del desayuno.

Con amor,
D.

---

26 DE AGOSTO DE 2018
Tornillo

Querida tía:

Cada vez se van más y más niños. Anoche se fue Gabriel. Los Compadres no van a ser igual sin él. Esta tienda de campaña no va a ser igual sin él. Iván nos leyó la carta que nos dejó Gabriel, igual que con cualquier otra carta de despedida que alguien deja cuando se va.

* * *

Siempre que alguien se va de Alpha 13, mandan a otros niños de otras tiendas de campaña a reemplazar al que se fue. Si en una tienda de campaña hay cinco niños y acá hay cinco camas vacías, entonces juntan a los dos grupos acá en nuestra tienda. Supongo que hacen eso para no tener que contratar más tíchers. Siempre les damos la bienvenida a todos los niños, pero ahora las cosas son diferentes porque no sabemos cuánto tiempo van a estar con nosotros. Nadie sabe nada.

Cuando me pongo a pensar en cuando me toque salir de este lugar, siento una picazón en el pecho, abajito del corazón. Me preocupa que despidan a Iván y nos manden a otra tienda de campaña con el mismo tícher de porquería que teníamos antes. No quiero que otro gringo mala gente se tenga que encargar de mí. Quiero un hermano mayor, quiero a Iván. Más que nada, me preocupa perder a Juan Manuel. En mi mente y de alguna manera, siento que he estado cuidando de él igual que me tocó cuidar de Miguelito. Me siento culpable porque no sé dónde está Miguelito, y cada mañana me despierto y miro a la litera que está debajo de la mía para ver si Juan Manuel sigue ahí o si se lo llevaron a media madrugada. Al menos puedo cuidar de él, estar pendiente de él. A veces tengo pesadillas y sueño que se lo están llevando y me despierto todo sudado y tengo que entrecerrar los ojos para ver bien y para ver si él sigue ahí en su cama. Juan Manuel dice que él hace cosas parecidas. Dice que se queda viendo a la litera encima de él y no despega la mirada hasta que se mueven las sábanas, con lo que él confirma que yo sigo ahí.

Iván dijo que durante el fin de semana vamos a tener un carnaval para celebrar que van a cerrar el campamento. Dice que nos van a dar pizza y algodón de azúcar y que van a haber juegos, y que nos van a enviar a otros campamentos donde vamos a dormir en camas más cómodas y vamos a tener privacidad y aire acondicionado. Hace unas semanas, el tener algo que hacer para interrumpir la monotonía de este lugar y tener un lugar cómodo donde dormir habrían sido las respuestas a nuestras plegarias. Pero ahora eso no nos emociona para nada. Ya no nos importa estar cómodos, solo queremos seguir estando juntos.

Con amor,
D.

30 DE AGOSTO DE 2018, RÉQUETETEMPRANO EN LA MAÑANA
Afuera de Tornillo

Querida tía:

Supongo que es el final. Estoy… dentro de un bus.

Me despertaron a las dos o tres de la mañana y ahora me llevan a otro lado. No me dijeron si me iban a llevar donde mis papás o a otro centro de detención, no más me dijeron que tenía diez minutos para salir de la tienda de campaña. La última vez que pregunté todavía estaban "procesando" las huellas de mis papás, así que no tengo la esperanza de que me voy a reunir con ellos hoy. Todavía estaba medio dormido cuando salí de la tienda. Y tenía náuseas. Y estaba muerto del miedo. Y con el corazón roto. Tenía la esperanza de que no tuviera que pasar algo así, que ocurriera un milagro y pudiéramos quedarnos todos juntos ahí en Alpha 13. Le pregunté a la tícher del turno de noche si podía despertar a Juan Manuel para despedirme de él, solo a Juan Manuel, a nadie más, pero por supuesto que me dijo que no. Pensé que igual podía despertarlo. Me sentí tan culpable por no haberme despedido de Rumi aquella vez y no quería cometer el mismo error. Pero no rompí las reglas de Tornillo ni una sola vez en todo el tiempo que estuve ahí.

Entonces junté mis cosas lo más rápido que pude. Apenas me tomó un par de minutos. No había pensado en qué escribir en mi carta de despedida. Tenía la esperanza de que no tuviera que hacerlo, pero fue tonto pensar eso. Entonces tomé una hoja de papel construcción que había guardado para dibujar algo en ella y empecé a escribir con un lapicero verde lo que se me vino a la cabeza. Escribí lo más rápido que pude con la esperanza de que luego entendieran mi letra. No tuve tiempo de copiarla, pero creo que la recuerdo bien. En mi carta escribí algo así:

Hola, amigos:
Nunca me quise despedir de una manera así. Me entristese mucho no poderme despedir de la tícher. Así que ánimo y récenle a Dios por todo, por conocer amigos tan buenos como los que conocí en este centro.

Gracias Dios por darme la oportunidad de conocer a tres maravillosas personas. Los quiero mucho. Besos y abrazos.

Adiós querido amigo, no me pude despedir.

Los kiere,
D.

Doblé el papel a la mitad y en la parte exterior, con letra muy grande, escribí lo siguiente:

Para mis amigos, los kiero mucho.
D.

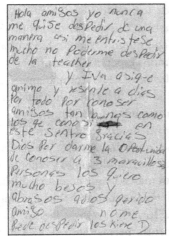 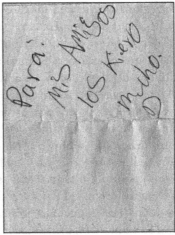

Una foto de la carta de despedida que les escribí a mis hermanos en Alpha 13. La escribí en un pedazo de papel que encontré mientras me apuraban a que saliera.
Foto por Iván Morales.

Dejé mi carta de despedida sobre la cama, donde sabía que iban a encontrarla. La puse debajo de una pila de brazaletes que había hecho yo mismo. Dejé los brazaletes como para despedirme de esa tienda de campaña. Sentí que llevármelos conmigo era algo incorrecto.

Estaba a punto de terminar el brazalete que estaba haciendo, el que tuve que volver a empezar una y otra vez porque a cada rato se me rompía la lana, el brazalete ese de los conejos y el corazón. Corté los extremos del brazalete con la tapadera del desodorante y fijé el desodorante entre las barras de metal debajo de mi colchón para dejar todo listo y que alguien más pudiera terminar el brazalete por mí. Lo dejé colgando a pulgadas de la cabeza de Juan Manuel para que así fuera lo primero que él viera al despertarse. Espero entienda mi mensaje.

Los adultos me llevaron a la cafetería donde había otros setenta o tal vez hasta ochenta niños. Muchos estaban sobándose los ojos ya sea porque tenían sueño o porque estaban llorando. ¿Por qué siempre nos mueven de madrugada? Me pareció doblemente cruel. Hace que nos sea imposible despedirnos de nuestros amigos y nos avientan a un mundo lleno de confusión. Un momento estamos soñando y al siguiente algún adulto que nunca antes hemos conocido, que nunca antes hemos visto, llega a decirnos, "Levántate, agarra tus cosas y acompáñame". Y tenemos que seguirlo. Yo conocía a muchos de los adultos en Naranjito y casi nunca llegaba gente de fuera a mi pueblo. Y usted y el tío Felipe siempre me decían que nunca debía irme con ningún extraño. Sin embargo, acá, desde que cruzamos la frontera todos esperan que confíe en todos los adultos a mi alrededor. Si un adulto me dice, "Acompáñame", debo hacerle caso, sin importar quién es ese adulto. Si les pregunto quiénes son o a dónde me llevan o qué está pasando, ellos pueden ignorarme y ya.

Tan pronto todos los niños dentro de la cafetería estuvimos sentados, otro tícher, un hombre que nunca antes había visto, se fue a parar enfrente de nosotros y empezó a hablar mezclando inglés y español. Fue todo muy confuso. Tenía un acento tan marcado que cuando hablaba en español era incluso más difícil entenderle que cuando hablaba en inglés. "Okey, niños, tienen que salir porque Tornillo *is closing*. Cerrar. Vamos a cerrar. *So* vamos a *transfer you to a* centro permanente de El Albergue *while we keep trying to* reunirlos *with your families*. Con tus familias. *You'll be safe there*. Van en dos autobuses. Cuando *you get on the buses*, decir tu número de cama al tícher *so we can* asegurar que todos están aquí".

Entonces es obvio, tía, que no voy de camino a ver a mis papás. Estoy atrapado. Voy a seguir estando encerrado, pero solo. Voy a estar solo. Voy a estar solo para siempre.

Me mareé cuando el adulto dijo lo que dijo. Sentí como que me estaba hundiendo en mi silla y me pregunto si acaso eso no fue una pesadilla. Me pregunto si todo lo que me ha pasado no es apenas una pesadilla, si la pesadilla no empezó el día que me separaron de Miguelito y Elías, o el día que cruzamos la frontera, o el día que usted murió, tía. No tengo familia, no tengo amigos, no tengo a nadie. Alpha 13 era demasiado bueno para ser cierto. Tal vez la parte que soñé fue cuando estuve dentro de Alpha 13, incluyendo eso de "juntos somos más fuertes", y por eso han empezado a separarnos. De seguro no intentan siquiera juntarme con mi familia. Si quisieran reunirme con mi mamá y mi papá, ya a estas alturas estaría en Nashville. Quieren alejarnos de nuestras familias, alejarnos el uno del otro. Quieren que estemos solos. Quieren que me quede sin nadie en quien yo pueda confiar, sin Juan Manuel, sin Iván, sin Rumi, sin Miguelito y Elías. Van a lograr que estemos tan solos para que así ya no queramos estar en este país, para que roguemos que nos manden de vuelta. Pero incluso si eso pasa no van a mandarnos de vuelta, van a mantenernos encerrados aquí para siempre. No sé qué obtienen a cambio de tratarnos así, pero van a seguir mintiéndonos, lo sé. No sé por qué nos tratan así. Y estos adultos parece que ni siquiera nos odian, no parecen ser malos, parece como que están aburridos y cansados, como que lo que hacen es muy parecido a levantar caca de vaca. Es como que esto es apenas cualquier otro trabajo molesto para ellos. No sé cómo le hacen para hacer la vista gorda antes sus propias acciones. Son crueles de tal manera que es incluso imperceptible para ellos, para todos excepto sus víctimas.

Pero, bueno, todavía no ha salido el sol. Vamos en alguna carretera y sigue siendo de noche. Voy a tratar de dormir un rato acá, tía. Tal vez sueño con que estoy en un lugar mejor.

Con amor,
D.

30 DE AGOSTO DE 2018
Bus

Querida tía:

Me desperté y tenía el sol en la cara. Todavía vamos de camino. No recuerdo cuando me subí a este bus, pero aquí estoy. Si miro por la ventana, veo que por ahí está el muro, el mismo que vi cuando iba de camino a Tornillo. Supongo que es el mismo. De seguro es todo un solo muro que atraviesa el desierto.

No sé por cuánto tiempo hemos estado en esta carretera. De seguro ya varias horas. Me duele el cuello porque iba recostado en la ventana y hasta babeé un poquito mientras iba dormido. Seguro mis amigos de Alpha 13 van a despertarse pronto y van a ver mi cama vacía. Espero encuentren mi nota y los brazaletes. De seguro Juan Manuel se va a poner a llorar. Me lo imagino despertando a media madrugada y viendo hacia arriba, a mi litera, y esperando que se muevan mis sábanas. ¿Cuánto tiempo va a estar así, viendo las sábanas antes de levantarse para ver si sigo ahí? Supongo que va a ver que dejé encima de él un brazalete a medio terminar. Espero que él considere que esa es una buena forma de despedirme de él. Sé que Iván, Nancy y Yuli van a cuidar de él, pero Juan Manuel y yo tuvimos algo especial, y ahora nunca más voy a volver a verlo, al igual que nunca más voy a volver a ver a Rumi. Espero, en verdad espero y le pido a Dios, y si usted, tía, puede hacer algo, le pido que lo haga, volver a ver a Miguelito algún día.

Los otros niños van a estar felices por mí. Tan pronto Iván, Nancy y Yuli lleguen a la tienda de campaña, mis amigos van a contarles a ellos que ya no estoy, que voy de camino a reunirme con mis papás. Iván va a leer la carta que dejé y aunque todos van a extrañarme, todos van a estar muy felices porque creerán que pronto voy a ser libre. ¿Será que les pasó lo mismo a los otros niños que sacaron de Tornillo? Cuando Mano y René y Catracho y Gabriel se fueron, todos estábamos muy felices porque iban de camino a sus casas. Pero ¿será que no más los mandaron a otras prisiones que están muy lejos de Alpha 13? ¿Y adónde (perdón por repetir esto una y otra vez, pero es que no puedo dejar de pensar al respecto) será que mandaron a Miguelito y Elías?

No sé a qué tipo de prisión me están enviando. Tal vez voy de camino a otro campamento parecido a Tornillo o a otro albergue con aire acondicionado y clases de historia. O tal vez voy de vuelta a La Perrera. Tal vez han llegado tantos niños a Estados Unidos que no hay lugar para todos nosotros, entonces tal vez vamos de camino a la frontera porque nos van a dejar por ahí tirados en México. Tal vez decidieron que quieren que nos quedemos aquí. O tal vez, a pesar de que creo que no he hecho nada malo, Bertha y los otros tíchers piensan que me estaba portando remal y entonces hicieron un reporte y ahora van a deportarme. Tal vez mis papás no están esperándome porque no les dije que ya iba de camino y en este momento no hay lugar para mí en sus vidas.

Pensar en estas cosas hace que me duela el estómago. Voy a cerrar los ojos e intentar dormir otro rato.

Con amor,
D.

---

30 DE AGOSTO DE 2018
El Albergue

Querida tía:

Ni siquiera me sorprendió que cuando me desperté estábamos parqueados frente al mismo albergue en el que estuve cuando salí de La Perrera, el refugio permanente donde conocí a Rumi.

Dos mujeres se subieron al bus.

"¿Ya comieron todos acá?", dijo una de las mujeres. Sentí como que había viajado en el tiempo al momento que llegué por primera vez a este albergue.

Todos se comportaban de forma muy tímida, pero algunos de los otros niños dijeron que no con la cabeza.

"Bueno, vamos a comer entonces", dijo ella. "Cuando escuchen su nombre, vengan al frente para que les asignemos su grupo y número de cama".

Me dieron mi número y después todos fuimos de camino a la cafetería. Vi a mi alrededor y todo era igual, todos hacían fila, el campo de fútbol era igual que antes, los edificios se veían igual que antes. En la cafetería nos dieron el mismo arroz con vegetales. Lo único diferente son las caras aquí dentro.

Mientras estábamos comiendo, nos dieron la misma presentación que me dieron la primera vez que vine aquí hace meses. De seguro la dio la misma mujer que antes. No recuerdo su rostro, pero recuerdo que ella hablaba español tan bien como yo y sonaba muy aburrida, igual que la tícher que nos dio la presentación hoy.

"Bienvenidos a El Albergue. Acá están a salvo. Estamos trabajando para reunirlos con sus familias...".

Fue igual que la vez pasada. Todo es igual, tía. Solo que ahora no está Rumi. Sé que debería buscarlo. Sé que también debería buscar a Miguelito y a Elías por si a lo mejor están aquí. Pero no tiene sentido. Cuando nos piden que caminemos en fila, voy viendo hacia abajo.

Con amor,
D.

3 DE SEPTIEMBRE DE 2018
El Albergue

Querida tía:

Llevo acá cuatro días, creo.

Digo "creo" porque un día dentro de este lugar se siente como un año y eso hace que sea difícil llevar la cuenta de los días que pasan.

A donde sea que vamos, sea lo que sea que estemos haciendo, siempre vamos en fila. Si vamos a la cafetería, vamos en fila y ahí como algo. Si vamos al campo de fútbol, vamos en fila y me quedo parado por ahí a un lado del campo. Si vamos a clase, vamos en fila y me siento en algún escritorio. No sé si nos están dando clases de historia o de inglés o qué. No me importa. Recuerdo cuando me senté en este salón por primera vez y estaba tan interesado en lo que decían los tíchers, y no entendía por qué había niños sentados hasta atrás que no estaban poniendo atención. Ahora yo soy uno de esos niños.

En este refugio permanente hay aire acondicionado, una cama muy cómoda y un baño que tengo que compartir con mi nuevo compañero de cuarto. La comida no es para nada rica, pero es mejor que la comida que dan en Tornillo. Debería alegrarme de estar aquí. La primera vez que vine aquí, recién salido de La Perrera, sentí como que era un sueño hecho realidad. Era como estar durante Semana Santa en Naranjito, cuando iba a pescar y acampar con mis amigos y esa semana no trabajábamos ni un solo día. Comparado a estar en las manos de los agentes de La Migra, se sintió muy bien estar aquí esa primera vez.

Pero ahora no siento nada de eso. Es como que si no estuviera aquí. Mi cuerpo es obvio que está aquí, pero mi cerebro se quedó en Tornillo con mis hermanos de Alpha 13. A estas alturas seguro ya clausuraron el campamento. Seguro están sacando más y más niños, que van de camino a reunirse con sus familias o a otras prisiones. Puede que algunos incluso acaben aquí, pero no importa porque este lugar es tan grande que ni siquiera los vería.

Si llevo bien la cuenta de los días, eso significa que hoy es el carnaval. No que eso importe mucho. Creo que ya nada importa. Perdón, tía.

Con amor,
D.

17 O 20 DE SEPTIEMBRE, MÁS O MENOS
El Albergue

Querida tía:

Día dieciséis o diecisiete. O día ocho o nueve o doce o treinta y siete. Mi nuevo compañero de cuarto es muy callado. Parece como que no quiere hablar conmigo. Por mí está bien. Yo tampoco quiero platicar con nadie. No recuerdo ni cómo se llama.

    Hoy nos dieron permiso de hacer llamadas. Mi papá me preguntó que qué tal estaba yo. No le dije que me trajeron de vuelta a El Albergue. Él querría saber, o sea, soy hijo suyo y quiere saber siempre dónde estoy, pero es que no hay gran diferencia en si estoy aquí o allá. Mi mamá parecía estar muy preocupada. Ella se dio cuenta de que había algo diferente en mi voz. Me preguntó si estaba bien y yo no más le dije lo que siempre le digo, que ya no me aguanto las ganas de que los de La Migra terminen de procesar sus huellas y las de mi papá para que así pueda reunirme con ellos. Pero da igual. No se me ocurrió decirle otra cosa, entonces hice como que el tícher me había dicho que ya tenía que colgar el teléfono a pesar de que seguramente todavía tenía un par de minutos disponibles.

    Acá todavía hay algunos libros. Me he estado llevando libros a la cama. Pero no es como antes. Las palabras no se adhieren a mi cerebro. Paso la mirada sobre las líneas impresas hasta que me quedo dormido. La buena noticia es que ya no tengo pesadillas, contrario a la primera vez que estuve aquí. Más bien no sueño nada de nada. O al menos no recuerdo mis sueños.

    Ya han de haber cerrado Tornillo. Alpha 13 ha de estar vacío a estas alturas. De seguro desarmaron la tienda de campaña. Me pregunto qué irán a hacer Iván y Nancy y Yuli. Ojalá me hubiera quedado con algún brazalete.

Con amor,
D.

SEPTIEMBRE
El Albergue

Querida tía:

Día once o algo así.

Aquí todos los días son iguales. Ya me hice a la idea de que voy a estar aquí por... no por el resto de mi vida, pero ya no voy a esperar nada. Ya dejé de esperar que pase algo. Ya dejé de pelear, si tiene sentido decir algo así. En Alpha 13 a cada rato decíamos "Juntos somos más fuertes", pero nunca hablamos de lo que significa estar divididos.

Siempre pensé que darse por vencido significaba que todo llegaba a su fin. Como cuando jugás un videojuego. Si perdés, tenés que volver al principio de la pantalla. Sentía como que, si me daba por vencido, de alguna manera me iban a mandar a Naranjito para intentar sobrevivir y regresar a trabajar bajando cajas de los camiones o cuidando del ganado o lo que sea. Todo sería igual a como eran las cosas antes de que Miguelito y yo saliéramos de Honduras porque ambos fallamos en llegar a El Norte. Eso o se me acaban las vidas en este videojuego y pues me muero, me caigo de La Bestia, me congelo en La Hielera, me mata a golpes alguna pandilla o La Migra.

Pero así no son las cosas. La vida no se parece a un videojuego. Cuando perdés, cuando te das por vencido, te quedás ahí mismo. Nada ha cambiado. No vas al inicio de la pantalla. No te morís. Cuando te das por vencido el mundo sigue dando vueltas. Lo que pasa es que dejás de verlo dando vueltas.

Ya no me importa nada, ya dejé de intentarlo, ya dejé de ver el mundo dando vueltas. Ojalá no me hubiera tomado la molestia de intentar mantener la frente en alto. ¿Por qué me quedé despierto en mi cama llorando tantas noches? Eso no hizo que me sintiera menos solo. ¿Por qué todos los días me aferré a la esperanza de que ya me iban a llevar a Nashville con mis papás? Al final fue en vano tener esperanza. Sigo aquí.

Tener esperanza no hace la diferencia. Si alguien hubiera grabado un video de mí la primera vez que estuve aquí en El Albergue y luego otro video de mí hoy, serían dos videos idénticos. Ya no pierdo el tiempo deseando que las cosas cambien. Podría tener el deseo de vivir en la luna, pero eso no lo haría posible.

Pero tal vez esos videos no serían idénticos. Han cambiado algunas cosas desde que decidí darme por vencido. Ya no intento ganar los partidos de fútbol. No más me quedo ahí en el campo de fútbol viendo jugar a los otros niños. Ahora como menos. Siempre me llevo algún libro a la cama, pero no recuerdo nada de lo que leo. Casi no hablo con los otros niños y ellos no hablan conmigo. ¿Será que la última vez que estuve acá los niños eran igual de callados? A lo mejor. Cuando te das por vencido, de repente te das cuenta de cuántas otras personas a tu alrededor también ya se rindieron.

Hoy otra vez hablé con mi papá. Traté de no sonar muy entusiasmado. Me dijo que había algo extraño en mi voz y me preguntó si estaba bien y le dije que sí. "Como tres veces al día, papá. Los otros niños son rebuena onda, papá. No tenés que preocuparte por mí, papá".

Me hubiera gustado decirle, "Te amo, papá. Te extraño, papá. ¿Cuándo vas a venir a sacarme de aquí, papá?".

Y todo eso sí que lo siento. Pero no fui capaz de decírselo.

Lo más que logré decirle fue, "Estoy a salvo, papá".

No me gusta ser así, tía.

Con amor,
D.

---

20 DE SEPTIEMBRE DE 2018, CREO
Bus

Querida tía:

Llegó la hora de ir a otro lado. Después de tres semanas aquí, o al menos eso creo, voy de camino a otro lugar. Supongo que todavía no me he dado por vencido del todo porque, cuando la tícher me despertó a media madrugada, le pregunté si al fin iban a llevarme con mis papás. La tícher dijo que no sabía, pero más tarde, mientras estaba en el gimnasio junto a una docena de niños, nos dijeron que nos iban a llevar a otro centro de detención. "Vienen más niños para acá", dijo el hombre que estaba a cargo de nosotros antes de subirnos al bus. "Tenemos que hacer espacio para los niños que vienen, entonces vamos a transferirlos a otro albergue".

Me sentí muy tonto por creer que ya iba a reunirme con mis papás.

Sobre todo, porque ya había decidido que no iba a pensar más en eso. Soy un tonto.

Al menos esta vez no me siento tan mal de haberme ido sin despedirme de mi compañero de cuarto. Sin embargo, sí estoy un poco triste de haberme ido. Al menos conocía el día a día en El Albergue y me había acostumbrado a la rutina de ese lugar.

Las transferencias son como subirse a La Bestia. Las primeras veces me daba miedo y era emocionante y todo era muy incierto, pero ahora ya me acostumbré. Hace unas horas, tan pronto escuché la voz de alguien durante la madrugada, y antes de siquiera abrir los ojos, supe que iban a enviarme a otro lugar. Pero solo porque ya me acostumbré a esto no significa que no me afecte, porque sigue siendo algo muy brutal.

Debería ya acostumbrarme una vez por todas a estos buses, a los asientos de tela que se hacen para atrás, a las palancas de emergencia, a los televisores que están siempre apagados, a los baños estrechos y apestosos que igual son mejores que los baños portátiles que había antes en Tornillo, al muro que veo desde la ventana.

Hay algo que sí me preocupa. Ya nada me importa. Le juro, tía, ya nada me importa. Ya me pela todo, pero eso no significa que no tenga instinto de supervivencia. Tengo miedo de que vayan a abandonarnos acá en el desierto, que no se tomen la molestia de irnos a dejar al otro lado de la frontera, a Ciudad Juárez, que nos dejen tirados y ya. Dijeron que tienen que hacer espacio para "más niños", pero ¿cómo es que enviarnos a ocupar camas en otro lugar aumenta el número total de camas disponibles? Tal vez tomaron la decisión de reunir a todos los niños cuyos padres no quieren hacerse cargo de ellos y van a ir dejarnos por ahí tirados. Todavía hay algo que no entiendo, tía, ¿por qué es tan difícil para ellos enviarme con mis papás? No es como que no tenga familiares en este país y tienen que encontrar a alguien que quiera adoptarme. Mis papás están acá, en Estados Unidos. Yo hablo con ellos a cada rato. ¿Por qué mi papá no puede venir a buscarme en su carro? Y cuando le pregunto a él, dice que está haciendo todo lo posible. Dice que la mujer con quien habla por teléfono le dice que no hay nada que puedan hacer y no sabe con quién más hablar porque tienen miedo de que los deporten a él y mi mamá. Parece que todo el tiempo los noticieros en la tele y la radio se la pasan hablando de migrantes y todo por las mismas razones que Iván nos dijo, eso del tal Donal Tron, y tienen miedo de que, si intentan

retar al gobierno para que me den salida, puede que las cosas se pongan peores tanto para ellos como para mí.
No creo que pase algo así. No creo que estos tíchers sean tan crueles. En el peor de los casos creo que nos obligarían a ir de vuelta a México. Pero igual no puedo dejar de pensar al respecto. Y tampoco me gusta la idea de que me dejen tirado allá en Juárez sin dinero y sin mis primos. Pero intento apegarme al plan original. No pelear por nada, no tener esperanzas. Esta es mi vida ahora, tía. Voy a aceptar todo lo que venga.

Con amor,
D.

TODAVÍA ES EL 20 DE SEPTIEMBRE DEL 2018, O ESO CREO
En el bus, pero estamos parqueados en...

Tía:

Pues, puchica. No sé qué está pasando. ¿Nos trajeron de vuelta a Tornillo? El conductor parqueó el bus y hemos estado aquí por unos veinte minutos. Estoy muy confundido. Dijeron que iban a cerrar Tornillo, pero sigue aquí y de hecho está más grande que cuando me sacaron de aquí. Cuando el bus llegó aquí, vi que había docenas de nuevas tiendas de campañas ubicadas en áreas que eran terrenos baldíos cuando yo me fui. Y hay un montón de trabajadores y carros de paila y otros vehículos acá, y los trabajadores trabajan en las tiendas de campaña y llevan materiales de un lugar a otro, y hay varios miembros del personal del campamento caminando por ahí y todos visten camisas de manga corta naranjas o azules. Antes nunca se vestían así, y eso que estuve aquí hace unas semanas.

No tengo idea de qué está pasando. ¿Será que nos mintieron? ¿Será que en algún momento el plan sí era cerrar el campamento? ¿O nos dijeron eso para confundirnos?

Obvio que estoy pensando en Alpha 13. Mi corazón empieza a latir más rápido si pienso que voy a reunirme con mis amigos. ¿Será que todos siguen ahí? ¿Será que todavía va a haber alguien ahí? Para cuando yo me fui ya varios niños se habían ido, así que asumí que más y más se fueron hasta que cerraron Tornillo. Pero tal vez después de que me fui decidieron no cerrar este centro de detención y por lo mismo no tuvieron que transferir a nadie más. ¿Y si Juan Manuel sigue aquí? Incluso si él ya no está aquí, pero el campamento sigue abierto, entonces Iván, Nancy y Yuli han de seguir trabajando aquí. Si puedo volver a Alpha 13, aunque sea por unos días, y así ver a mis amigos, mis hermanos... todo va a ser diferente. Empecé a rezar, "Dios, María, Jesús, quien sea, eso es lo único que quiero. Por favor, déjenme volver ahí, quiero ver otra vez a Iván y a Juan Manuel. Ni siquiera pude despedirme de ellos. Si puedo volver a Alpha 13 voy a poder sobrevivir el tiempo que tenga que estar encerrado. No puedo volver a esa soledad, no puedo. Juntos somos más fuertes. Por favor, permítanme volver a estar con ellos".

Y le dije, tía, que ya no me importaba nada, ¿va?

D.

TODAVÍA EL 20 DE SEPTIEMBRE DE 2018, POR LA NOCHE
Tornillo

Querida tía:

Bueno, pues hoy fue... un día largo. Le tengo que contar muchas cosas.

Cuando al fin nos dejaron bajar del bus, un tícher nos llevó en fila a la tienda de campaña más grande que hay aquí. Pero mientras íbamos caminando, todo era un gran caos. El campamento está hecho un relajo. Hay tiendas de campaña medio construidas y montañas de basura por todos lados. Cuando íbamos caminando por el campamento, los tíchers empezaron a gritarse instrucciones los unos a los otros en vez de hablar por sus *walkie-talkies* como cuando estuve aquí la vez pasada. Y otra vez hay baños portátiles, pero ya no están afuera de las tiendas de campaña, sino por todos lados, puestos como al azar en todo el campamento. Algunos están envueltos con una cinta amarilla. Vi uno que estaba acostado en el suelo. Odio pensar en cómo pudo haber pasado eso. Por suerte también hay unos como vagones con baños.

No me llevaron a la misma tienda de campaña donde estuve la primera vez que me trajeron aquí, me llevaron a otra. Ya era de noche para cuando nos dieron la plática de orientación. Nos pidieron que nos sentáramos en unas sillas de plástico y a cada uno nos dieron unos vasitos de plástico con Gatorade del amarillo. Luego una mujer empezó a hablarnos en español.

"Bienvenidos a Tornillo", dijo ella. "Esta es una nueva instalación temporal donde vamos a mantenerlos a salvo mientras el gobierno intenta reunirlos con sus patrocinadores. A cada uno les será asignada una tienda de campaña y una cama. Dentro de su tienda de campaña habrá tres adultos en todo momento...".

Dijo lo mismo que la vez pasada. Pero la tícher no dijo nada de que la prisión debía estar cerrada a estas alturas y de que para cuando me llevaron a El Albergue ya solo había algunos cientos de niños acá.

Pero las buenas noticias (en ese momento pensé que eran buenas noticias, excelentes noticias) es que cuando empezaron a asignar camas y tiendas de campaña me enviaron de vuelta a donde pertenezco: Alpha 13, cama número 12, un refugio dentro de esta prisión.

Quería llegar corriendo a la tienda de campaña, pero tenía que dejar que el tícher me llevara a pesar de que sabía exactamente a dónde tenía que ir.

Al fin llegamos a Alpha 13. Tan pronto abrí la puerta vi directo a la litera que compartía con Juan Manuel y él estaba ahí, recostado en su cama. Mi amigo se dio la vuelta y levantó la vista cuando escuchó que alguien entró a la tienda de campaña. Me vio a los ojos, parpadeó un par de veces y frunció el ceño. Era como si estuviera viendo una ilusión óptica, como si en ese momento ya no solo los adultos le decían mentiras, sino también sus ojos. Me vio como si esperara que yo desapareciera en una nube de humo.

Corrí hasta llegar a nuestra litera, agarré a mi amigo de los hombros y le grité, "¡Juan Manuel!".

Él parpadeó una vez más y salió de un brinco de la cama y me abrazó con todas sus fuerzas. Nos apartamos para intentar hablar, pero antes de siquiera decir una sola palabra él me volvió a abrazar. Nos quedamos así, en los brazos del otro, hasta asegurarnos de que no estábamos abrazando una ilusión óptica. Ambos sabíamos que no era permitido abrazar a los demás, pero en ese momento no nos importó para nada.

Al fin nos soltamos y empezamos a platicar.

Detrás de Juan Manuel vi que venía Gustavo. Así me enteré de que él seguía aquí. Vio que yo estaba de regreso y me di cuenta de que quería saludarme, pero permitió que Juan Manuel y yo tuviéramos un momento a solas.

Nuestra conversación fue algo así:

JUAN MANUEL: ¿Qué estás haciendo aquí? ¡Pensé que ya estabas en Nashville! ¿No te mandaron con tus papás?
YO: No. Me llevaron al albergue de la vez pasada, en donde estuve antes de venir aquí... al mismo donde estuve antes de venir aquí la primera vez.
JUAN MANUEL: O sea ¿que ni siquiera has visto a tus papás? Y ¿por qué no?
Se le empezaron a llenar los ojos de lágrimas. Me di cuenta de que se le atravesó el mismo pensamiento que yo tuve cuando me llevaron de vuelta a El Albergue: ¿Qué pasa si en verdad nadie se ha reunido con sus familias? ¿Qué pasa si todo es una gran mentira?
YO: No sé. Pero, decime, ¿qué onda con el Tornillo? ¿Por qué al final no lo cerraron?
JUAN MANUEL: Fue una locura. El campamento empezó a hacerse más y más pequeño, y empezaron a desarmar las tiendas de campaña y todo lo demás. Iván a cada rato nos decía que todo iba a estar bien, que era muy probable que pronto íbamos a ver a nuestras familias y, de no ser así, que nos iban a mandar a unos refugios más bonitos donde íbamos a recibir clases y tener acceso a baños normales y otras cosas así.
YO: Pero no fue así, ¿verdad?

No, no fue así. Celebraron el carnaval y todo, pero al día siguiente Nancy les dijo que las personas a cargo del campamento habían cambiado de parecer. Juan Manuel me contó que todo está relacionado con ese Donal Tron y las cosas voladoras que mirábamos en el cielo de vez en cuando. Me contó también que, en vez de cerrar el campamento, los encargados empezaron a construir más tiendas de campaña y que pronto trajeron a miles de niños más y que todos los días llegaban más y más buses llenos de niños.

Estaba a punto de preguntarle que quienes de nuestros amigos de Alpha 13 ya se habían ido y si alguien más había regresado igual que yo, pero justo entonces una tícher pelirroja que nunca antes había visto se fue a ubicar justo al lado nuestro. Ella estaba a la par del niño que sentaron a mi lado mientras íbamos en el bus, un tal Tigre.

"*English english*, D. Esperanza?", dijo ella, y habló redespacito para que pudiera entenderle.

Le dije que sí, que yo era D. Esperanza.

"*English english mistake. I'm sorry.* A usted lo *English english english* Alpha 11, pero *because* usted estuvo acá antes *english english english english english* lo enviamos *English english. English english* asignado a *english english*. Venga conmigo".

Volteé a ver a Juan Manuel y luego a Tigre. Supuse que ninguno de ellos le entendió a la tícher. Pero era obvio que debía acompañarla. Todavía no quería irme. Deseé que Iván estuviera ahí mismo para ayudarme a entender lo que estaba pasando, pero ya era de noche y pues no había nadie más que los tíchers del turno de la noche, y ellos nunca han sido de mucha ayuda.

"Te veo más tarde", le dije a Juan Manuel y fui caminando detrás de la tícher. Ella me llevó a otra tienda de campaña, la Alpha 11, que es igualita a Alpha 13 solo que aquí no hay dibujos ni afiches ni rompecabezas en las paredes. Las paredes de Alpha 11 son paredes lisas color caqui, las típicas paredes de una tienda de campaña. Y los niños de Alpha 11 se miraban todos tristes, pero eso es normal, todos los que no están en Alpha 13 siempre andan súper tristes. O tal vez no están tristes, no más les falta vida a sus ojos. Me imaginé que se sentían igual a como yo me sentía cuando estaba en El Albergue. La tícher le dio un toquecito a una litera y se alejó de mí. La sensación tan fea que sentía en el pecho empezó a empeorar y casi logra hacerme sentir más pesado, como si mi torso intentara derrumbarme. Le pregunté a la tícher qué estaba pasando, y ella mandó a llamar a otro tícher de Alpha 11 para que fuera nuestro intérprete. El español del otro tícher no era muy bueno, pero era lo suficientemente bueno como para entenderle.

"Dice que esa es tu cama", dijo.

Le expliqué que, al recién llegar a Tornillo, me dijeron que estaba asignado a Alpha 13, cama 12, la que antes había sido mi cama.

Él volteó a ver a la tícher y le dijo un montón de cosas, pero no le entendí. Las únicas palabras que logré distinguir fueron, "Alpha 13".

"Okey", dijo el tícher, "dice que hubo un error, que te mandaron a Alpha 13 por error porque ahí estuviste antes, pero ahora otro niño está asignado a tu cama. Bienvenido a Alpha 11".

Ambos tíchers se fueron caminando. La tícher salió de la tienda de campaña y se fue de vuelta a donde sea que vino, y el otro tícher volvió a donde estaba, al otro extremo de la tienda de campaña. Me agarré de la litera más cercana e intenté respirar. Me dije a mí mismo que iba a estar bien y que podía pasar la noche ahí en Alpha 11, que mañana, cuando llegase Iván, Manuel le diría que yo estaba de vuelta en Tornillo pero que me llevaron a otra tienda de campaña y entonces él podría pedir que me llevasen de vuelta a Alpha 13. Todo va a estar bien, pensé. Ya pasé dos semanas lejos de Alpha 13, puedo soportar una noche más en otra tienda de campaña, y además estoy en otra tienda Alpha, a dos tiendas de la tienda donde está Juan Manuel. Me imaginé que volvería a verlo a la hora del desayuno, antes de que Iván lograra que me mandaran de vuelta a Alpha 13.

Me senté en mi litera como por una media hora mientras intentaba calmarme y procesar lo que había pasado. Parte de mí quería rendirse a la tentación de otra vez no darle importancia a nada de nada, actuar como si ya nada importara, pero no quería hacerlo. Pensé que esa parada era apenas un retraso. Me recordé que mañana Iván iba a arreglarlo todo. Sabía que él era capaz de arreglar las cosas aquí. Intenté alimentar la gran alegría que sentí unos momentos antes. La verdad es que voy a volver a estar con Juan Manuel, solo tengo que ser paciente, pensé. Recordé que es un milagro que Alpha 13 siga aquí.

Estaba a punto de irme a dormir cuando la misma tícher pelirroja que me trajo a Alpha 11 regresó. De inmediato me levanté y pensé que tal vez no tenía que esperar hasta mañana, que tal vez había regresado para llevarme de vuelta a Alpha 13. A lo mejor Juan Manuel le explicó mi situación a los tíchers de la noche, pensé. Tal vez los tíchers de la noche ahora son más amables y hasta tienen interés en los niños que tienen a cargo y pidieron que me llevaran de vuelta a Alpha 13. Es difícil imaginar algo así, pero es posible.

La tícher parecía estar molesta de estar otra vez a mi lado. Se acercó a mí y otra vez mandó a llamar al otro tícher de la noche y le pidió que fuera nuestro intérprete.

"*English english english english english. We weren't english to english him english tent english english english. English english english english?*".

El tícher de la noche volteó a verme y dijo, "Ella dice que cometió otro error. Después de todo no tienes que estar en esta tienda de campaña. Toma tus cosas y síguela". El tícher me vio sonreír y creo que a él le dio gracia todo lo que estaba pasando. Traté de imaginar lo que él estaba pensando de mí. "Tienes una muy buena actitud", dijo.

Fui detrás de la tícher pelirroja y juntos salimos de la tienda de campaña, fuimos hacia la izquierda y de vuelta a Alpha 13. Conocía el camino y quería ponerme al día con Juan Manuel antes de la hora de dormir. No tardamos tanto en llegar. Unos treinta segundos, no más. Pero cuando llegué a la puerta de Alpha 13, la tícher me detuvo.

"*Oh, no*", dijo. "*English, English*". Hizo gestos con sus manos para que siguiera caminando detrás de ella.

"Alfa tertín" dije, y me esforcé para decir *thirteen*.

"No", dijo ella. "*English, English*". Sea lo que sea que dijo, lo dijo con firmeza, no de mala gana, pero siento que me dijo algo tipo, "A ver, niño, estoy cansada, ya es de noche y no puedo seguir buscando a alguien que hable español solo porque tú no hablas inglés".

Supuse que todo era culpa mía por no prestar atención en las clases de inglés que recibí en El Albergue. Tal vez si sí hubiera puesto atención, pensé, sería capaz de entender lo que me quiere decir esta mujer. Pero igual, cuando me dijo que no, que no podía entrar a Alpha 13, aquella horrible sensación que sentía en el pecho volvió con más fuerza que antes. Debí haber sabido que todo era demasiado bueno para ser cierto.

Pasamos por delante de Alpha 13 y otros Alphas hasta llegar a un camino de asfalto por donde entran los buses. Había varios camiones parqueados ahí. La tícher iba tan rápido que tuve que trotar para seguirle el paso. La tícher pasó un rato hablando en voz baja. Fuimos hacia la derecha, caminamos otro rato y luego llegamos al área "Bravo". Nunca antes había estado ahí. Pasamos filas y filas de tiendas de campaña. Esa área del campamento es enorme. Acá hay al menos el doble de tiendas de campaña que las que hay en Alpha. Por fin la mujer se detuvo frente a una de las tiendas y abrió la puerta, y aquí ando, escribiéndole esta carta, tía, desde esa tienda de campaña.

"Bravo 42", dijo. Entendí lo que me dijo. Entré a la tienda y todos estaban muy callados. Me di cuenta de que ya había empezado la hora donde no es permitido hablar. Dentro, una tícher me estaba esperando y, sin decir nada, me mostró mi cama.

Me parece algo muy cruel eso de seguir esperando que me vaya bien o incluso que mejoren las cosas, pero todo va de mal en peor. Pero no voy a volver a pensar que ya nada me importa. Voy a estar bien. Solo porque estoy lejos de Alpha 13 no significa que deba perder la esperanza.

Mañana Juan Manuel va a contarle a Iván que estoy aquí y entonces Iván va a lograr que me manden de vuelta a Alpha 13. De momento tengo que cerrar los ojos e intentar dormir. Mañana voy a estar con mis amigos. Mañana todo va a ser mejor.

Con amor,
D.

---

21 DE SEPTIEMBRE DE 2018, SÚPER TEMPRANO, COMO LA 1 DE LA MAÑANA O ALGO ASÍ
Tornillo

Querida tía:

No sé cuánto tiempo estuve dormido. Siento que como a la hora de llegar a Bravo 42 alguien empezó a hablarme al oído. De nuevo alguien me había despertado. Ya van dos noches seguidas. Aunque siento que ya pasaron meses desde lo de anoche.

Ya a estas alturas sé que cuando me despiertan de madrugada es porque me van a meter a un bus. Pero si acabo de llegar, pensé. ¿Por qué se tomaron la molestia de traerme a Tornillo si ya me van a sacar otra vez? No quería irme. No quería que me llevaran de vuelta a El Albergue u otro lugar. Quería quedarme ahí mismo y volver a Alpha 13 con Juan Manuel e Iván. No creo que estén por enviarme a Nashville, pensé. A estas alturas estoy muy seguro de que jamás voy a ir a Nashville. Estoy seguro de que nunca mandan a nadie con sus familiares. Dicen que sí, pero la verdad es que nos tienen de cárcel en cárcel.

Incluso si al fin me van a enviar con mis papás, no quiero ir, pensé. No de inmediato. Al menos no hasta que tenga la oportunidad de despedirme bien de Juan Manuel. Ya estoy harto de que me separen de mis amigos sin poder decirles adiós.

Me imaginé que ese tícher iba a pedirme que juntara mis cosas y que saliera en cinco minutos, que él iba a estar esperándome afuera para llevarme a otro bus.

"Junta tus cosas", dijo en español, y habló quedito para no despertar a los demás. "Te espero afuera. Tienes cinco minutos. Te voy a llevar al campamento Charlie".

El tícher salió de la tienda, y aunque yo estaba medio dormido, intenté entender lo que estaba pasando. ¿Van a meterme a otra tienda de campaña, otra vez?, pensé. ¿Cuatro tiendas en un día? Pero igual no puedo ir a Alpha 13, ¿cierto?

Me tomó menos de cinco minutos juntar mis cosas y luego salí muy aprisa con la intención de preguntarle al tícher qué estaba pasando. Semanas antes no hubiera tenido el valor de hacerle una pregunta así a algún tícher excepto a Iván, Yuli o Nancy. Como que les molesta que uno les haga preguntas y no quiero llevarme mal con ellos porque capaz me deportan.

Pero es que empecé a sentir como que... como que me empieza a volver esa sensación de querer que ya nada me importe. Y pues, en ese momento pensé, Al carajo. No me importa si me reporta.

La verdad es que ese tícher no parecía ser mucho más grande que Gabriel. Me imaginé que ni se había graduado de la escuela. Su piel se parecía a la mía y hablaba bien el español, y tenía un arete en el oído, y pues le pregunté qué estaba pasando y no se enojó.

"No sé qué está pasando, Cama Ocho", dijo. "Solo sé que me dijeron que tengo que llevarte a Charlie 25".

Ya estoy harto de que se dirijan a mí por mi número de cama. Antes de llegar a Alpha 13 y conocer a Iván no pensaba mucho al respecto. No era de mi agrado, pero tenía otras cosas más importantes de qué preocuparme. Pero desde que me sacaron de Tornillo me enoja mucho cuando pasa. Soy una persona. Puede que sea un migrante y un niño, pero sigo siendo una persona. Las personas tienen nombres, no números.

Le pregunté al tícher si Charlie 25 estaba cerca de Alpha 13. La última vez que estuve en Alpha 13 no había un área llamada Charlie cerca. De seguro la construyeron durante las últimas semanas. Dijo que no, que no estaban cerca la una de la otra, que, de hecho, estaban en lados opuestos del campamento.

Fuimos hacia la izquierda y avanzamos por el mismo camino por donde pasan los buses. Pronto llegamos a otra área donde hay tiendas de campaña que se ven nuevas y viramos a la izquierda.

"A cada rato me cambian de tienda", dije. "Solo hoy he estado en cuatro ya. Y antes ya había estado en Tornillo, hace dos semanas, y me llevaron lejos y ahora me trajeron de vuelta. ¿Por qué no me puedo quedar en la tienda de campaña donde estuve antes?".

El tícher hizo un gesto de molestia, pero no creo que fuera dirigido a mí, sino que a alguien más.

"No te preocupes. Acá en esta nueva tienda vas a hacer amigos nuevos y hay muchos juegos con los que puedes jugar. Y todos están trabajando muy duro para reunirte con tu familia. Hasta que eso pase, vas a estar muy seguro aquí y todos vamos a cuidar de ti, así que no tienes nada de qué preocuparte".

Llegamos a Charlie 25. El tícher abrió la puerta y adentro estaba una de las tíchers de la noche esperándome para mostrarme dónde iba a dormir. La tícher se llevó un dedo a los labios como para decirme que guardara silencio, como si no supiera ya las reglas.

Acá dentro brilla la luz de la luna y pues me dieron ganas de escribirle, tía, a pesar de que todavía es de madrugada. O la verdad es que realmente no intento escribirle, tía. *Sorry*. La verdad es que quería escribir todo esto para recordar mañana todo lo que me pasó. De lo contrario capaz pienso que todo fue un sueño o una pesadilla.

Con amor,
D.

---

21 DE SEPTIEMBRE DE 2018
Tornillo

Querida tía:

Cuando me desperté aquí en Charlie 25 por un segundo sentí como que estaba en Alpha 13. Otra vez estoy en la cama superior de una litera y por supuesto que las camas y las tiendas de campaña son todas iguales. Además, acá huele igual, huele a tierra y sudor. Pero al rato de estar despierto y cuando vi que no había dibujos ni afiches en las paredes me recordé dónde estaba.

Entonces sentí otro tipo de tristeza, una que no había sentido antes, y una soledad muy diferente a la soledad que experimenté cuando recién llegué a Tornillo la primera vez, antes de que me llevaran a Alpha 13. Incluso es diferente a la tristeza que sentí cuando me separaron de Miguelito y Elías en La Perrera, o cuando los perdí a ustedes, a tío Felipe y a usted.

Es una tristeza que no había sentido desde que era muy chiquito. Me recuerda a cuando Cami se fue a Estados Unidos y ella empezaba a tener nuevas experiencias sin mí, a formar recuerdos de los que yo no era parte. Siento lo mismo ahora. No dejo de pensar que mientras estaba en El Albergue, Juan Manuel e Iván y Nancy y Yuli y Raphael y Gustavo y Enrique y... todos los demás seguían juntos, motivándose los unos a los otros. Sí, permanecían encerrados en esta prisión, pero la magia de Alpha 13 los ayudaba a seguir adelante y yo ya no era parte de esa magia.

Me hacía sentir aún más triste saber que al irme todo empeoró para Juan Manuel. Ahora no tiene amigos cercanos en Alpha 13, o al menos no desde que me fui. Todos son muy amables con él, pero nadie sabe qué hacer para hacerlo reír o distraerlo cuando se pone triste por andar pensando en El Salvador. Sé que él entendió por qué tuve que irme, me obligaron, pero seguro se sintió abandonado o al menos muy solitario. Me recuerda a la soledad que sentía cuando estaba en Naranjito sin mi mamá y mi papá, a pesar de que entendía por qué ellos se habían tenido que ir, y pues no los culpo. Sentí como que yo había hecho algo peor, como que había abandonado a Juan Manuel sin despedirme de él igual que no me despedí de Rumi. Es algo de lo cual me sentí culpable todo el tiempo que estuve en El Albergue.

Pero, bueno, gracias por escucharme, tía.

Con amor,
D.

TODAVÍA ES 21 DE SEPTIEMBRE DE 2018
Tornillo

Querida tía:

Bueno, pues acabo de volver a Charlie 25 después de almorzar. Me siento bien de cómo están las cosas de momento. Creo que puedo arreglar algunas de ellas. Hoy en la mañana le pregunté a una de las tíchers si podía hablar con Iván. Estaba un poco nervioso, pero ahora siento como que ya no tengo nada que perder. Sabía que de cualquier manera Juan Manuel le diría a Iván lo más pronto posible que me trajeron de regreso a Tornillo. Pero estaba demasiado inquieto y no podía quedarme ahí sentado esperando a recibir noticias. Me acerqué a una de las tíchers que estaban en la tienda de campaña y que parecía como que hablaba español. No parecía estar ocupada. Estaba ahí no más viendo el vacío. Entonces le pregunté si podía hablar con Iván.

Mientras estaba hablándole parecía estar distraída, pero luego me respondió en español.

"¿Por qué? ¿Perdiste tu bolsa o algo? ¿Con quién es que quieres hablar?".

"Con Iván Morales. Es uno de los tíchers de la mañana que está en Alpha 13".

"¿Tú estás en Alpha? Emm... no, no puedes hablar con él. Él es miembro de otra compañía y parte de otra nómina. Lo único que puedo hacer es elevar tu solicitud".

No le entendí eso de "es parte de otra compañía" y lo de "elevar tu solicitud", pero de inmediato otra vez se puso a ver el vacío y me di cuenta de que quería que la dejara en paz. Regresé a mi litera. Estaba muy triste, pero todo estaba a punto de mejorar.

Durante la mañana seguí el calendario de Charlie 25 al pie de la letra. Es más o menos igual al calendario que tenía en Alpha 13, excepto que las cosas ocurren en otros lugares. Hay una cafetería para el sector Charlie y una tienda para hacer llamadas en el sector Charlie y baños en el sector Charlie y regaderas en el sector Charlie. El único lugar que compartimos todos los sectores del campamento es el campo de fútbol porque solo hay un campo de fútbol.

Después de la hora del almuerzo nos permitieron ir al baño. Cuando iba de camino a donde están los baños, vi a Iván caminando súper rápido por el campamento Charlie.

"¡Iván!", grité. Unos niños y otros tíchers voltearon a verme porque, a pesar de que siempre escuchás a tíchers u otros trabajadores gritándose los unos a los otros, casi nunca escuchás a un niño levantando la voz. Supongo que, en teoría, me pude haber metido en problemas, pero no quería perder la oportunidad de llamar su atención.

Iván me vio y volvió sobre sus pasos para poder hablar conmigo.

"¡D.! ¡Qué bueno verte! Justo fui a buscarte. Llevo toda la mañana tratando de averiguar a dónde te habían mandado. ¿Cómo andas? ¿Estás bien?".

Lo más rápido que pude le conté que me habían enviado a El Albergue y de ahí de vuelta a Alpha 13 y que anoche me habían transferido tres veces. Intenté explicarle lo raro que sentía estar de vuelta luego de enterarme de que Tornillo nunca cerró ni nada, y cómo me sentía porque los adultos no dejaron que me quedara en nuestra tienda de campaña.

Me dijo que lo sentía mucho y luego dijo algo tipo, "Pero recuerda que eres muy fuerte y puedes superar cualquier reto. Ya llegaste muy lejos, ¿no? Nancy, Yuli y yo estamos aquí para ti. Juntos somos más fuertes, ¿verdad? Voy a hablar con los *case managers*, los manejadores de casos para ver si podemos traerte de vuelta a Alpha 13, y voy a pedirles que manden a un *clinician*, una clínica a tu tienda. Cuando llegue a hablarte la clínica tienes que decirle cómo te has sentido y que te gustaría estar otra vez en Alpha 13, ¿sí? Juan Manuel quiere que regreses con nosotros. Todos queremos tenerte de vuelta".

Al rato me llevaron de vuelta a mi tienda y desde entonces ando aquí esperando a que esa clínica venga a verme. No sé bien qué es una clínica, pero ya quiero que venga a verme.

Con amor,
D.

TODAVÍA ES 21 DE SEPTIEMBRE DE 2018
Tornillo

Querida tía:

Realmente no sé qué es una "clínica", pero acabo de hablar con una. Fue una mujer muy amable que hablaba español con un acento muy raro. Ha de ser como de Sur América o algo así. Le conté que yo antes había estado en Alpha 13 y que estoy muy triste de no estar cerca de Juan Manuel. Ella me sonrió y dijo que ya había hablado con Juan Manuel y que él también está muy triste de no estar a mi lado. Ella me dijo que para él es muy difícil saber que estoy en Tornillo y no poder estar conmigo ni verme.

"Okey, voy a ingresar una solicitud para que te transfieran de vuelta", dijo ella.

"¿Eso significa que puedo regresar a Alpha 13?".

"Sí, pronto. Tenemos que esperar que el *case management*, la oficina de gestión de casos y el contratista lo autoricen. Hay que llenar unos papeles. Cuando todo esté listo, alguien te vendrá a buscar".

"¿Y eso cuándo?".
"Tal vez hoy, tal vez mañana. Es un procedimiento muy sencillo".
Tía, siento un gran alivio dentro de mí. Hasta me dan ganas de llorar.

Con amor,
D.

---

23 DE SEPTIEMBRE DE 2018
Tornillo

Querida tía:

Todavía no me han transferido. A lo mejor vienen por mí hoy pero más tarde. Ayer me la pasé viendo la puerta de la tienda de campaña y esperando que alguien viniera a buscarme, y eso solo hizo que sintiera como que el día duró una eternidad.

Me alegra poder salir de aquí. Esta tienda está muy horrible. Todos los niños andan retristes y nadie habla y nadie juega a las cartas. Quiero hacer brazaletes para pasar el tiempo, pero me da pena porque nadie más hace ese tipo de cosas acá. Me es imposible imaginar a los niños de esta tienda de campaña bailando con una canción de Bad Bunny como Gabriel nos motivó a bailar en Alpha 13. Cuando estamos dentro de la tienda de campaña (es decir, unos tres cuartos del día) la mayoría de los niños se la pasa durmiendo o acostados en sus camas, pero súper despiertos. He hecho lo mismo todo este rato. Si mucho, me pongo a dibujar personajes de ánime.

Hoy es domingo y tuvimos la opción de ir a misa. Aunque fue diferente a como era antes. Esta vez no vino la gente ni el padre de alguna iglesia. No llegó nadie de afuera de Tornillo. Un grupo de niños lo hizo todo: algunos leyeron la Biblia y cantaron canciones, y alguien proyectó las letras de las canciones para que pudiéramos cantarlas. Hasta había un niño tocando guitarra y me pregunto de dónde se la habrá sacado. Fue una misa más bonita que las de antes. Fue más genuina. Y fue obvio que los niños pudieron escoger qué canciones cantar porque cantamos solo nuestras canciones favoritas de alabanza. Antes esperaba con ansias los domingos porque después de misa nos daban pan dulce. Sin embargo, hoy sentí como que la misa coincidió con mi experiencia de vida. Rezamos más como a mí me gusta rezar, no tan formal ni con tantos Ave

Marías y cosas así, sino más como una plática con Dios... Pero vaya que me alegró ver que había pan dulce, bendito sea Dios.

Al principio parecía como que ningún adulto se había involucrado en la misa. Pero unos minutos después vi que había un tícher diciéndole a los niños en qué momento debían ir al frente, cambiar las canciones del proyector y hacer otras cosas durante el servicio... y ese tícher era Iván. Al principio no sabía por qué él estaba ahí. ¿Cómo es que él terminó haciéndose cargo de las misas?, pensé. Los tíchers no hacen más que vigilar sus tiendas de campaña. Mucho ha cambiado aquí y es muy raro, porque en Tornillo nada cambia, excepto los niños que conviven con uno en las tiendas de campaña.

Al acabar la misa, mientras todos comíamos pan dulce, nos dieron un rato para platicar. Vi que Iván estaba al otro lado del salón.

"Iván, ¡hola!", dije desde lejos, y él caminó hacia mí.

"D. ¿Qué tal te va?".

Quería decirle muchas cosas, pero primero le pregunté a Iván que por qué habían cambiado las misas y qué le había pasado al padre que llegaba a Tornillo a darnos misa.

"Ay, D., muchas cosas han cambiado desde que te fuiste".

Cuando Iván dijo eso alborotó aquel sentimiento triste que tuve cuando me di cuenta de que me estaba perdiendo cosas y experiencias. "Ha habido muchas manifestaciones y, pues, para no hacértela larga, los de la iglesia dejaron de venir".

No esperaba escuchar algo así. Es cierto que la primera vez que estuve aquí Iván siempre nos decía que estábamos viviendo un momento histórico, pero la verdad es que nunca entendí lo que quiso decir con eso. Todavía no sé bien qué quiso decir. Supongo que es bueno que la iglesia quiera que el gobierno nos saque a todos de aquí, ¿no? Pero quitarnos la oportunidad de ir a misa no le hace daño al gobierno, nos hace daño a nosotros.

Creo que Iván se dio cuenta de que no sabía qué decir y agregó, "Sé lo importante que las misas son para ustedes, entonces le pregunté a la gente a cargo de este lugar si podía dirigir las misas yo. Empecé organizando un servicio guiado por niños. ¿Qué tal te pareció?".

Todavía estaba procesando lo que Iván dijo de las manifestaciones, y me tomó un momento encontrar las palabras correctas. Le dije que me había encantado porque habíamos cantado canciones más macizas y que igual nos dieron pan dulce.

"Okey," dijo Iván, y cambió de tema. "Hablé con el encargado de tu caso y dijo que te van a enviar de vuelta a Alpha 13. Le pedí que enviaran a una clínica a hablar contigo. Todo eso es parte del proceso. ¿Llegó alguien a verte?".

"Sí, ayer hablé con una mujer y tenía un acento muy raro, y me dijo que iba a hacer que me enviaran de vuelta. Pensé que anoche me iban a transferir, con eso de que a uno siempre lo mueven de noche. Pero no fue así. A lo mejor hoy en la noche sí. Me emociona ir de vuelta a Alpha 13. Es muy deprimente estar ahí en Charlie 25".

Iván me dijo que siempre ha admirado mi capacidad de mantener la frente en alto y me dijo que no quería que cambiara eso de mí. Estando ahí junto a Iván me sentí apoyado, y ya había sentido algo así. Me tomó un momento darme cuenta de que Iván me recuerda a Elías porque él se la pasó todo el viaje motivándome, desde Quetzaltenango hasta que llegamos a la frontera, siempre motivándome. Sigo preocupado por él y Miguelito. No estaban en El Albergue y no los he visto en ningún otro lado, y mis papás no tienen ni idea de dónde están. Pero en este momento me alivia tener a Iván a mi lado, que es como un hermano mayor para mí.

Ahora solo tengo que esperar a que me manden de vuelta a Alpha 13. Sé que sigo aquí en esta prisión para niños o lo que sea, y es cierto también que no me aguanto las ganas de llegar a Nashville, pero... podría ser peor.

Con amor,
D.

---

29 DE SEPTIEMBRE DE 2018
Tornillo

Querida tía:

Ya llevo una semana acá en Tornillo, pero sigo en Charlie 25.

Iván siempre me dice que debo mantenme positivo. Pero no encuentro motivos para mantener la frente en alto considerando que no tengo a nadie en quien apoyarme. Las únicas personas en las que puedo confiar están en Alpha 13, o sea, bien lejos de mí.

Tío Felipe siempre me decía que "Paso a paso se va lejos". ¿Pero cuál es el siguiente paso, tío Felipe? Si todos los días son iguales y no tenés ninguna herramienta para ayudarte a cambiar tu situación, ¿cuál es el siguiente paso que podés dar?

No, en Charlie 25, en Tornillo, en este país, si sos un niño migrante no hay chance de dar un paso al frente o hacia atrás. Te mantienen sujeto a un mismo lugar. No tenés el control de nada. Ellos te controlan a vos.

Y no creo que quieran hacernos daño. Los adultos hacen lo que hacen porque el sistema está hecho de esa manera. Hacen lo que hacen porque así es como se hacen las cosas aquí. Han creado este campamento carcelario donde todo el tiempo nos dicen que somos unos criminales, una gran molestia para ellos y que no valemos nada. No lo dicen en voz alta, pero después de pasar tanto tiempo aquí uno entiende el mensaje detrás de sus acciones.

Incluso después de que me alejaran de mis primos y me obligaran a abandonar a Rumi, tuve suerte de sobrevivir porque acabé en el Alpha 13 donde Iván me motivó a que le hablara a Juan Manuel y los otros niños. Nos volvimos una familia. De repente estaba rodeado de personas que me trataban como si importara. En Alpha 13 sentí como que, a pesar de que estaba en una cárcel, mi vida tenía valor.

Pero, claro, no duró mucho. Tuvieron que enviarme a otro lugar, tuvieron que decirme que Tornillo iba a cerrar, me obligaron a dejar atrás Alpha 13 sin siquiera poderme despedir de mis amigos.

Y entonces, de puro milagro me mandaron de vuelta a este campamento que se supone ya ni debería existir y me asignaron a la misma cama de antes, arriba de la cama de mi mejor amigo. Y por unos minutos sentí como que alguien había respondido a mis plegarias, como que todos mis sueños se habían vuelto realidad, como si el mundo fuera un lugar mágico. Pero justo cuando el olorcito de la amistad empezaba a levantarme el ánimo, me arrancaron de raíz de ese lugar.

Luego dijeron que iba a poder volver a Alpha 13. La clínica dijo que "Es un procedimiento muy sencillo" y dijo que "Tal vez hoy, tal vez mañana" ya iba a estar de vuelta con mis amigos. Recuerdo sus palabras porque me aliviaron muchísimo. Pero de ahí pasó una noche y otra noche. Por primera vez empecé a esperar con ansias que alguien llegara a tocarme el hombro para despertarme. Pero nadie llegó. ¿Por qué me mintió ella, tía?

Le pregunté al tícher de la mañana de Charlie 25 si podía volver a hablar con la clínica. Entonces llegó un hombre a hablar conmigo y dijo lo mismo de la vez pasada, que había solicitado mi transferencia de vuelta a Alpha 13, pero no ocurrió nada.

Iván ha venido a verme algunas veces. Como siempre, intenta motivarme para que mantenga la frente en algo, pero sé que él también está muy enojado. Dice que a cada rato habla con los clínicos y les dice que se apuren. Dice que ellos le dicen que mi caso está "atorado" y está en las manos de los "case managers", pero que andan viendo qué hacer. Ni siquiera sé cuál es la diferencia entre un tícher y un clínico y un *case manager*. Para mí todos son adultos, no más visten ropa de diferentes colores.

Sé que debería sentirme agradecido de que al menos no voy encima de La Bestia. Sé que debería sentirme agradecido de que ya no estoy en La Hielera o La Perrera. Pero no me importa. Por primera vez en la vida me permití estar muy pero muy enojado. No incómodo. No solo molesto o triste o un poquito enojado. Y no solo por un segundo. Siento ira, ira de verdad. La siento en mis piernas y en la panza. Es una ira estimulante que hace que sienta calor en la cara y me mantiene despierto por las noches. Siento rencor y resentimiento y odio y confusión.

Y quiero seguir sintiéndome así. Me obligo a seguir sintiéndome así. Porque, si no sintiera enojo, tendría que admitir que ellos tienen la razón, que soy un criminal, que soy una molestia y que mi vida no importa nada.

Perdón por ser tan... Perdón, tía. La amo mucho, tía.

D.

---

3 DE OCTUBRE DE 2018
Tornillo

Querida tía:

Acá me da claustrofobia. No sirve el aire acondicionado. Ha estado rompiéndose y, como ahorita no hace tanto calor como hace unas semanas, no creo que tengan prisa en arreglarlo. Pero prefiero un verano con aire acondicionado que un mes de octubre sin él. Después de todo, estamos en el desierto. Sin aire acondicionado el sol calienta la tienda de campaña y todo dentro huele a plástico y sudor.

Ahora todo es un caos y no me refiero solo al aire acondicionado. Los encargados de Tornillo no estaban listos para que este campamento albergara más de mil niños. Ahora el horario es un chiste. La mitad de los días la pasamos dentro de la tienda de campaña excepto cuando vamos a comer, porque las otras tiendas de campaña y hasta el campo de fútbol están llenos de niños. Muchas veces nos llevan a la cafetería y los trabajadores ahí nos dicen que tenemos que volver más tarde porque no hay espacio para nosotros o porque no hay comida. Ahora las porciones son más chiquitas, pero no importa porque ya nunca tengo hambre. Casi siempre dejo un montón de comida en el plato.

De seguro no tengo apetito porque apenas y me muevo, apenas y salgo de mi litera. Acá hay cartas y juegos, pero nadie dice que juguemos. No nos hablamos en esta tienda. Todos los niños se la pasan retristes en sus camas. Le pregunté a los tíchers si había libros disponibles que yo pudiera leer. Me dijeron que no, pero me trajeron un par de revistas, una en español y otra en inglés. He estado intentando leerlas, pero casi que paso los días durmiendo. Me siento en mi cama e intento escribir o dibujar o leer las revistas, pero al final termino no más viendo las páginas hasta que se me cierran los ojos. Es algo increíble el hecho de que me convencí a escribirle ahorita, tía. Durante el día trato de dormir para así no sentir calor, para no estar triste, y después me quedo despierto casi toda la noche cuando ya no hay calor y me pongo muy enojado de pensar cómo me están tratando aquí.

De día estoy triste. De noche estoy enojado. Así es el horario en Charlie 25.

Hace unos días vi a Iván durante la misa del domingo. Pensé que al menos podía hablar con él y que eso iba a darme un sentido de pertenencia. Intenté ocultar lo que sentía en ese momento, pero de inmediato se dio cuenta de mis sentimientos. Iván trató de motivarme y me dijo que debía ser fuerte, pero no pude obligarme a estar más feliz para él. Me cuesta ser fuerte, y ahora que estoy solo es mil veces más difícil. Bajé la mirada a mis pies y hablé entre dientes durante nuestra interacción.

Me di cuenta de que él estaba preocupado por mí.

"Oye, aguanta otro rato", dijo. "Todos los días hago gestiones para lograr que te manden de vuelta a Alpha 13. Nancy y Yuli también se la pasan hablando con los encargados de tu caso. Todo esto es por tu bien y el bien de Juan Manuel. No voy a dejar de intentarlo hasta que estés de vuelta a donde perteneces, ¿estamos? Tú eres como un hermanito para mí, D., no voy a abandonarte".

Escuchar lo mucho que le intereso fue lo que necesitaba oír para sobrevivir otro día más. Fue como si hubiera podido ir rapidito a Alpha 13 para recordar que sí importo y que no se han olvidado de mí. Esta prisión está descompuesta, no yo.

"Gracias, Iván", dije. "Nunca antes había tenido un hermano mayor".

"No lo olvides, D.", dijo Iván, "tu voz es muy poderosa. Ya sé que esto es muy difícil para ti. Pero algún día vas a hacer cosas espectaculares. No pierdas la esperanza. Confía en Dios y confía en ti mismo. Si confías en Dios y en ti mismo, nada te puede parar".

Le di un choque de puños a Iván.

Y durante los últimos días he intentado exprimir ese momento de motivación al máximo.

Con amor,
D.

---

9 DE OCTUBRE DE 2018
Tornillo

Querida tía:

Hoy obtuve un poquito más de inspiración porque vi a Juan Manuel. Nos vimos por un segundo no más, pero espero que sea suficiente para ayudarme a mantener la frente en alto todo el tiempo que sea necesario.

Hoy por cosa rara cumplimos con el calendario y pudimos usar el campo de fútbol. Pensé que, como había pasado todo el día durmiendo, que iba a jugar pelota como nunca antes. Pensé que, como había descansado tanto, que iba a tener un montón de energía para jugar. Pero la verdad es que, como mi cuerpo se la pasa durmiendo tanto tiempo, lo único que quiere es seguir durmiendo, y ahora cuando juego pelota me canso más rápido que antes y hasta me quedo sin aliento. Por eso es que me fue tan útil ver a Juan Manuel, a pesar de que fue por un ratitito.

Cuando terminó el partido, vi a los niños de otra tienda esperando a jugar y eran los niños de Alpha 13. Vi a McQueen y a Enrique y a Chato... y a Iván y a Juan Manuel.

"¡D. Esperanza!", gritó Iván desde el otro lado del campo. "¡Te extrañamos!".

Apenas podía escucharlo desde tan lejos, pero vi que volteó a ver a los otros niños y luego le dijo algo a Juan Manuel. Creo que le dio permiso de separarse del grupo porque después de hablar apenas unos segundos, Juan Manuel empezó a caminar súper rápido hacia donde yo estaba. Caminó tan rápido que más bien creo que iba a corriendo, y eso va en contra de las reglas del campamento. Yo hice lo mismo, caminé lo más rápido que pude. De seguro nos vimos rechistosos los dos caminando raro y tiesos y con las manos a los lados, tratando de aparentar que no íbamos corriendo.

Llevé mis brazos alrededor de Juan Manuel y le di el abrazo más grande del mundo. Nos quedamos así unos segundos hasta que uno de los tíchers de mi tienda de campaña se acercó a nosotros y dijo, "No contacto físico, chicos". Me había olvidado de esa regla, pero igual no es como que antes me habían dado ganas de darle un abrazo a alguno de los niños de Charlie 25.

"*C'mon…*", dijo el tícher, y era obvio que no se sabía mi nombre. "*C'mon, hey*, ya es hora de volver a la tienda".

Vi a mi alrededor para ver si Iván estaba cerca. En ese momento pensé que tal vez él podía convencer al tícher de dejarnos en paz por un minuto, pero me di cuenta de que ya estaba con Nancy y Yuli al otro lado del campo.

Me quité mi faja de tela azul y se la entregué a Juan Manuel. Era la faja que iba a ponerme para cuando me reuniera con mi familia en Nashville. Pero no sé cuándo vaya a ser eso. A lo mejor nunca va a pasar. Pero Juan Manuel ya es como mi familia.

"Tené", le dije, "por si ya no te vuelvo a ver".

A Juan Manuel se le llenaron los ojos de lágrimas. Agarró la faja y se la puso en la cintura a pesar de que no llevaba puesto un pantalón con trabillas. De ahí él se quitó el suéter y me lo entregó.

Lo tomé y le dije, "¿Estás seguro?".

"Segurísimo. No quiero seguir cubriéndome cuando salgo a jugar pelota. Quiero que vos lo tengás".

Un tícher nos interrumpió. "*Okay, come on*, ya es hora de irse, amigo".

En ese instante estaba tan metido en el momento y lo que sentía tras ver a Juan Manuel, y en retrospectiva me da risa pensar en las maneras tan creativas que tuvo ese tícher para dirigirse a mí.

"Pero igual vamos a vernos otra vez", dijo Juan Manuel.

"¿Y vos cómo sabés?".

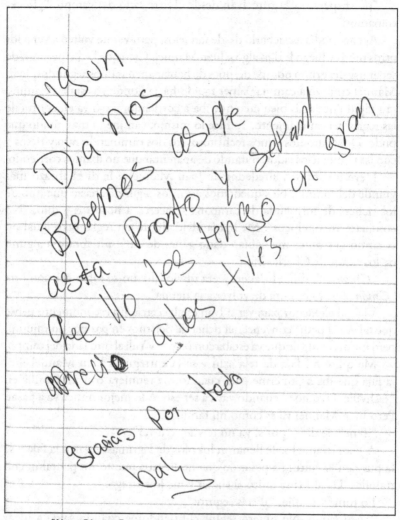

"Algun Dia nos Beremos asiqe asta Pronto y sepan que llo les tengo un gran aprecio a los tres. Gracias Por todo. Bay". Esta es una nota especial que le escribí a mis más queridos amigos.
Foto por Iván Morales

"Acordate que soy un ninja y los ninjas sabemos cosas. Créeme".

Tengo la esperanza de que la próxima vez que piense que no le importo a nadie, al menos el sudadero de Juan Manuel va a recordarme que en algún lugar sí hay alguien que le importa mi bienestar.

Con amor,
D.

---

13 DE OCTUBRE DE 2018
En el aeropuerto

Querida tía:

Bueno. Pues es hora de ir a conocer a mis papás.
    Empezaba a pensar que esto nunca iba a pasar y todavía estoy un poco nervioso porque siento que igual no va a pasar. Pero ahorita todo se siente más real que nunca, y nunca antes he estado en un aeropuerto… creo que por fin va a pasar, voy a conocerlos, tía.
    Hace unas horas, cuando estaba durmiendo, escuché la voz de alguien en mi oído. Tuvo que haber sido como a las dos o tres de la mañana. Di un brinco y me desperté.
    "¿Ya voy a Alpha 13?", le pregunté a la tícher que me despertó.
    "No sé".
    "¿Voy a otro centro?".
    "No sé".
    Muy útil esa tícher, como siempre. La tícher levantó a otro niño de Charlie 25 y nos llevó a la cafetería. Pasamos al lado de dos buses y dentro estaban los conductores esperando en sus asientos. Eso significa que no nos van a enviar a otra tienda de campaña, pensé. Me imaginé que nos iban a enviar a otro centro de detención, otra prisión. Sentí que empezaba a desvanecerse la esperanza restante que tenía de volver a Alpha 13.
    Los tíchers nos entregaron unas barras de granola y luego un hombre que estaba enfrente de la cafetería empezó a darnos instrucciones. Era el mismo hombre que nos habló la vez pasada que me sacaron de Tornillo, uno que habla una mezcla entre inglés y español, y siempre cuesta entenderle.
    "*Okay*, niños, ahora vamos a hacer más *fly-outs*. Ustedes van a ir con

sus *assigned teachers* al aeropuerto para irse. Muchos de ustedes van a hacer *layovers*. Es importante *for you to follow* las instrucciones *that we give you*. Los *teachers* van a darles más *information*, más información. En el aeropuerto de destino sus *families* van a *pick you up*".

Volteé a ver al niño que estaba a la par mía y le pregunté si realmente el hombre ese había dicho que nos íbamos a reunir con nuestras familias.

"Creo que sí, ¿no?".

Otros niños se unieron a la plática, y creo que todos entendimos lo mismo, que vamos de camino con nuestras familias.

Al principio no me la creía. Me preocupó pensar que no le habíamos entendido al hombre ese. Pero mientras más hablaba él, todo se volvía más evidente. Había esperado sentirme emocionado, pero la verdad es que me puse nervioso. Supongo que el nerviosismo y la emoción son lados opuestos del mismo sentimiento.

Pero todo es muy confuso, tía. Nos metieron dentro de dos buses. Cuando los buses empezaron a salir del campamento empecé a sentir como que algo empezaba a comerme el pecho desde adentro. A pesar de que el motivo por el que salí de Naranjito fue para reunirme con mis papás en Nashville, mi otra familia seguía ahí en el campamento, en Alpha 13, durmiendo, y en ese momento un bus empezaba a alejarme de ellos. Ni siquiera sabían que ya iba para afuera y no sé si alguna vez voy a volver a verlos.

Nos llevaron al aeropuerto. Llegamos rapidito, en menos de una hora, pero tuvimos que atravesar una ciudad para llegar hasta aquí. Nunca se me hubiera ocurrido que Tornillo está tan cerquita de una ciudad. El campamento está rodeado de un gran desierto.

Parte de mí tiene miedo de que otra vez nos estén dando pajas. Me recuerdo de cuando me sacaron de La Perrera y me llevaron al aeropuerto y el agente de La Migra dijo que ya íbamos de camino a ver a nuestras familias, pero en vez de eso nos llevaron en bus a Tornillo. Pero hoy en la mañana el bus que nos sacó del campamento se orilló al lado del aeropuerto y los tíchers nos llevaron dentro.

Desde que vinimos aquí me he sentido muy abrumado. No sé qué está pasando. Este lugar es enorme y hay mucho ruido. Es el edificio más grande en que he estado en toda mi vida. Me recuerda un poquito a Juárez o a alguna enorme estación de buses, tal vez a alguna enorme estación de buses en Juárez.

Cuando andábamos caminando por el aeropuerto, iba muy cerquita de la tícher porque me daba miedo perderme y que tuviera que quedarme en este edificio para siempre. Las luces son blancas y muy brillantes, y el sol aún no ha salido. Hay escaleras eléctricas y elevadores y tiendas y restaurantes y carros que entran al edificio. Hay policías caminando con perros que se miran muy grandes y rudos, como si jugaran fútbol americano igual que Buddy, y también hay gente normal cargando cajitas con chuchos pequeños dentro que se parecen más a Caramelo. A donde sea que mire hay niños y papás y bebés y ancianos y trabajadores y policías. Es la primera vez que miro gringos fuera de una de las prisiones donde he estado y no se ven como me los imaginaba. No todos son blancos. La mayoría no son blancos. Hay morenos y asiáticos y un montón, un montonononón de gente con el mismo tono de piel que el mío. A donde sea que voy hay gente hablando español. Escucho a varios gringos hablando español.

Me tocó poner mi mochila dentro de una máquina y luego me tocó meterme dentro de otra máquina. Se supone que las máquinas nos escanean para ver si todo está bien, para ver si podemos subirnos a los aviones. Estaba cagado del miedo porque pensé que la máquina iba a decir algo tipo "No, D. no puede volar. No dejen que se suba a un avión", pero el policía que estaba al otro lado me hizo señas para que saliera de la máquina y hasta me dijo que tuviera un buen vuelo. No esperaba que un policía me dijera algo amable.

Después de pasar tanto tiempo sentado en una litera pensando en lo triste y enojado que estaba, y después de hacer todo este viaje para estar con mis papás... en este momento no sé qué sentir. Obvio, estoy feliz de que pronto voy a ver a mi mamá y a mi papá. Pero no me siento del todo aliviado. De hecho, estoy preocupado. No sé si voy a encajar bien en sus vidas y no sé si me voy a sentir como en casa dentro de su casa, como sí me sentí cuando estaba en Alpha 13. Pero también estoy muy emocionado de verlos, conocerlos, abrazarlos por primera vez en mi vida. Siento un gran cúmulo de emociones.

Pero más que nada estoy cagado del miedo de subirme a un avión. De repente un millón de preguntas hacen ruido en mi cabeza. ¿Cómo es que los aviones logran mantenerse en el aire? ¿Qué tan seguros son y qué tan seguido hay accidentes?

Mientras más me permito pensar sobre conocer a mis papás o que el avión se va a estrellar o que estoy dejando atrás a mi familia de Alpha 13, me pongo más y más nervioso. Entonces voy a seguir escribiéndole, tía, hasta que me digan que ya es hora de subir al avión, ¿sí?

Ahorita estamos sentados en unas bancas de metal. Después de que nos sacaron muy aprisa de Tornillo en bus y nos hicieron caminar por todo el aeropuerto, la tícher con la que vamos nos dijo que tenemos que esperar unas horas porque nuestro vuelo está atrasado. La tícher parece estar réqueteestresada al respecto porque, al llegar a donde sea que nos lleve ese avión, tenemos que subirnos a otros aviones que van en direcciones opuestas, y puede que algunos niños pierdan sus vuelos. Pero dice que en mi caso no tengo nada de qué preocuparme porque mi segundo vuelo sale mucho más tarde que los otros vuelos de los demás niños.

Y después de atravesar muy aprisa este lugar tan loco y extraño, ahora tengo tiempo de ver a mi alrededor y meditar. Estamos todos cerca de un bar y en ese bar hay un hombre que está sentado él solo bebiendo una cerveza, y eso que todavía ni ha salido el sol. Parece ser un hombre muy solitario. Reconozco lo que hay detrás de su mirada. Creo que últimamente yo he tenido esa misma mirada. Durante los últimos diez meses he sentido la soledad más profunda. Pero en ciertos momentos también he sentido un gran amor y gratitud, y me he sentido en familia incluso con gente que no es de mi familia.

¿Será que es algo raro sentirme así, tía? Voy a ver a mis papás por primera vez y se supone que ellos son las personas más importantes en la vida de un niño. Pero supongo que estoy preocupado porque, ahora que lo pienso, toda mi vida ha sido un estira y encoge entre sentirme muy solo y sentirme como que sí pertenezco a algún lugar. Me sentía muy solo sin mis papás, pero también sentía como que pertenecía a Naranjito al lado de ustedes, tía. Me sentí muy solo cuando se murieron usted y el tío Felipe, pero estuve muy a gusto junto a Miguelito, Elías y Damián. Me sentí muy solo cuando aquellos del cártel y luego los de La Migra me separaron de mis primos, pero luego Rumi me hizo sentir como en casa. Me sentí muy solo cuando me alejaron de él, pero luego me sentí muy bien, mucho mejor que nunca, cuando llegué a Alpha 13. Y luego me sentí muy solo otra vez cuando me llevaron de vuelta a El Albergue y aún más solo cuando me llevaron de regreso a Tornillo y me metieron dentro de Charlie 25. Ahora me pregunto, "¿Será que me voy a sentir como en casa con mi familia biológica en Nashville o voy a extrañar a Juan Manuel, Iván y mi familia postiza de Alpha 13?".

La tícher dice que ya es hora de abordar. Me tengo que ir, tía.

D.

13 DE OCTUBRE DE 2018
En el avión

Tía:

Estoy en mi asiento. Caminamos como por un tubo para subir al avión. Por dentro, este avión se parece a un bus más de lo que esperaba. La tícher me dijo que me sentara hasta atrás, junto a la ventana. El aire acondicionado sale de un respiradero y está puesto refuerte, y ya me di cuenta de que puedo hacer girar el respiradero para apagar el aire acondicionado, pero no sé si tengo permiso de hacerlo. No quiero meterme en problemas a estas alturas, cuando estoy tan cerca de ser puesto en libertad.

Por la ventana veo que empieza a amanecer. Se me ocurre, por primera vez quizás, que al fin estoy a punto de empezar mi nueva vida. Este avión no me lleva de vuelta a Naranjito. No me lleva de vuelta a La Bestia o La Hielera o cualquier otro de los lugares donde me metieron después de cruzar la frontera. Después de cinco meses de camino de Honduras a El Norte y cinco meses de cautiverio, voy de camino al futuro dentro de un avión.

Si Iván estuviera aquí, seguro me diría, "D., ¿cuál es tu mayor ilusión? ¿Ahora que estás a punto de ser libre, cuál es tu sueño más grande?". Le gustaba empezar pláticas de esa manera en Alpha 13. Siempre le gustó preguntarnos sobre qué queríamos hacer al salir de Tornillo y luego nos contaba de las oportunidades a las que tendríamos acceso estando en Estados Unidos.

Pero la verdad es que, en este momento... no tengo ningún sueño o ilusión de nada. Cuando pienso en todo lo que he vivido durante los últimos diez meses, lo primero que se me viene a la cabeza es lo mucho que me acerqué a Miguelito, Elías y Damián, y luego igual con Rumi y después con todos en Alpha 13, especialmente con Iván y Juan Manuel. Pienso en como Iván y Juan Manuel asumieron los roles de hermano mayor y hermano menor que quedaron disponibles luego de que los de La Migra me separaron de Elías y Miguelito. Pero también pienso que me ha tocado vivir un infierno. Bendito sea Dios porque ya voy a estar libre, y ese pensamiento acalla todo lo demás. No puedo ni pensar en qué voy a hacer después. No sé ni qué debería esperar. De momento celebro el hecho de que por fin se acabó la espera. Celebro ya no estar en La Bestia, estar lejos de las maras, ya no estar en La Hielera o La Perrera. Celebro que ya no voy a tener que interactuar con esos monstruos vestidos de verde, ya no voy a tener que estar dentro de una prisión o pasar hambre. Apenas tengo catorce años y creo que soy muy maduro para mi edad, pero igual sé que me ha tocado experimentar más dolor del que debí haber experimentado.

Estoy sentado en un asiento muy cómodo, pero en el bus tenía más espacio para estirar las piernas. Eso me hace pensar en los otros niños que van a sentarse aquí mismo. O tal vez no en este asiento, pero en otro vuelo que va a llevarlos hasta donde están sus papás. Si en verdad llegan a clausurar Tornillo, todos esos niños que siguen ahí van a tener que ir a algún lado. Y todos los niños dentro de El Albergue y La Perrera, y los que van en La Bestia, todos un día, espero yo en Dios, van a llegar a sus casas. Después de un viaje tan largo y duro, todo lo que me ha tocado vivir a mí... es apenas el viaje de un solo niño. No sé cuántos niños más se sentaron aquí antes que yo y no sé cuántos más van a estar en mi lugar después de mí. Han de ser miles. Millones, quizás. No tengo idea. A todos les ha tocado vivir lo mismo que yo o peor. Es tanto dolor que no puedo ni imaginármelo. Pero también tal vez esos niños van a encontrar una nueva familia y eso va a ayudarlos a superar ese dolor, igual que me pasó a mí con mis amigos de Alpha 13. Si miles o millones de niños tienen la oportunidad de sentir ese amor y sentido de pertenencia... quiero enfocarme en eso. Espero que eso sea lo que les pase a todos esos niños. Tal vez no es algo muy realista, pero espero que así sea.

Dentro del avión hace tanto frío que se me pone la piel de gallina. Encendieron el motor del avión, y eso hizo que el aire acondicionado dentro soplara con más fuerza. Acabo de agarrar mi mochila, saqué el sudadero de Juan Manuel y me lo puse.

Le escribo después, tía. El avión empezó a moverse.

La amo para siempre,
D.

> Gracias Por el tiempo de mi atención ayodarme a tener confiansa en si mismo los regalos y soloanas qe no cualquiera lo ase.
>
> Gracias Por todo gracias Por ser las mejores Personas qe llo Pude conoser
>
> Gracias Por todo Cuenten mi istoria alos amigo para qe sepa qe existen Personas qe no son como los demas.

"Gracias por el tiempo de mi atención ayudarme a tener confiansa en si mismo… Gracias Por todo. Cuenten mi istoria alos amigos para qe sepa qe existen persona qe no son como los demas".
Foto tomada por Iván Morales.

EPÍLOGO

EN (UNA NUEVA) CASA

Todo lo que acabás de leer ocurrió durante unos diez meses, entre enero y octubre del 2018. Cinco meses de Naranjito a la frontera. Cinco meses en cautiverio. Escribo este epílogo en enero de 2024, exactamente seis años después de que empezó mi viaje. Supongo que muchos de ustedes han de estar preguntándose cómo he cambiado desde que vine a Estados Unidos, pero, para ser honesto, creo que no he cambiado mucho. Soy el mismo niño. La diferencia es que ahora tengo diecinueve años, no trece. Todavía me gusta escribir y me encantan las baleadas y bailar como un tonto con canciones de Bad Bunny, pero por suerte ahora bailo en mi cocina en vez de dentro de una tienda de campaña y prisión para niños migrantes. Soy tan hiperactivo como antes. En Naranjito iba a todos lados en bicicleta. Ahora en Nashville hago lo mismo. Supongo que sí hubo un gran cambio, ahora hago BMX. Voy al *skatepark* tanto como puedo, siempre que salgo del trabajo. Debido a mi estatus migratorio solo he podido conseguir trabajo en construcción. Con el tiempo me he vuelto un buen carpintero. Hago carpintería para interiores. Si vas a una casa nueva en Nashville y te fijás en los arreglos de madera, en los pisos, las puertas, los marcos de las ventanas, los closets y los gabinetes, si la casa fue construida hace apenas unos años hay una pequeña posibilidad de que yo haya hecho ese trabajo.

Los voy a poner al día. Después salir de Tornillo pude continuar con mi niñez y me convertí en adolescente. Pude conocer a mis papás en persona por primera vez en la vida y también conocí a mi hermanita. Ha sido algo muy especial para mí. La imagen mental que tenía de mis papás la establecí a partir de la foto de ellos que yo tenía en Naranjito y que miraba cada vez que hablaba con ellos por teléfono. Obvio, luego de una década ellos se veían muy diferentes, más grandes, al punto que, en un inicio, me parecían un par de extraños. Hasta sus voces eran diferentes a las que estaba acostumbrado a escuchar por teléfono. Por supuesto que la voz de todos cambia cuando hablan por teléfono. No esperaba algo así, y por un tiempo esa diferencia fue algo impactante. Pero, al mismo tiempo, desde mis adentros logré reconocerlos de inmediato. ¿Cómo no iba a reconocerlos?

Nunca voy a olvidar la primera vez que los vi. El corazón me latía a mil por hora. Me imaginé que mi mamá iba a ser más alta. Ella llevaba un vestido de flores. Y mi papá era muy alto y delgado y llevaba el pelo largo. Todo el tiempo que estuve encerrado ellos no tenían idea dónde estaba. Sabían que estaba en Texas y que estaba bajo el cuidado de una organización que le presta servicios al gobierno, pero hasta ahí. Por teléfono les dije que estaba en un lugar llamado "Tornillo", pero el gobierno nunca se los confirmó. Mis papás tuvieron que sortear muchos obstáculos legales para que yo fuera puesto en libertad, obstáculos que a su vez se volvieron muy complicados por el hecho de que ellos estaban indocumentados. Incluso si ellos hubieran sabido dónde estaba yo y hubieran ido hasta Tornillo, incluso si hubieran estado parados frente a las puertas del campamento, yo no hubiera sido puesto en libertad. Ellos vivieron meses de tortura, y cuando finalmente me vieron ambos tenían una gran sonrisa en el rostro.

Vivir con ellos por primera vez fue como ser un niño otra vez, y todavía nos sentimos así. Fue como si estuviéramos recuperando el tiempo perdido. Cada vez que hablo con mi mamá o que ella habla de mí, dice que soy su "niño pequeño". Y mi papá es una gran fuente de sabiduría, igual que lo fue mi tío Felipe. Espero nunca tomar por sentado el valor de tener una persona mayor en mi vida, una persona que ha tenido toda una vida de experiencias y a quien puedo acudir para recibir consejos.

Mi familia y yo improvisamos una vida acá en El Norte y estamos mejor y más a salvo de lo que alguna vez estuvimos en Naranjito, pero vivir como migrantes indocumentados no es nada fácil. La Migra existe no solo en la frontera. Castigan a las personas que les dan trabajo a los indocumentados. Poco después de haberme reunido con mis papás, a mi papá le tocó ir a trabajar a otro estado. Lo extraño y lamento los años que estuve lejos de él. Pero no soy el tipo de persona que dice, "Ay, no, cómo han cambiado las cosas. Las cosas no están saliendo como yo esperaba". El cambio es parte de la vida y tenés que aceptar esos cambios. Si le entregás tu fe a Dios y te mantenés cerca de la gente que amás, todo va a salir bien. Tenés que reconocer lo increíble que es la bendición de estar vivo y seguir adelante con tu vida. Yo me quedé aquí en Nashville con mi mamá. Cuando todavía iba a clases, todas las mañanas ella me despertaba temprano y preparaba el desayuno. Todos los días tenía que recordarme (aún lo hago) que esta es mi vida y no un sueño o una fantasía. Me siento muy afortunado.

Esa bendición se extiende a toda la comunidad hispana que está acá en Tennessee. A través de mi familia y mi comunidad me he acercado mucho a los hondureños del área, pero también a otras personas que hablan español y son de otros lugares del mundo. No solo de México, El Salvador y Guatemala, sino de países que siempre me parecieron muy lejanos como Cuba, Venezuela, Colombia, Perú y República Dominicana. Todos tenemos un acento diferente y crecimos comiendo comida diferente, pero todos vinimos a este país con el mismo propósito: queremos tener una vida mejor acá en Estados Unidos. Nos ha tocado vivir lo duro que es estar lejos de nuestras familias y eso hace que la comunidad hispana en Nashville sea como una gran familia.

Tenemos que permanecer unidos, al igual que estuve con mis primos y luego con mis hermanos de Alpha 13, porque ser un migrante acá es algo muy difícil. Desde que llegué he tenido que aprender sobre el racismo. Es algo con lo que nunca había tenido que lidiar en Naranjito. De donde vengo yo, no importa tu aspecto o si no tenés mucho dinero, todos nos ayudamos entre sí. Pero acá en Nashville he tenido que soportar que me traten diferente o incluso peor solo porque mi piel es más oscura que la de algunas personas o porque soy un migrante. A veces las personas demuestran una completa falta de empatía y generosidad que me parece perturbadora, y me cuesta aceptar ese tipo de cosas. Tío Felipe siempre me decía, "De un plato de comida comen dos personas si es necesario". O cinco, diez, cincuenta personas si es necesario. Compartir tu plato de comida no va a acabar con la hambruna, pero por supuesto que hace una diferencia para aquella persona hambrienta con quien compartís tu comida. Me siento muy agradecido de vivir en Nashville y en Tennessee y en Estados Unidos. Pero cuando recién llegué la desigualdad me dio una cachetada.

De nuevo empecé a ir a clases. Estaba muy emocionado porque no había ido a clases desde que mataron al tío Felipe, y desde entonces me había interesado en la lectura, la escritura, la historia y contar historias. Pero acá las escuelas son muy diferentes. Me encanta ver rostros nuevos y conocer gente nueva, pero a causa de la barrera lingüística me costó mantenerme al día con las lecciones.

En este momento de la historia me parece importante mencionar: a los meses de llegar a Nashville conocí a una muchacha y, pues... ahora estamos casados y tenemos un hijo hermoso que es la luz de mi vida. Estos últimos cinco años han sido los años más felices de mi vida, y ser esposo y padre ha sido la experiencia más gratificante y satisfactoria que alguna vez he tenido.

Sé que hay personas que dicen que tener hijos es algo muy difícil, que es una carga. Quizás eso es cierto para ellos, pero para mí ha sido la bendición más grande, lo más divertido y lo mejor que me ha ocurrido en la vida. Obvio que a veces es muy difícil, pero nunca ha sido una carga. Para mi mamá, que estaba con el corazón roto por haberse perdido mi niñez, mi hijo representa una segunda oportunidad para ella de demostrar su maternidad, pero ahora como una abuela. Ahora puedo ver, con mi hijo, cómo habría sido ella conmigo de bebé. Cuando me enfermo o no puedo encontrar trabajo, mi mamá ha dado la talla. Me siento mal por los padres que tienen que atravesar el proceso de criar un hijo solos, sin la ayuda de otras personas. Estoy muy agradecido por esta vida tan humilde, tan cerca de mi familia y mi comunidad, y no la cambiaría por nada en este mundo.

Después de tener un hijo muchas cosas cambian en tu vida. No mirás al mundo de la misma manera porque ahora está esa personita que va detrás de ti todo el tiempo y que depende de ti, y tenés la oportunidad de mostrarle cosas que no ha visto. A veces lo llevamos al *skatepark* y vemos cómo se le agrandan los ojos cuando ve a los niños del parque haciendo trucos con sus bicicletas. Sé que todavía está muy chiquito como para entender lo que ven sus ojos, pero igual mi corazón empieza a bailar reggaetón cuando ve lo emocionado que está él de ver esas cosas. No me aguanto las ganas de que crezca para que aprenda a hacer esos trucos por sí solo.

Desde que me convertí en padre he visto mi viaje a este país de otra manera. Se renovó el aprecio que les tengo a mis padres por haber emigrado cuando tenían la edad que tengo ahora, y también se renovó el aprecio que tengo por ellos por haber tomado la dolorosa decisión de dejarme en Naranjito. A veces las personas me preguntan si les guardo rencor a mis padres por haber estado ausentes durante mi niñez. Pero nada podría estar más alejado de la verdad. A pesar de los problemas que enfrenté, les agradezco haber seguido adelante y *no* haber regresado a Honduras sin importar lo difícil que era para todos. Me han dicho lo doloroso que fue para ellos estar lejos de mí y lo mucho que eso les generó conflictos internos, pero al final sabían que estaban siendo responsables. Sé que pudieron haber sido los proveedores de mi tía, Miguelito y yo si se hubieran quedado en Naranjito. Sé que eso pudo haber sido posible. Y especialmente ahora que tengo un hijo aprecio el sacrificio que hicieron por mí y lo mucho que creyeron que estar lejos de mí era lo mejor para darme una mejor vida.

Gracias a su sacrificio, ahora empiezo a forjar una mejor vida para mi hijo. Crecí sin mis padres, pero mi hijo va a tener a su padre a su lado. Tuve que salirme de la escuela, pero mi hijo, espero, incluso va a poder ir a la universidad. Yo tuve que trabajar de sol a sol, pero mi hijo no va a tener que trabajar hasta que tenga la edad necesaria para hacerlo, y en vez de tener que hacer trabajo pesado, va a poder seguir sus sueños. A mí me enviaron a una cárcel en forma de campamento, pero mi hijo nunca va a tener que poner un pie en un lugar como ese. Él nació en este país y siempre va a ser libre. Estados Unidos es la tierra de las oportunidades, y mi hijo tendrá una vida más digna que la que yo tuve. Todo lo que tuve que vivir durante mi viaje de diez meses a El Norte, el esfuerzo y la soledad y el miedo y la depresión y el hambre y las ampollas y las heridas, todo valió la pena para darle a mi hijo la oportunidad de tener una mejor vida. No podría pensar de otra manera.

No soy la única persona en este libro que estaba luchando por tener una vida mejor. Si ya llegaste a este punto, seguramente querés saber qué les pasó a mis primos y mis hermanos. Tan pronto salí de Tornillo, después de haberme reunido con mis papás lo más importante para mí era averiguar qué le había pasado a Miguelito y Elías, y ver si Damián había llegado a su casa a salvo. Pasaron varias semanas antes de que tuviéramos noticias de ellos... además de ser cruel, el sistema de detención migratorio para niños es muy disfuncional y, gracias al caos provocado por la política de separación familiar promovida por Donald Trump, era prácticamente imposible hallar a alguien dentro del sistema. Durante esas semanas tuve muchas emociones que se contradecían entre sí. Sentí un gran alivio de haber salido de Tornillo y estaba muy emocionado, pero también muy nervioso de estar con mis papás por primera vez. Sin embargo, al mismo tiempo la ansiedad que sentía por saber qué les había pasado a mis primos eclipsó todo lo demás.

Por fin recibimos noticias de Miguelito y Elías. A ellos les tocó vivir una situación similar a la mía, es decir, meses y meses en cautiverio, meses de confusión y abandono, pero estaban bien y habían sido puestos en libertad y bajo el cuidado de otros parientes que viven acá en Estados Unidos. Siguen aquí, en este país, trabajando. Miguelito acabó viviendo con familiares al otro lado del país, no en Nashville, como planeamos en un principio. Lo extraño, pero seguimos en contacto, y a cada rato les mando fotos de mi hijo a él y a Elías. Damián está con su mamá, mi tía Gloria, en Guatemala. Lleva una vida muy parecida a la que teníamos todos antes de salir de Centro América, una vida de inseguridad, bajo la amenaza de las maras y la inestabilidad. Pero mantiene la frente en alto y siempre hace su mejor esfuerzo.

No tengo idea de qué pasó con Rumi y, como no sé su nombre verdadero, me temo que lo perdí para siempre. Pero atesoro el tiempo que pasamos juntos, incluso si fue bajo unas circunstancias tan terribles. Todavía creo que él tiene el mejor sentido del humor del mundo. He intentado encontrar a Juan Manuel, pero no lo he logrado. Lo extraño muchísimo y no tengo idea de dónde está. Espero que esté bien. Parte de mí tiene la esperanza de que escuche hablar de este libro y se ponga en contacto conmigo. Me encantaría continuar nuestra amistad.

No he podido volver a ponerme en contacto con nadie más de Alpha 13. He intentado encontrarlos, pero a veces la gente usa otros nombres, o a lo mejor fueron deportados, o usan otras plataformas de redes sociales y sus perfiles son privados. De todas formas, nunca supe el nombre de muchos de los niños que conocí ahí. Hay partes de mi viaje que me gustaría olvidar, pero no quiero nunca olvidar sus rostros y sus nombres. No extraño estar en esa prisión campamento, pero extraño la hermandad tan poderosa que formamos ahí dentro. Durante mis momentos más difíciles siento una nostalgia muy extraña recordando esa unión. Si pudiera, me gustaría volver ahí al menos por un día para poder despedirme de todos, y para hacer planes de mantener viva nuestra hermandad al salir de Tornillo.

Pero hay una persona de Alpha 13 con quien nunca dejé de hablar, mi hermano mayor favorito, Iván. Ahora tenemos una amistad profunda, milagrosa. Le doy gracias a Dios por habernos unido bajo las circunstancias más improbables y desagradables. Siempre nos andamos texteando, y él es como un tío para mi hijo. Nuestra relación es muy especial para mí. Con el paso del tiempo me he olvidado de algunas de las cosas importantes que ocurrieron en Tornillo y el haber trabajado con Iván para escribir este libro me ha ayudado a recordar muchas de ellas.

Algunos de esos recuerdos son momentos que compartí con mis hermanos de Alpha 13, pero también hay suficientes recuerdos dolorosos. Ahora que soy un adulto, me doy cuenta de que tuve que procesar más trauma del que cualquier otro niño debería procesar. Todavía tengo visiones de cuando estaba en La Bestia o de cuando nos persiguieron los hombres del cártel, o cuando estaba dentro de La Hielera, sobre todo cuando estaba dentro de La Perrera. O de cuando pasé seis meses como prisionero siendo apenas un niño. A veces pienso en toda la falsa esperanza que deposité en aquel primer agente de La Migra que vimos en Estados Unidos, justo después de haber cruzado la frontera. Confié en él y fui lanzado dentro de un torbellino de emociones cuando él traicionó mi confianza. En ese momento me aventaron dentro de un caño, dentro del sistema de retención de migrantes, un sistema negligente y lleno de abusos que es muy lucrativo para algunas personas.

Ese tipo de cosas te dejan marcas. Me cuesta explicarlo, pero a veces, cuando estoy en silencio y cierro los ojos, siento que vuelvo a vivir esos momentos en tiempo real. Y no cesan enseguida. Eso es algo muy serio y creo que va a acompañarme por el resto de mi vida. Va más allá de algo físico. Esas experiencias lo atacan a uno mentalmente. No sos la misma persona que eras antes, y es muy difícil ser uno mismo.

En Tornillo había miles de niños cuyas voces fueron silenciadas. Luego de obtener educación en este país y tras haber leído al respecto, sé que muchas veces nuestros derechos más básicos fueron violados. Porque en este país, no importa lo que diga la gente en la tele o en las redes sociales, las personas indocumentadas, los centroamericanos que buscan asilo, sobre todo los niños que buscan asilo, tienen derechos legales protegidos por la constitución. Pero a casi nadie dentro del campamento le importó, y dado que teníamos un contacto tan limitado con el mundo exterior, pasó desapercibida la negligencia que sufrimos dentro.

Tornillo cerró, pero siguen abiertos otros centros de detención para migrantes menores de edad. La Hielera y La Perrera siguen abiertos. Los niños que están en esos lugares piden a gritos que los ayuden, pero nadie puede escucharlos y nadie conoce sus historias. Espero que leás este libro no como una historia de algo que ocurrió hace unos años, sino como una historia de lo que hoy mismo ocurre todos los días en este país, y luego espero que hagás algo al respecto.

Al inicio de este epílogo dije que no había cambiado, que soy el mismo niño que salió de Naranjito. Pero el mundo a mi alrededor sí que ha cambiado muchísimo. Un año y medio después de que llegué a Nahsville, empezó la pandemia y tuvo un impacto tremendo en la comunidad hispana, mi comunidad. Hubo elecciones. Acabó la política de separación de familias, pero la nueva administración continuó ejerciendo muchas de las políticas antimigratorias que la administración previa había empezado a aplicar. Para cuando leás esto ya habrá ocurrido otro proceso electoral y solo Dios sabe qué habrá pasado desde entonces. Pero, si las experiencias incluidas en este libro me enseñaron algo, es que las autoridades nunca van a salvarnos, es decir, policías, los tíchers, los administradores, los agentes de La Migra, los presidentes. No podemos esperar nada de ellos más que cruel indiferencia en el mejor de los casos, y abusos crueles en el peor de los casos. Pero en este mundo también hay muchas personas como Iván, Nancy y Yuli. Este mundo está lleno de almas generosas que están dispuestas a darles naranjas, tamales, rosarios y empanadas de piña a los niños que las necesiten. Este mundo está lleno mujeres con aretes en la nariz que trabajan como voluntarias en Casas del Migrante. De hombres con tatuajes en la cara que te atan al tren para que no te caigás. Está lleno de hermanos y hermanas prestos y dispuestos a ser solidarios con vos, igual que mis hermanos de Alpha 13. Nos tenemos los unos a los otros, y es lo único que tenemos en este mundo. Juntos somos más fuertes. Si depositamos nuestra fe en Dios y nos mantenemos unidos, sé, y lo digo por experiencia, que podemos superar lo insuperable y así sobrevivir.

NOTA DE GERARDO IVÁN MORALES

Mi nombre es Gerardo Iván Morales y soy beneficiario del programa de Acción Diferida para los Llegados en la Infancia (DACA, por sus siglas en inglés). Es decir, soy un *DREAMer*. Yo nací en Irapuato, un pueblo de Guanajuato, México, en 1994. Cuando tenía cinco años, mi padre tomó la difícil decisión de llevar a mi familia a Estados Unidos, en busca de una mejor vida.

La incertidumbre de mi estatus legal ha influenciado cada aspecto de mi vida. Como la mayoría de los *DREAMers*, siempre he vivido como estadounidense, y Estados Unidos ha sido mi único hogar. Pero en cualquier momento el gobierno podría expulsarme de ese hogar. La única seguridad que tengo es el programa DACA, que el expresidente Obama creó en el 2012 por orden ejecutiva, ante la incapacidad del Congreso para aprobar la Ley de fomento para el progreso, alivio y educación para menores extranjeros (DREAM Act, por sus siglas en inglés). En un inicio, DACA fue establecido como una solución temporal para evitar que yo y otros 800,000 jóvenes migrantes fuéramos deportados. Ha hecho posible que mi vida sea normal, incluso si es posible que alguien destruya esa normalidad en cualquier momento. La orden ejecutiva de Obama me otorgó un número de seguro social, una licencia de conducir y el derecho a trabajar. Está de más decir que también me convirtió en un franco activista para obtener justicia dentro de nuestro sistema migratorio.

Durante la primavera del 2018 la frase "*kids in cages*" ("niños en jaulas") estaba por todas partes. En las noticias, en redes sociales, en campus universitarios, las personas hablaban de ello a la hora de cenar y en manifestaciones en todo el país. Todo mundo estaba hablando de la horrenda política de separación familiar impulsada por el gobierno de Donald Trump. Bebés de apenas diez meses estaban siendo separados de sus madres. Familias que aplicaban a asilo en cruces fronterizos oficiales, de acuerdo a lo que establecen las leyes de Estados Unidos, fueron también separadas. Niños y niñas de hasta tres años sin acompañantes fueron citados a audiencias para determinar si podían permanecer en el país o no. La Patrulla Fronteriza recibió instrucciones de detener a niñas de diez años para que cuidaran de niños y niñas de dos años, aún en pañales. A pesar de que la política de "tolerancia cero" que dio lugar a la separación de menores ejercida por el gobierno de Donald Trump no tiene precedentes en la historia de Estados Unidos, esta fue una extensión de la antigua estrategia bipartidista de control fronterizo conocida como "prevención a través de la disuasión", cuyo objetivo era reducir el número de personas indocumentadas que cruzaban la frontera de forma irregular vigilando los sectores más seguros de esta para así obligar a los migrantes a atravesar las regiones más inhóspitas del desierto de Sonora, donde quién sabe cuántas miles de personas han muerto desde que fue implementada esa política en 1994. Más dolor para los inmigrantes se traduce en una política más efectiva, o al menos ese es el pensamiento, sin embargo, esa política ha sido incapaz de disuadir la migración. La inhumana política del gobierno de Trump de separar a menores de edad de sus familias operó con una lógica enfermiza similar, que consistía en provocarles un trauma inimaginable a los migrantes luego de separar a los niños de sus padres, para así desincentivar migraciones futuras.

Ante el aumento de menores que cruzaban la frontera y de los niños albergados debido a la política de separación familiar, en junio de ese año el gobierno abrió una "instalación temporal", una prisión para niños improvisada en medio del desierto en Tornillo, Texas. Los ciudadanos de este país casi no recibieron detalles de lo que ocurría dentro de esos centros. Pero, en consonancia con esa lógica inhumana, casi hitleriana, de la prevención a través de la disuasión, el gobierno usó como pretexto protocolos burocráticos (la verificación de antecedentes por parte del FBI, lo cual podía tomar meses; las citas para tomar las huellas digitales que los padres de los niños migrantes fueron obligados a realizar, a pesar del temor a ser deportados) para mantener separadas a las familias por más tiempo del necesario, si es que en algún momento fue necesario. Mientras más dolor era infligido, la política era más efectiva. Cuando leí sobre el trato poco digno que recibían esos niños, sentí que se me venía el alma a los pies, que mi garganta empezaba a cerrarse y que se me llenaban los ojos de lágrimas. Sabía dentro de mí que tenía que hacer algo al respecto. Entonces, en julio, pocas semanas luego de que el centro de Tornillo abriera, busqué la manera de involucrarme con ese lugar, y al final me enviaron como un "reservista del servicio de urgencias" a través de una agencia de empleo contratada por una organización sin fines de lucro en San Antonio, Texas, la cual fue empleada por la Oficina de Reubicación de Refugiados (ORR) del Departamento de Salud y Servicios Sociales, la cual, a su vez, recibió la tarea por parte del gobierno de Trump de cuidar a los menores centroamericanos no acompañados. Me dieron un turno de doce horas, de siete de la mañana a siete de la noche, los siete días de la semana. Mi primer día de trabajo fue el viernes 13. Me asignaron a la tienda Alpha 13 y estuve ahí por seis meses.

Lo que vi ahí me cambió para siempre. El campamento en Tornillo ya es parte de la historia oscura de Estados Unidos. Fue una ciudad de tiendas de campaña construida de forma apresurada, donde encerraron a niños vulnerables que llegaron al país buscando asilo, bajo el cuidado de personal negligente y poco calificado para realizar esa tarea. Muchos de esos niños habían atravesado situaciones innombrables y, en muchos casos, habían sido víctimas de violencia. Necesitaban con urgencia apoyo psicológico y ser abrazados con amor por sus familias, pero nuestro gobierno añadió otro capítulo a sus historias de trauma. Vinieron a Estados Unidos buscando estabilidad y seguridad, y los metimos a la cárcel y les dimos incertidumbre. Esos individuos bellos, únicos e inspiradores, fueron reducidos a números de camas. Sus experiencias en Tornillo van a acompañarlos por resto de sus vidas.

Muchos amigos y familiares me han preguntado por qué acepté trabajar en un lugar tan horrible. Si el sistema migratorio de Estados Unidos está tan roto y carece de moral, ¿trabajar para ese sistema no me convierte en cómplice? He pensado mucho al respecto y he rezado para obtener una respuesta, pero, en verdad, nunca he dudado de mi decisión. Me inspiró aquella cita de Dolores Huerta que dice, "Cada momento es una oportunidad para organizarnos; cada persona, un activista potencial; cada minuto, una oportunidad de cambiar el mundo". Me motivó el bien concreto que estaba haciendo por esos niños. El beneficio que obtenían ellos de mí era tan obvio que no podía imaginarme hacer algo diferente. Una comparación muy obvia es el sistema de hogares de acogida. Muchas personas saben que en Estados Unidos ese sistema está profundamente roto. Abundan los casos de negligencia, maltrato y abuso. Si un voluntario, un trabajador social o un padre adoptivo puede hacer la diferencia en la vida de un solo niño que tiene que estar dentro de ese sistema... pues el sistema va a seguir siendo igual de roto y disfuncional, pero esa persona puede hacer la diferencia para un niño, y puede que incluso hasta le salve la vida. Y podemos tener esperanza y rezar por que, dando un paso a la vez, esos pequeños gestos puedan algún día generar un cambio sistemático. Vi mi trabajo en Tornillo de esta manera. Tan pronto llegué al campamento, decidí quedarme ahí hasta que cerrara. Ese fue mi objetivo.

A pesar de que todos los días se me rompía el corazón, fue un honor y un privilegio conocer a tantos jóvenes tan valientes. Mientras se enfrentaban a dificultades sin precedentes, los chicos de Alpha 13 fueron la personificación de la fortaleza, la confianza en Dios y la solidaridad entre sí. Admiré su valentía, resiliencia y deseo de luchar por un futuro mejor. Nos convertimos en una familia. Mi prioridad número uno fue rectificar las injusticias que veía en Tornillo, brindándoles todo el apoyo posible a los niños que estaban ahí. Como latino, intenté empoderarlos y decirles que debían estar orgullosos de la comunidad hispana en Estados Unidos. Siendo uno de los pocos migrantes adultos en Tornillo, tenía la esperanza de convertirme en un modelo a seguir para ellos. Me esforcé por construir una comunidad y hermandad dentro de nuestra tienda de campaña, y me hice cargo de los servicios religiosos de los domingos, los cuales me dieron la oportunidad de conocer a cientos de niños y niñas que estaban asignados a otras tiendas. Siempre que uno de esos niños dirigía los servicios religiosos, yo acababa hecho un mar de lágrimas.

En Alpha 13 conocí a una persona inspiradora, un menor no acompañado de Honduras llamado D. Esperanza. Era un joven muy talentoso y con pasión por la poesía y la escritura. Lo motivé a usar su talento y a seguir escribiendo. Él entonces escribió la historia de su viaje a El Norte en un cuaderno escolar. Es una historia de problemas y penurias muy dolorosas que ningún niño de trece años debería tener que enfrentar. De inmediato le conté a D. lo mucho que me habían conmovido sus palabras y lo motivé a seguir escribiendo.

En enero de 2019 Tornillo cerró de forma oficial. Después de que las autoridades sacaron a todos los niños, me tomé el tiempo de rescatar el arte maravilloso y los hermosos brazaletes hechos a mano, así como algunas de las cartas de despedida que escribieron los niños, que habían acabado en la basura. Guardé esos pequeños tesoros. Años más tarde

NOTA DE GERARDO IVÁN MORALES

tuve el deseo de traducir el poema de D. titulado "Somos inmigrantes" al inglés y compartir su historia con el mundo. Juntos buscamos a un agente literario, y así es como acabó este libro en tus manos. Ambos creemos que nuestra misión consiste en corregir la narrativa en contra de los migrantes de este país. Hay una creencia generalizada y sin fundamentos que nos presenta como personas malas, miembros de pandillas o criminales. Esa narrativa alimenta el miedo dentro de las comunidades en Estados Unidos, y muchas personas malas con poder utilizan ese miedo para continuar oprimiendo y marginalizándonos, dando lugar a políticas detestables y a las prácticas descritas en este libro.

Esperamos haberle dado un rostro más realista, un rostro tan encantador como el de D., a la migración de menores. Este país necesita conocer la verdad de lo que ocurre dentro de los centros de detención para menores en Estados Unidos. La historia de D. es especial, pero por desgracia no es única. Cada año más de 100,000 niños llegan a Estados Unidos para solicitar asilo. Igual que D., vienen huyendo de una violencia terrible y de la pobreza que debilita sus países de origen. Viajan miles de millas con la esperanza de obtener asilo. Los estadounidenses tienen el deber de proteger los derechos humanos más básicos de esos niños, y a quienes no lo hacen debemos exigirles que rindan cuentas por sus actos. Muchos centros iguales a Tornillo continúan operando, independientemente de la coyuntura política o ideológica del momento.

Como sociedad, tenemos la obligación moral de desmantelar ese sistema que promueve la negligencia y la deshumanización. Creo que casi todos estamos de acuerdo en que los niños y las niñas deben de ser protegidos cueste lo que cueste, en que su dignidad humana debe de ser preservada sin importar nada. Sin embargo, en mi opinión, los menores de edad siguen siendo el grupo más marginalizado dentro de nuestra sociedad. No tienen derechos ni voz. No pueden votar o contratar a lobistas o grupos de presión o declararse en huelga. La gente espera que sus padres aboguen por ellos. Pero, cuando a los niños los separan de sus padres, ya sean los agentes de ICE, miembros de alguna pandilla, la Patrulla Fronteriza, el Presidente, miembros de algún cártel o circunstancias económicas desesperanzadoras y denigrantes, ¿quién aboga por su bienestar?

La respuesta, según mi opinión, somos tú y yo. Espero que entiendas que este libro es un grito a favor de la solidaridad radical. Después de todo, juntos somos más fuertes, y sé que juntos podemos generar un cambio real que puede hacer la diferencia en las vidas de esos niños y niñas. La solidaridad radical va más allá de publicar algo en redes sociales o de vez en cuando hacer alguna donación. Como el reverendo Martin Luther King Jr. dijo una vez, "La verdadera compasión es más que arrojar una moneda a un mendigo. Se trata de ver que un edificio que produce mendigos necesita una reestructuración". Espero que, después de leer nuestra historia, la gente pueda unirse para abolir esos centros de detención para menores carentes de moral, los cuales no tienen sitio en una nación que dice estar bajo Dios. Espero que podamos convocar la humanidad que tenemos en común todos para lograr descontinuar las políticas asesinas de prevención a través de la disuasión, que han mantenido, sin enfrentar oposición, los gobiernos de Clinton, Bush, Obama, Trump y Biden.

Tengo el cuaderno de D. en mis manos, reviso sus páginas y estoy asombrado de su talento nato. Su diario muestra y representa de forma muy poderosa y elocuente los peligros y el dolor que experimentó, así como la negligencia y el abuso que son parte de nuestro sistema migratorio. El tiempo que él estuvo en Tornillo no puede hacerse a un lado como un momento aislado de la historia de este país. Hoy mismo millones de niños se enfrentan a la misma realidad, a las mismas circunstancias. Es hora de escuchar sus historias. Es hora de actuar.

SOBRE LOS AUTORES

D. Esperanza nació en Naranjito, Honduras. Cuando era apenas un bebé, sus padres emigraron a Estados Unidos para darle una mejor vida, y fue criado por su abuela y su tío. A los trece años, él y tres de sus primos emprendieron un viaje a El Norte para solicitar asilo en Estados Unidos. Llegaron a la frontera entre México y Estados Unidos en 2018, en el punto más álgido de la política de "tolerancia cero" impulsada por el gobierno de Donald Trump. Allí fue separado de sus primos y enviado a un centro de detención en Tornillo, Texas. Después de cinco meses de vivir una dolorosa incertidumbre, D. fue puesto en libertad y reunido con su familia. Actualmente trabaja en construcción en Tennessee y es el orgulloso padre de un niño de nueve meses.

Gerardo Iván Morales nació en Irapuato, Guanajuato, México, y migró a Estados Unidos en 2000, cuando tenía cinco años. Es un *DREAM*er y beneficiario del programa de Acción Diferida para los Llegados en la Infancia (DACA, por sus siglas en inglés), y le apasiona trabajar como activista por los derechos humanos y de los migrantes. En 2018 pasó seis meses trabajando en un centro de detención para menores en Estados Unidos, donde brindó ayuda y apoyo a niños solicitantes de asilo. Conoció a D. Esperanza durante su primer día de trabajo allí, y desde entonces ambos han sido como hermanos.